ANTROPOLOGIA
Ciência do homem
Filosofia da cultura

A Editora não é responsável pelo conteúdo deste livro.
O Autor conhece os fatos narrados, pelos quais é responsável,
assim como se responsabiliza pelos juízos emitidos.

Mércio Pereira Gomes

ANTROPOLOGIA
Ciência do homem
Filosofia da cultura

Copyright © 2008 Mércio Pereira Gomes
Todos os direitos desta edição reservados à
Editora Contexto (Editora Pinsky Ltda.)

Foto de capa
Índio Guajá, Christian Knepper

Montagem de capa e diagramação
Gustavo S. Vilas Boas

Diagramas da página 79
Pedro Paulo Vieira

Revisão
Lilian Aquino

Dados Internacionais de Catalogação na Publicação (CIP)
(Câmara Brasileira do Livro, SP, Brasil)

Gomes, Mércio Pereira
Antropologia : ciência do homem : filosofia da cultura /
Mércio Pereira Gomes. – 2. ed., 9ª reimpressão. –
São Paulo : Contexto, 2019.
Bibliografia.
ISBN 978-85-7244-383-8

1. Antropologia 2. Antropologia social 3. Cultura
4. Pesquisa antropológica I. Título.

07-9623   CDD-301

Índices para catálogo sistemático:
1. Antropologia   301
2. Antropologia : Sociologia   301

2019

EDITORA CONTEXTO
Diretor editorial: *Jaime Pinsky*

Rua Dr. José Elias, 520 – Alto da Lapa
05083-030 – São Paulo – SP
PABX: (11) 3832 5838
contexto@editoracontexto.com.br
www.editoracontexto.com.br

Proibida a reprodução total ou parcial.
Os infratores serão processados na forma da lei.

Para os meus filhos
Gabriel, Francisco, João Mércio, Ivo e Anita,
por serem quem são e
por me proporcionarem a felicidade de ser pai.

Sumário

A abrangência da Antropologia 11
    Antropologia como ciência 13
    Antropologia Biológica 16
    Arqueologia 21
    Linguística 24
    Antropologia como filosofia da cultura 26

Cultura e seus significados 33
    Os múltiplos sentidos de cultura 33
    Nosso conceito de cultura 36
    Cultura e sociedade 44
    Cultura e subculturas 46
    Tradição, folclore 47
    Ethos, etos 49
    Cultura e civilização 50

Metodologia 53
    Abrir-se para o Outro 53
    Observação participante 56
    Método genealógico 60
    História de vida 61
    Estudo de caso 62
    Monografia e etnografia 63
    Método comparativo e relativismo cultural 64
    Método dialógico: além dos informantes 66

O SOCIAL: PARENTESCO, GRUPOS E CATEGORIAS SOCIAIS.........................69

O tabu do incesto 69

Teoria da reciprocidade 71

Parentesco: teoria e prática 74

Grupos e categorias sociais... 81

Categorias sociais... 84

ANTROPOLOGIA ECONÔMICA 91

Esboço da Economia 92

Reciprocidade e teoria do valor... 94

Proposições teóricas da Antropologia Econômica................... 96

Formalismo e substantivismo.. 99

Economicismo marxista 102

Economia e ecologia 104

Dois exemplos de economias não capitalistas 107

ANTROPOLOGIA POLÍTICA 115

Política e poder 115

O poder em sociedades igualitárias...................................... 116

Alguns exemplos de poder em sociedades igualitárias 122

O poder na passagem do igualitarismo para a hierarquia social 124

O poder aquém e além do Estado 127

O poder como linguagem e como ritual 129

O poder das classes sociais 130

O poder nos movimentos sociais 130

RELIGIÃO, RITUAIS E MITOS 133

Antropologia e religião.. 133

O sagrado e o profano 135

Religião como instituição... 137

Religião e magia 137

Classificação de religiões 138

O estudo de religiões no Brasil... 141

Rituais 147

Mitos 150

ANTROPOLOGIA URBANA E ALÉM 155
    Campos de ação 155
    A continuidade do rural no urbano... 159
    Temas da Antropologia Urbana 161
    Racismo no Brasil 169
    A globalização urbana 173
    Antropologia transcapitalista 176

O PENSAR ANTROPOLÓGICO SOBRE O BRASIL.. 179
    A Antropologia brasileira em formação 179
    Primórdios da Antropologia brasileira 180
    A Antropologia como ciência positivista 183
    "Pais" da Antropologia brasileira.. 184
    Gilberto Freyre e a democracia racial brasileira.......................... 187
    Sérgio Buarque de Holanda e o *homem cordial* 189
    A Antropologia na academia 191
    A consolidação da Antropologia acadêmica no Brasil.................. 194
    Temas da Antropologia brasileira... 196
    Abordagens teóricas... 198

O FUTURO DA ANTROPOLOGIA 205
    O futuro já chegou? 206
    Os avanços culturais... 206
    A diversidade cultural e o multiculturalismo................................ 208
    O embate entre homogeneização e diversificação cultural 211
    A permanência dos povos indígenas.. 212
    Fujamos aos prognósticos fáceis 214
    Por uma Antropologia hiperdialética.. 216
    A lógica hiperdialética 229

REFERÊNCIAS BIBLIOGRÁFICAS 235

O AUTOR 239

A abrangência da Antropologia

Antropologia é uma palavra iluminante que chama a atenção pelos dois substantivos que a compõem, ambos de origem grega: *anthropos* = homem; *logos* = estudo, e também "razão", "lógica". "Estudo do homem" ou "lógica do homem" são duas possíveis definições distintas, porém convergentes, daquilo que se entende por Antropologia. No primeiro caso, a Antropologia faz parte do campo das ciências – ciência humana – tal como a Sociologia ou a Economia; no segundo caso, ela está relacionada a temas que estão no campo da Filosofia, da Lógica, da Metafísica e da Hermenêutica, como se fora uma coadjuvante mais sensitiva.

Apesar de sua etimologia, não foram os geniais gregos, criadores da filosofia, que inventaram a Antropologia. Eles se consideravam tão superiores aos povos e nações vizinhos, seus contemporâneos, a quem chamavam de "bárbaros", que mal tinham olhos para os ver e os apreciar. Para surgir a Antropologia – cuja característica mais essencial é mirar o Outro como um possível igual a si mesmo – seria preciso um tempo de dúvidas e ao mesmo tempo de abertura ao reconhecimento do valor próprio de outras culturas. Tal tempo só surgiria séculos depois, quando a Europa, em vias de perder sua velha identidade medieval, ainda incerta sobre o que viria a ser, duvidou de si mesma e pôde assim olhar e conceber outros povos, ao menos teoricamente, como variedades da humanidade, cada qual com seus próprios valores e significados.

O pensar antropológico, o pensar sobre o aparente paradoxo de o homem ser um só, como ser-espécie da natureza, e ao mesmo tempo ser múltiplo em suas expressões coletivas, a cultura; o pensar sobre o diferente ser o mesmo; sobre as potencialidades reais e recônditas de cada cultura – é fruto desse momento criativo do Iluminismo. Assim, no seu primórdio iluminista, a Antropologia se situa no campo da Filosofia, da especulação sobre o homem e suas possibilidades de ser e de agir. É um método de conceber o homem em sua variedade cultural e reconhecer nessa variedade faces diferentes de um mesmo ser. Para falar em termos filosóficos, a Antropologia é um modo de pensar a variedade do homem, outras culturas, o Outro, num mesmo patamar em que se coloca a cultura de onde surge esse pensar, a cultura europeia, isto é, o Mesmo. Podemos, brincando com as palavras, dizer que, para a Antropologia, o Mesmo e o Outro são o Mesmo; ou, o Outro e o Mesmo são o Outro.

Para se obter esse pensar é preciso ter-se ou criar-se a capacidade de sair ou tomar distância de sua própria cultura, dos valores por ela cultivados, para daí penetrar e entender outras culturas pelos valores dessas outras culturas, não de sua própria. Tal método de pensar é condição *sine qua non* para existir o pensamento antropológico; mas é um ideal a ser alcançado, está em permanente construção, porquanto ele induz o homem a vivenciar uma ética difícil de ser realizada plenamente. Como, diante das evidências gritantes das diferenças e das desigualdades entre culturas, entre povos, podemos e devemos ver tais diferenças num plano de igualdade e respeito? Em suma, a Antropologia nasceu como um modo revolucionário e radical do homem pensar a si mesmo, que empurra o homem ao esforço de superar seus preconceitos, sua própria cultura, para poder entender e vivenciar a cultura do outro, ou seja, qualquer cultura.

Portanto, a Antropologia nasceu dentro do campo da Filosofia, como se fosse uma Filosofia da cultura. Mais tarde, com a chegada retumbante da teoria da evolução, que integrava todos os seres vivos numa escalada de transformações ao longo do tempo, motivada por um processo de luta incessante pela sobrevivência, a Antropologia passou a ser pensada como uma ciência que iria contribuir para enquadrar o homem e suas culturas num plano contínuo, ou ao menos paralelo ao plano biológico. Desde então, o pensar antropológico tem se desenvolvido tanto como ciência quanto como pensar filosófico; tanto como teoria quanto como especulação; tanto como explicação quanto como interpretação. Antropólogos, os praticantes da Antropologia, têm se pautado ora pelos cânones da ciência, adaptando-os para a compreensão do ser humano e de suas culturas, ora pelas modalidades da filosofia, tentando retirar desta os conceitos mais gerais da essencialidade humana e, ao mesmo tempo, tentando injetar na filosofia os conceitos obtidos pela observação e pela prática nos trabalhos empíricos que dão sustentação ao pensar antropológico.

Vejamos como essas duas perspectivas da Antropologia se desenvolvem, definem seu objeto e se complementam na concepção desse objeto.

ANTROPOLOGIA COMO CIÊNCIA

Como "ciência do homem", a Antropologia toma o homem, isto é, o ser humano, no sentido integral de homem e mulher, de coletividade, mas também de espécie da natureza e de ser da cultura e da razão, como um objeto de estudo. Isso quer dizer que o homem pode ser objetivado, esquadrinhado, medido, calculado, dimensionado no tempo e no espaço, tal qual outros objetos científicos, como o cosmo (cosmologia ou astronomia), a terra (geologia) e os seres vivos (biologia).

Grande parte dos antropólogos, no Brasil e mundo afora, trabalha no entendimento de que são cientistas, definindo seu objeto de muitas maneiras, por muitos ângulos, sempre no empenho de contribuir para ampliar, renovar em alguns aspectos, consolidar em outros, o conhecimento sobre o homem. É nesse sentido que a Antropologia se coloca como uma ciência lado a lado com a Sociologia, a Politicologia, a Economia, a Psicologia e suas respectivas especialidades e subdisciplinas – todas agrupadas pelo termo "ciências humanas" ou "ciências sociais". As ciências humanas têm o ser humano como seu objeto de estudo, mas cada qual o faz privilegiando ora um aspecto, ora uma parte, ora uma dimensão.

Ciências Humanas

A **Sociologia**, como sugere seu nome, cuida da *sociedade*, o homem como ser coletivo vivendo em família, em grupos, em cidades, repartido em classes sociais, em castas, em nações; ou problematizado em lutas, conflitos e revoluções.

A **Economia** estuda o homem em seu aspecto material, a produção de bens de uso, que se transformam em bens de troca, as instituições de distribuição, e as consequências advindas do eventual mal resultado, ou do resultado desigual da distribuição e do consumo desses bens. Para muitos, a economia é uma "ciência desgraçada" (*dismal science*, em inglês), já que ela parte do chamado "princípio da escassez", segundo o qual o desejo dos homens para possuir bens é infinito, enquanto as possibilidades de realizá-lo são bem menores. Daí o descompasso entre meios escassos e fins infinitos; daí a repartição desses bens terminar pesando mais para uns do que para outros, resultando em desigualdades sociais. Para muitos, a economia é a ciência humana que mais se aproxima de uma ciência sistemática, capaz de medição, de controle e de probabilidade. Quase todo mundo considera que a economia influencia todas as ações humanas, desde o modo de existir até o pensamento religioso. Também pelo fato de tratar de riqueza é que os economistas são tão admirados e tão frequentemente chamados para planejar e dirigir os países. Já outros consideram o pensar economicista uma limitação ao pensar humano.

A **Politicologia**, ou **Ciência Política**, reporta-se ao estudo da dimensão do poder que permeia as relações entre os homens, as classes sociais, as instituições, especialmente o Estado, as sociedades e as nações. A Política foi pensada pelos filósofos gregos como um saber e uma arte de equilibrar interesses díspares em prol de um bem comum. Foi considerada por Aristóteles o modo ou a arte mais nobre de convivência. Porém, desde Maquiavel, Hobbes e, mais recentemente, Foucault, o poder é visto como uma dimensão da opressão do homem sobre o homem, quase, para falar religiosamente, como o lado mal do ser humano. Pois que, o uso, ou mau uso, do poder sempre se dá em detrimento de alguém. Por isso, a Ciência Política refere-se muito mais a conflito do que a negociação e convivência.

Já a **Psicologia** perscruta a psique dos homens, sua formação mental e emocional, a relação própria de cada pessoa com o ambiente em que vive. É uma ciência bipartida entre o aspecto fisiológico e o aspecto mental do homem. A figura mais destacada é Sigmund Freud (1854-1938), que descobriu que o inconsciente humano tem sua própria razão de ser e seu modo próprio de agir, aquém e além do consciente. A Psicologia discorre, portanto, sobre o ser humano como indivíduo tanto consciente quanto inconsciente de si.

Num sentido muito ambicioso, a Antropologia é a ciência humana que presume abordar um pouco de tudo que cada outra ciência humana aprecia. Primeiramente, ela busca tratar da questão básica da natureza do homem, de sua condição fundamental de ser uma espécie biológica, localizada na ordem dos primatas, na subordem dos antropoides, na família hominoidea, no gênero dos hominídeos, como a espécie *Homo sapiens*. Em segundo lugar, essa ciência visa ao homem como ser de cultura, um modo de ser para além dos condicionamentos da natureza, para o que se subentende uma inteligência capaz de encarar o mundo através de convenções simbólicas, as quais são sistematizadas e transmitidas de geração a geração não pelo instinto ou pela carga genética, mas pela linguagem, que é a quintessência da comunicação humana. Num sentido metafísico, cultura é uma espécie de "segunda natureza" do homem, uma mediação, uma qualidade de filtro ou lente que permite ao homem formar noções sobre si mesmo e sobre o mundo e, ao mesmo tempo, agir. Num sentido empírico, cultura é *tudo* que o homem faz parcialmente consciente e parcialmente inconsciente, além daquilo que sua natureza biológica o permite fazer. Fazer significa não somente produzir os meios de sua sobrevivência (Economia), mas também pensar (Filosofia), desejar (Psicologia) e relacionar-se uns com os outros (Sociologia e Política). Adicione-se a esses atributos a ideia de que o homem, embora pense e faça as coisas como ser individual, tem seu pensamento e seu comportamento condicionados por sua existência numa coletividade, a sociedade. Tal explicação pode parecer autoevidente, mas serve para identificar um dos temas mais importantes da sociologia, que é entender a relação do indivíduo com a sociedade.

Dando conta dessa divisão de tarefas, entre entender o homem como ser da natureza e ser da cultura, a Antropologia como ciência se apresenta nos currículos das universidades mundo afora em quatro subdisciplinas: Antropologia Física ou Biológica; Arqueologia; Linguística; e Antropologia Cultural ou Social. A questão da posição do homem na natureza, que compreende as temáticas de evolução, distribuição e adaptação pelos quatro cantos da Terra, as características e os potenciais biológicos são estudados no âmbito da Antropologia Biológica. A Arqueologia subsidia com dados essa questão, mas vai adiante ao auxiliar a Antropologia Cultural na formulação dos processos das transformações da cultura ao longo do tempo. Trataremos aqui também da Linguística, como uma das subdisciplinas que subsidia o conhecimento do homem como ser da cultura. Entretanto, deixaremos para tratar da Antropologia Cultural

ANTROPOLOGIA BIOLÓGICA

Para o público que ouve falar de Antropologia, mormente em documentários de cunho científico, através de programas de televisão educativa e por reportagens mais chamativas de noticiários, a Antropologia Biológica representa, frequentemente, a imagem do que parece ser a Antropologia. A busca da origem do homem, a comparação com os macacos, o poder do instinto sobre a cultura e a civilização. Há razões para se pensar assim. É que esses e outros temas, alguns tratados com certa mistificação, foram, provavelmente, os primeiros a cativar o interesse do público e dos pesquisadores no momento em que a Antropologia, paralelamente à Sociologia, estava começando a surgir como uma ciência.

O mundo se quedou abismado a partir do momento em que um certo esqueleto descoberto no vale do Neander, na Alemanha, em 1856, foi proposto como sendo de um provável ancestral do homem. O chamado Homem de Neanderthal virou "o elo perdido" entre o homem e os grandes símios, eis como foi conjeturada e alardeada essa descoberta – e eis como o tema continua a prevalecer no imaginário coletivo até hoje. Consolidando esse imaginário pela ciência, surgiu em 1859 a publicação da *Evolução das espécies*, do biólogo inglês Charles Darwin, cuja teoria iria revolucionar a forma de o homem pensar a diversidade das espécies da natureza e o sentido científico da vida. A teoria de Darwin concebe que a vida, além de depender de uma série de processos químicos de troca de energia, está sujeita a um imperativo fundamental, que é a sua continuidade, a qual depende da capacidade de disputa de cada espécie dentro do ambiente em que está inserida. A famosa frase "a sobrevivência do mais apto" sintetiza a teoria da evolução, mesmo que se compreenda modernamente que a disputa entre as espécies dá vez, com frequência, a processos cooperativos. Com o destemor de quem estava certo das consequências ideológicas de sua teoria, Darwin não fugiu ao desafio de pôr o homem como um ser da natureza, que, portanto, passaria pela mesma injunção de competir com outras espécies e, provavelmente, consigo mesmo, pela sobrevivência.

Para a Antropologia Biológica, o homem é visto e definido como um ser da natureza que evoluiu fisicamente até chegar, há uns 80.000 anos (a partir de seu surgimento há cerca de 200.000 mil anos), à condição atual, desde então praticamente sem mudanças essenciais, a não ser aquelas derivadas de adaptações físicas aos quatro cantos da Terra. A evolução humana teria se realizado por processos idênticos aos dos demais animais, isto é, condicionada aos processos da lei da evolução. Entretanto, o homem se tornou um ser especial por ter adquirido aquilo que de modo geral se chama cultura. Inclui-se aqui a capacidade de comunicação por um sofisticado sistema linguístico, a fabricação e a utilização de ferramentas – o fogo em primeiro lugar – e a adoção generalizada de um costume social excepcional, a proibição do incesto, isto é, de relações sexuais entre pais e filhos e irmãos e irmãs, como regra fundamental da sociedade humana. Os antropólogos biólogos se preocupam com os aspectos fisiológicos da evolução do homem, mas não podem deixar de reconhecer que os aspectos culturais, desde o início, ajudaram na evolução biológica. Por exemplo, quando o fogo passou a ser usado para cozinhar alimentos, os grandes molares, encontrados nos fósseis de alguns ancestrais humanos e próprios para triturar sementes, ficaram dispensados dessa função, já que sementes cozidas são mais facilmente mastigáveis. Assim, para reconstituir como os ancestrais do homem viviam, os antropólogos biólogos frequentemente recorrem a modelos e explicações criados pelos antropólogos culturais, de vez em quando adicionando uma ideia que surge na tentativa de imaginar os percalços dessa evolução.

Duas questões de grande importância científica orientam as pesquisas da Antropologia Biológica: a primeira é localizar a posição do homem enquanto *Homo sapiens* na sua ordem e na sua escala de evolução. Importa saber como o homem evoluiu fisicamente, por quais motivos e influências, sob quais condições. Importa saber essa história, seu trajeto de evolução e como se espalhou e se adaptou por todo o globo. A segunda questão é entender o quanto de "animal", de ser da natureza, de orgânico, ainda existe no homem tal qual ele é hoje. O quanto que o homem faz vem diretamente de seus instintos de animal e o quanto deriva de comportamentos adquiridos no curso de sua evolução biológica ou das transformações culturais. Tal questão tem desdobramentos em vários setores das ciências humanas e até da filosofia. É grande ainda o debate sobre o quanto o homem age como um animal em busca de sua sobrevivência pessoal e coletiva e o quanto ele age por preceitos adquiridos através da cultura, da religião, da ética. O modo e as intenções como essa última questão é abordada terminam influenciando, hoje em dia, quem acredita na possibilidade de as nações e as sociedades viverem em bons termos ou quem considera que o homem é incapaz de sobrepujar seu instinto de luta pela sobrevivência, tal qual os animais, em nome de um ideal cultural maior.

Quadro Evolutivo do *Homo sapiens*

Um dos quadros mais cambiantes da Antropologia Biológica é o da reconstituição da evolução da linhagem humana. A cada momento os resultados de novas pesquisas arqueológicas parecem mudar radicalmente aquilo que se tinha por certo alguns meses antes. O mesmo se dá no campo da Biologia Molecular, que tanto tem contribuído para se entender esse processo através dos estudos sobre a evolução da mitocôndria do DNA. Há muita divergência de opinião entre os antropólogos, e mesmo quando alcançam um consenso mudam na primeira notícia de novas descobertas. Mas uma coisa até agora é certa. *Homo sapiens* e toda sua linhagem surgem e evoluem na África. Assim, o quadro que se apresenta aqui é apenas o estado da arte em agosto de 2007, podendo mudar em setembro ou em 2008. *Homo sapiens* é o resultado de um processo evolutivo que começa há uns seis milhões de anos (6Maa) quando nosso primeiro ancestral, o *Australopithecus*, desmembra-se de uma família mais ampla que incluía os chimpanzés. Antes, por volta de 10 Maa, os dois haviam se desmembrado de uma linhagem que continha os gorilas e os orangotangos. Os *Australopithecus* já tinham uma postura ereta ou semi-ereta, e isso é o que mais os distingue dos chimpanzés, já que o tamanho de seus cérebros era quase igual, em torno de 400 cc. Os *Australopithecus* permaneceram na Terra até cerca de 1,4 Maa e tiveram várias espécies, uns mais robustos e outros mais graciosos. Dos graciosos, provavelmente o *Australopithecus africanus* é que surgiu o primeiro hominine do gênero *Homo*. Isso por volta de 2,5 Maa. Da primeira fase do gênero *Homo* se desenvolvem ao menos duas espécies, o *habilis* e o *rudolphensis*, e talvez do *habilis*, já com o uso de utensílios de pedras, surgem ao menos três espécies: *erectus*, *ergaster* e *heidelbergensis*, todos por volta de 1,9 Maa. Todas essas espécies se espalharam da África para a Europa e Ásia e conviveram entre si. *Homo erectus* sobreviveu no sudeste asiático até pelo menos 53 mil anos (53 Maa). Em algum momento, por volta de 200 Maa, surgem duas espécies muito próximas em termos de tamanho do crânio e capacidade linguística, o *Homo neanderthalensis* e o próprio *Homo sapiens*. Alguns antropólogos consideram o *neanderthal* uma variação do *Homo sapiens*, outros, seu precursor. De todo modo, eles conviveram e provavelmente disputaram entre si até 28 Maa. Daí por diante não há mais sinal de *neanderthal*. A não ser que o Homem das Montanhas seja um sobrevivente! *Homo sapiens* alcançou a Austrália por volta de 60 Maa, parece que ainda sem arco e flecha, mas chegou às Américas, via Estreito de Behring, que ligava a Sibéria ao Alasca, por volta de 35 Maa, já armado de arco e flecha. Por volta de 12 Maa já havia grupos humanos na ponta da América do Sul e em todas as partes do mundo.

De certo modo, a temática mais importante da Antropologia Biológica é tentar encontrar o lugar do homem na Natureza e ao mesmo tempo conhecer a especificidade de sua natureza. Para tanto, ela está em permanente diálogo e busca subsídios em várias ciências biológicas, a começar pela Anatomia. Isso se dá, sobretudo, porque os principais indícios que ajudam a formular as passagens da evolução biológica do homem estão nos restos de ossos e esqueletos fossilizados. A Arqueologia trata de descobrir esses remanescentes ósseos, como logo veremos, mas são os antropólogos biólogos que se dedicam ao estudo e à comparação do esqueleto humano com os esqueletos dos demais primatas, os quais dão pistas sobre a proximidade do homem com esses animais e, ao mesmo tempo, permitem formular hipóteses sobre como se deram as mudanças nas suas estruturas ósseas, por que razões e em que períodos. Importante é saber como o homem tornou-se ereto e bípede, como aumentou a sua capacidade craniana, qual tem sido sua dieta ao longo desses anos, como ele adquiriu a capacidade de fabricar instrumentos e, enfim, de falar.

Com a Genética a Antropologia Biológica quer total proximidade, sobretudo porque as descobertas dos últimos 30 a 40 anos nessa área têm ajudado a projetar similitudes e diferenças entre as espécies que antecederam o homem e a subordem dos antropoides, afinando, desse modo, o quadro evolutivo que se projeta para o homem. Um exemplo é a corroboração genética de que o homem, bem como todos seus antecedentes de família e gênero, evoluíram no continente africano. Tal teoria surgiu a partir da descoberta, em 1912, na África do Sul, de um esqueleto fossilizado de um hominoideo que ficou cognominado de *Australopithecus*, por seu descobridor, Eugene DuBois, cuja descoberta foi seguida de inúmeras outras semelhantes que permitiram reconstruir uma trajetória que passa por outras espécies do gênero dos *australopithecinos* até chegar ao gênero *Homo*, o qual, por sua vez, passa pelas espécies *erectus* e *neanderthalensis* até chegar ao *sapiens*. Consolidando essa teoria além das evidências arqueológicas e anatômicas, a descoberta da persistência do DNA mitocondrial aventa com a teoria de que todos os homens da atualidade teriam vindo de uma Mãe Primeva ou Ancestral, e que esta mãe provavelmente teria evoluído nas mesmas condições ambientais de onde teriam surgido as espécies hominídeas anteriores, qual seja, na África.

Um dos afazeres mais visíveis da Antropologia Biológica são as pesquisas que os seus estudiosos fazem sobre os demais primatas, especialmente os antropoides superiores, aqueles que mais proximamente podem ser comparados em sua carga genética e em seu comportamento com o homem. A ideia por trás dessa atividade é descobrir o quanto de "animal" existe no homem, o quanto seu comportamento social é próximo ou distante do comportamento social dos seus primos antropoides; mas também o quanto de inteligente e "cultural" existe nos próprios antropoides. Será que o chimpanzé aprenderá um dia a pensar? Esse ramo da Antropologia Biológica se chama Etologia e é exercida tanto em laboratórios, por meio de pesquisas genéticas e pesquisas controladas sobre comportamento, quanto em campo, observando o comportamento ao natural, nas savanas (por exemplo, hordas de babuínos), nas florestas africanas (especialmente chimpanzés e gorilas), nas florestas do subcontinente indiano (macacas), nas ilhas da Indonésia (gibões e orangotangos), além do Japão e na Floresta Amazônica (macacos em geral). É portanto uma atividade científica das mais cheias de aventura e questionamentos a que os antropólogos biólogos se dedicam. Aventura porque a pessoa se deslocar para savanas e florestas para observar o comportamento de animais exige coragem, desprendimento e dedicação; questionamento porque experiências de laboratório com animais que apresentam tal vivacidade de inteligência frequentemente tocam os sentimentos éticos e morais dos pesquisadores por estarem manipulando seres que, de algum modo, entendem o que se está fazendo com eles. (Porém este é um problema que atinge a todos os pesquisadores de laboratórios, até os que trabalham com camundongos.)

Arqueologia

A Arqueologia[1] é a outra subdisciplina que auxilia na compreensão da evolução do homem ao longo do tempo. Mas ela é também fundamental para se reconstituir antigas sociedades e culturas. Segundo sua etimologia grega, Arqueologia pode ser definida como o "estudo dos tempos primevos". Assim, os arqueólogos se dedicam ao estudo tanto de remanescentes ósseos que podem elucidar na compreensão da escalada evolutiva do homem, quanto de sociedades que não mais existem, ou ainda aquelas de tempos pretéritos que hoje em dia são bastante diferentes do que eram. A ideia é reconstruir o passado por meio das evidências concretas que podem ser, literalmente, desenterradas: lascas de pedras que um dia foram facas, furadores e raspadores; ossos, esqueletos e corpos mumificados, que podem dar dados sobre idade, doenças, hábitos alimentares, *status* social; pólens e dejetos fossilizados que podem indicar hábitos alimentares; madeira carbonizada, que ajuda a determinar a idade de seu uso e, portanto, a idade do sítio arqueológico; cerâmica, que indica técnicas, arte, alimentação; monumentos, templos, tumbas, enterramentos, cemitérios, depósitos de lixos, etc., que podem indicar nível econômico, organização política e religiosa, sedentarização, transumância ou nomadismo.

A Arqueologia parece uma aventura em desertos, em ruínas, em cidades desaparecidas, ou na busca de segredos do passado. As imagens de descobridores de túmulos com pedras preciosas, de câmaras escondidas em pirâmides, ou de escavadores de sítios e cavernas estão no imaginário do público em geral. Porém, a Arqueologia não é só sensação. Noventa por cento é trabalho árduo, suor e poeira, viver em acampamento e passar horas tentando limpar um esqueleto ou colar os cacos de um vaso. É, acima de tudo, uma sistematização científica de uma série de técnicas de pesquisa, com a definição de um objeto específico que tem uma temporalidade e com propósitos de explicação e teorização sobre esse objeto. O que interessa à Arqueologia é contribuir para o conhecimento do homem tanto em sua diversidade cultural quanto em suas transformações culturais, só que concentrando naquilo que já se foi.

Por isso é que a Arqueologia está no âmbito das preocupações da Antropologia Cultural, ajudando-a, com dados do passado, a confirmar ou rejeitar teorias sobre aspectos da cultura e das culturas da atualidade. Por outro lado, a Arqueologia é um meio imprescindível pelo qual os antropólogos biólogos buscam dados para formular os modelos e as teorias sobre a evolução biológica do homem. Nesse último sentido, a Arqueologia é uma coadjuvante de peso para a Antropologia Biológica.

A Arqueologia, subordinada destarte aos objetivos teóricos da Antropologia Biológica e da Antropologia Cultural, torna-se acima de tudo uma atividade de técnicas de descoberta, análise e reconstrução de dados concretos que podem ser transformados em hipóteses factuais, para serem elaboradas em teorias. Descobrir um sítio arqueológico, por exemplo, se até trinta anos atrás era uma questão de sorte, ou acontecia quando alguém já o tivesse encontrado e, provavelmente, estragado, consiste, hoje em dia, numa tarefa meticulosa que usa técnicas de leitura de fotos de satélites, conhecimento do solo, avaliação de probabilidades da existência de sítios advindas de dados hipotéticos, como trajetória de migrações de povos ou de guerras. Abrir e escavar um tal sítio requer técnicas e experiência para não perder dados, como ossos, pedaços de argila, cotocos de pau, restos alimentares (inclusive já digeridos), para preservá-los e para conhecê-los na disposição original encontrada a fim de que possam indicar, em sua reconstituição, a posição e o seu significado em determinado tempo. É trabalho fatigante e meticuloso, do qual é preciso gostar para aguentá-lo; por isso é que todo estudante de Arqueologia é levado a fazer escavações desde cedo em seus estudos.

Muitas técnicas de pesquisa vêm de outros saberes científicos, como a Geologia, a Ecologia, a Paleontologia, a Química, a própria Anatomia, etc. O arqueólogo tem que ter conhecimento de muitos aspectos dessas ciências para melhor avaliar o seu objeto de pesquisa. Determinar a idade de um sítio arqueológico, por exemplo, necessita tanto do conhecimento de química, no caso, da passagem do isótopo de carbono 14 para carbono 12, quanto de Geologia, no caso, da identificação de camadas geológicas onde se encontra o sítio. Amostras dessas substâncias são analisadas em laboratórios especializados, mas o arqueólogo tem que saber retirá-las sem contaminá-las com outros dados, e tem que saber posicioná-las no lugar próprio de onde vieram para que a reconstrução faça sentido. Com efeito, as disputas mais acirradas da Arqueologia referem-se à idade e à temporalidade de determinado sítio arqueológico, e a validade dessas disputas depende, em geral, de como foram retirados os materiais usados para a datação.

No Brasil pouco se faz em matéria de Antropologia Biológica. Afinal, pouca gente duvida que o homem quando chegou ao continente americano já era o próprio *Homo sapiens*. Nosso interesse biológico está mais voltado para o conhecimento da diversidade física das populações indígenas, africanas e européias, suas cargas genéticas, suas composições imunológicas, e, especialmente, a miscigenação que aqui ocorreu. O conceito de raça e suas características genéticas e supostamente culturais, que se desdobravam numa hierarquização e pareciam confirmar sua validade pelo preconceito, já foram motivo de grandes preocupações no passado, no tempo em que o mundo estava dominado pela ideologia do darwinismo social. A Antropologia Cultural, entretanto, superou esse tempo ao propor e consolidar a ideia de que o homem, apesar de suas diferenças biológicas – isto é, cor da pele, formato do rosto, cabelo, tendências musculares, etc., – é o mesmo em inteligência e em potencial cultural. De modo que o termo *raça*, como conceito é um mal-entendido, embora continue a ser usado por inércia intelectual, pois serve tão somente para identificar traços fenotípicos genéricos de determinadas populações, ou, por ideologia, para identificar minorias étnicas e suas condições político-culturais em sociedades marcadas pela desigualdade social.

Já a Arqueologia tem um espaço mais consistente em várias das nossas universidades. Importa-nos saber há quanto tempo o homem está nas Américas e chegou ao Brasil, como se espalhou, de que modo se adaptou aos diversos meios ambientes, como desenvolveu suas culturas. Sítios arqueológicos se encontram em todas as regiões brasileiras, desde os famosos sambaquis, que se apresentam como uns morrotes de calcário formados pela decomposição físico-química das cascas de conchas, moluscos e crustáceos, que foram jogados e amontoados por pescadores e mariscadores nas praias e mangues; as cavernas líticas e suas itacoatiaras ou pinturas rupestres, nos cerrados centrais e nas caatingas nordestinas que serviam de abrigo a caçadores e coletores; até os extensos terraços da ilha de Marajó, que são plataformas de terra e barro acima do nível de alagamento, sobre os quais se erguiam templos e residências da elite e de onde já foram retiradas as vistosas cerâmicas que caracterizam sociedades que tinham protoclasses sociais, sacerdotes e templos, algo que não mais existia quando os portugueses aqui aportaram.

Faz-se muito no Brasil aquilo que se chama de "arqueologia de salvamento". A construção de barragens para usinas hidrelétricas, estradas que cortam terras virgens e mesmo o desmatamento para roças e pastos; e, nas cidades, túneis para metrôs e construção de prédios – frequentemente esbarram em e destroem valiosos sítios arqueológicos. A legislação brasileira exige que os empreendedores contratem firmas de arqueologia ou arqueólogos avulsos para fazerem levantamentos do patrimônio arqueológico e resgatarem ao menos aquilo que for salvável. Às vezes os arqueólogos e o Instituto Brasileiro de Patrimônio Histórico conseguem até desviar o curso de determinado projeto de construção para salvar e preservar algum bem de maior valor para nosso patrimônio.

LINGUÍSTICA

A Linguística é uma ciência humana das que mais se aproxima do modelo de ciência sistemática (o que os americanos costumam chamar de *hard science*), como a física e a biologia. Em muitos departamentos de Antropologia nos Estados Unidos e Europa ela faz parte do currículo da Antropologia como uma subdisciplina com seus próprios méritos. Seu objeto é, evidentemente, a língua, as línguas humanas, suas estruturas internas, suas conexões mútuas, suas histórias, sua capacidade de mudança e, especialmente, o significado que elas dão ao homem e à cultura. Os antropólogos linguistas estudam em especial as línguas não europeias, particularmente as dos povos indígenas, africanos e oceânicos. Ao fazerem isso, têm em mente que as línguas são o principal (alguns falam em "único") meio pelo qual o homem apreende o mundo da natureza e o mundo da cultura. A língua seria o veículo da cultura, que, por sua vez, é a intermediação entre o homem e a natureza.

Conhecida inicialmente como Filologia, a Linguística surgiu, ainda em fins do século XVIII, quando estudiosos de línguas se deram conta de que as línguas se parecem umas com as outras, portanto, estão conectadas umas com as outras, como se fossem irmãs e derivassem de outras anteriores. Daí a metáfora de que elas formam famílias, que juntas formariam superfamílias, e daí troncos linguísticos, etc., num processo histórico regressivo que terminaria, se fosse possível traçar todos esses passos, por chegar a uma primeira língua mãe.

Primeiramente demonstraram que quase todas as línguas faladas na Europa (exceção de húngaro, lapão, estoniano, finlandês e basco) teriam derivado de uma única língua, que foi convencionado chamá-la de "proto-Indo-Europeu", a qual teria sido trazida para a Europa da região dos Urais por um povo que se espalhara por todos os seus cantos, além de se ter expandido até a Pérsia e a Índia. Tal acontecimento original teria se dado há uns 7.000 anos. Em seguida, foi sendo demonstrado que as demais línguas em todas as partes do mundo fazem parte de semelhantes famílias e por idênticos processos históricos. O que aconteceu com as línguas do tronco Indo-Europeu teria acontecido com as línguas dos troncos siamo-chinês, tibeto-burmês, hamito-semítico, bantu, etc. Por consequência, todas as línguas adviriam de uma mesma e única língua, tal qual todos os homens, pela teoria evolucionista, advêm de uma única mãe, de uma única espécie. Daí que o mesmo processo histórico-evolutivo explicaria, *grosso modo*, tanto as transformações linguísticas quanto as biológicas. A teoria do monogenismo (uma única origem) das línguas é contestada hoje pela ideia do plurigenismo, segundo o qual, em determinado momento da diversificação do *Homo sapiens*, mais de uma sociedade humana teria estabelecido sua língua original, como se foram descobertas simultâneas e independentes. Muito mais de pesquisa vai rolar sobre esse tema.

Entretanto, as diferenças entre línguas, criadas pela passagem do tempo, não representam uma hierarquia. O máximo que se pode dizer é que algumas línguas contêm mais palavras do que outras, por força da complexidade material das culturas em que elas funcionam. Porém todas as línguas têm as palavras de que suas culturas precisam para representar suas características e propriedades. Todas são capazes de produzir todo e qualquer tipo de pensamento, do mais simples ao mais abstrato, usando palavras equivalentes, criando novas palavras ou tomando emprestado palavras de outras línguas. Por outro lado, nenhuma palavra de uma determinada língua corresponde perfeitamente a uma palavra de outra língua. O significado das palavras é determinado pelas circunstâncias em que a língua está inserida, que são específicas e mutáveis em cada cultura. O filósofo Luiz Sérgio Coelho de Sampaio chamou essa propriedade linguística de "a ilimitada complacência do significado".

Em segundo lugar, a partir dos estudos de Ferdinand de Saussure, os quais foram seguidos pelos trabalhos de Roman Jakobson e Nicolai Troubetzkoy, ficou comprovado que a língua, concretamente formada por sons que se agregam em palavras, tem um caráter sistêmico. Sons tornam-se inteligíveis para os falantes de uma língua por se contraporem uns aos outros e por constituírem um sistema coeso, o sistema fonético, o qual exclui da compreensão qualquer outro som fora do sistema. Palavras representam alguma coisa real, mas só fazem sentido por convenção da língua, através de um ordenamento próprio, a gramática. O sistema fonético, a gramática e os significados das palavras, a semântica, nada têm a ver com a materialidade desses sons, e os falantes de uma língua aprendem tudo isso inconscientemente. Também descobriu-se que o caráter histórico das línguas se deve a uma tendência própria de instabilidade interna. Os sons dentro de um sistema mudam, o sistema muda, a gramática pode mudar e até o significado das palavras muda. Juntando-se o caráter sistemático com a instabilidade, pode-se prever em que direção uma determinada língua poderá mudar, por quais sons e fonemas e por quais arranjos gramaticais.

Assim, a Linguística desenvolveu-se como uma teoria científica bastante sistemática, atraindo a atenção das demais ciências humanas. Como ela é não somente parte da cultura, mas quiçá sua parte mais essencial, não seria possível que a cultura também fosse estruturada da mesma forma? A partir da década de 1940, um egresso da filosofia, que havia se tornado antropólogo por ter feito pesquisas de campo entre diversos povos indígenas no Brasil, Claude Lévi-Strauss (1908-), passou a usar a teoria estrutural da Linguística como um modelo para compreender a cultura, não apenas nos seus aspectos mais sociológicos, como a economia, a organização social, mas também nos menos concretos e mais inconscientemente elaborados, tais como ritos, mitos e crenças. Discutiremos a escola estruturalista da Antropologia em detalhes mais adiante.

ANTROPOLOGIA COMO FILOSOFIA DA CULTURA

Antropologia também se presume uma "lógica do homem", no que ela se aproxima das matérias do campo filosófico: a lógica como a expressão formal de um modo de pensar e sua correspondência com um modo de ser, tal como foi intuído um dia pelo filósofo Parmênides; a metafísica como o conhecimento do ser próprio da vida e das coisas do mundo (do qual o homem partilha e pensa); e a hermenêutica, como modo de conhecer pela interpretação onde a palavra e os atos se interpenetram e dão sentido ao homem.

Nesse sentido, a concentração do interesse da Antropologia sobre *cultura* e a indagação sobre suas qualidades, seu ser, sendo este ser a própria representação do homem, o seu *espírito*, para falarmos nos termos de Hegel, faz da Antropologia uma coadjuvante mais sensitiva da Filosofia; daí é que podemos considerar que a Antropologia também é uma Filosofia da Cultura.

Como vimos, o pensamento antropológico surgiu no Iluminismo como uma especulação sobre o homem, sua natureza, suas transformações e seus potenciais. Os filósofos iluministas não fizeram propriamente pesquisas sobre outros povos, mas conheciam os relatos e livros escritos por viajantes que haviam estado com povos do Novo Mundo, da Ásia e da Oceania. A Europa havia se expandido desde 1500, conquistara muitos povos, à força das armas, mas não era ainda uma controladora absoluta deles, à força da economia. Só com o desenvolvimento de novos meios e técnicas de produção capitalista, é que o verdadeiro imperialismo europeu iria se estabelecer por quase todo o mundo, inclusive em antigas civilizações como as da Índia, da antiga Pérsia e até da China. A maioria desses livros descrevia costumes e hábitos de outros povos de um modo derrogatório, preconceituoso, tratando-os como sendo incompreensíveis e inaceitáveis para os europeus. Porém, diversos outros demonstravam que os costumes, por mais bizarros que fossem, faziam sentido para os povos que os praticavam, e que esses povos, como indivíduos, eram dotados de racionalidade mais ou menos semelhante à dos europeus. Pensavam, calculavam, projetavam; sofriam, amavam, adoravam. Mesmo escalonando os povos em uma hierarquia de inferior a superior, muitos filósofos iluministas sentiram que todos pertenciam à mesma espécie, que eram todos parte de uma humanidade única. Tal asserção adveio de um modo de pensar filosófico.

Rousseau, o mais sensível deles, sugeriu em dois livros importantes para a história da modernidade – *O contrato social* e *A origem da desigualdade entre os homens* –, que os povos chamados primitivos representavam na verdade estágios pelos quais todos os povos teriam passado. Seriam estágios próprios e necessários da humanidade. O estágio em que o homem já teria deixado de ser um animal bruto e solitário, ganhara razão e passara a viver em harmonia coletiva, Rousseau chamava de estágio do *bom selvagem,* quando o homem teria sido mais íntegro com sua natureza e, portanto, mais feliz. Tal afirmação carecia de um espírito propriamente científico, estava no nível da especulação, da dedução lógica, com base em percepção intuitiva e comparação difusa. De qualquer modo, foi da maior importância para o desenvolvimento do pensamento antropológico, tanto como parte da filosofia quanto como ciência.

Os filósofos alemães Kant e Hegel, aos seus modos distintos, especularam sobre a natureza do homem e da sua segunda natureza, a cultura. Viram o homem e a cultura como explicáveis somente por conceitos próprios, em processo de transformação contínua (a palavra *evolução* ainda não entrara em voga), em direção a uma meta, a um lugar que seria a afirmação de seu ser superior perante a natureza. Mais tarde, um discípulo de Hegel, Karl Marx, propôs, tal qual Rousseau, que o homem fora um dia feliz, num tempo de igualdade, mas que o surgimento da desigualdade o fizera perder essa condição. Desde então, toda a história da humanidade seria uma luta contra essa desigualdade, cuja raiz mais profunda estava na divisão social entre os que trabalham e aqueles que usufruem do trabalho alheio. Desconhecendo sua natureza anterior e seu potencial superior, o homem se alienara e sofria com isso. No desenvolvimento do capitalismo, cuja ascensão estava se dando a todo vapor e com toda a brutalidade desde as primeiras décadas do século XIX, Marx via o momento em que o homem poderia se dar conta de sua angústia e ter condições objetivas para superar a desigualdade social. Tal processo se daria pela autoconsciência do trabalhador, a classe social que mais perdera e mais se alienara no processo capitalista. Por ser maioria da população, por compartilhar coletivamente dos processos de trabalho e convivência, por terem uma cultura comum, enfim, a classe trabalhadora estava talhada e estaria destinada a destruir a ordem capitalista, arrancar o poder de mando dos capitalistas e do sistema social que os servia e os justificava, que os alienara e alienara toda a humanidade. Para tanto haveria que se organizar – e essa seria a tarefa de um partido político.

Marx interpreta o homem como ser duplo da natureza e da cultura. A natureza é o dado incontornável de onde surgem o homem e a cultura. O homem vira um ser cultural por conta de sua evolução biológica, sem dúvida; mas é pelo trabalho, isto é, a tarefa realizada como meio para se obter algo mais do que o dado pela natureza, que o homem vira verdadeiramente um ser cultural. A cultura estabelece sua própria lógica, que conflita com a natureza. Tendo saído do domínio da natureza, é pela cultura que a natureza passa a ganhar sentido para o homem. Vulgarmente falando, a cultura não está mais na natureza, mas quer "dominá-la". Essa duplicidade do homem o torna um ser contraditório, o que o projeta a estar em movimento incessante. De sorte que, para Marx, a história da humanidade seria a história das transformações culturais motivadas pela contradição essencial do homem, a qual se realiza, na prática, pela luta entre grupos sociais em posição de desigualdade. Toda cultura, mesmo aquela que parece absolutamente estacionária, está em processo de mudança.

Marx tinha essas ideias formuladas ainda em suas primeiras reflexões filosóficas, antes de tornar-se o revolucionário formulador da estratégia para apressar conscientemente a transformação da sociedade capitalista europeia. Ao se defrontar com o conhecimento empírico sobre povos não europeus, especialmente povos que àquela época eram considerados primitivos ou selvagens, cuja literatura descritiva se avolumava e estava se transformando em teorias sobre evolução cultural, Marx buscou incorporar esses novos dados e ideias à sua teoria dialética. No livro *A origem da família, da propriedade privada e do Estado*, esboçado com base em dados etnográficos e em análises de diversos autores da época, em especial Lewis Henry Morgan, Marx e Engels procuraram abranger toda a história da humanidade numa totalidade significativa. Ao final, Marx e Engels revelam-se discípulos de Hegel: o homem é um ser em movimento (outros filósofos mais tarde diriam "angustiado"), por ter perdido sua condição original de animal, é um ser dependente da cultura e tem uma direcionalidade própria que é de certo modo indecifrada. Constituído pela atividade do trabalho e, ao mesmo tempo, alienado devido ao trabalho, um dia, num futuro que pode ser vislumbrado, mas não determinado, o homem vai ter um encontro consigo mesmo, com sua verdadeira natureza, e assim entrar no reino da liberdade. Com Marx, a Antropologia é tanto ciência quanto reflexão filosófica.

Citamos o exemplo de Marx como um filósofo que busca em dados antropológicos um meio mais sensitivo e empírico para sustentar suas especulações filosóficas, e como suas especulações alimentam teoricamente os estudos antropológicos. Mas não é o único. Com efeito, desde meados do século XIX, na medida em que se iam disseminando os estudos – não mais simples relatos e descrições curiosas – sobre povos não europeus, povos primitivos, povos sem Estado, povos não capitalistas, ou até povos atrasados, conforme eram chamados na época, os filósofos passaram a contar com esses dados nas suas reflexões sobre o homem. Alguns ficaram presos à dicotomia, criada no início da formulação da Antropologia como ciência, entre o suposto homem civilizado e o suposto homem primitivo, como se fossem duas entidades distintas e separadas por um imenso fosso de inteligência e racionalidade. Outros deixaram de lado a especulação e o ponto de vista europeu e passaram a se dedicar ao estudo empírico sobre esses povos, comparando-os entre si e com a sociedade e cultura capitalista, hodierna, contribuindo, assim, com a formulação de novos conceitos sobre cultura e sociedade e seu funcionamento. Entre os filósofos que passaram a ser antropólogos

30 ANTROPOLOGIA

destaca-se o francês Émile Durkheim (1858-1917), que trouxe imensos aportes para a Antropologia como ciência humana e veio a ser o líder de uma escola conhecida como funcionalismo estrutural, como veremos mais adiante.

De grande importância também, já no início do século xx, foram as proposições do fundador da psicanálise, Sigmund Freud, especialmente em seu livro *Totem e tabu*, que trata das origens do tabu do incesto na sociedade humana, baseadas em inferências sacadas duplamente de interpretações de mitos gregos e do inconsciente do homem moderno. Muitos antropólogos, à época, recusaram a teoria do incesto de Freud, considerando-a fora do âmbito estritamente empírico da ciência, por mais que ele insistisse que seu posicionamento era de um cientista. Todavia, suas proposições deram uma nova perspectiva sobre o assunto, que era motivo de grandes indagações e das mais fantásticas hipóteses, um fato social praticamente universal nas sociedades humanas. Freud desenvolveu sua visão ou filosofia da cultura em diversos textos, especialmente em *A civilização e seus descontentamentos*, nos quais apela para a tomada de consciência como forma de o homem encarar os aspectos dominadores e antilibertários presentes na cultura.

Mais tarde, Claude Lévi-Strauss saberia como usar a especulação de Freud sobre o tabu do incesto para, juntando à análise científico-filosófica de Marcel Mauss (1872-1950) sobre a importância da reciprocidade na convivência humana, compor sua visão da constituição do homem como ser da cultura. A aplicação das descobertas da Linguística estrutural deu-lhe o paradigma para especular, projetar hipóteses, testá-las e elaborar a teoria de que a cultura funciona como uma língua, meio inconscientemente, determinada por uma estrutura subjacente, e que a função do antropólogo é descobrir o modelo básico que está por trás e que determina a cultura e qualquer aspecto nela contido.

A Antropologia como filosofia da cultura se desenvolve tanto nos aspectos da epistemologia, isto é, das possibilidades lógicas do conheci-mento, quanto da interpretação hermenêutica e também no campo das indagações teológicas. Filósofos e teólogos como Ernest Cassirer (1874-1945), Paul Tillich (1886-1965), Mircea Eliade (1907-1986) e Teilhard de Chardin (1881-1955) são usufrutuários e contribuintes das possibilidades que a Antropologia suscita como lógica e filosofia da cultura. Entre os antropólogos propriamente ditos são poucos os que filosofaram sobre a cultura antes da década de 1980, certamente para não serem chamados de especuladores por seus pares. Podemos citar dois que desenvolveram aspectos filosóficos em seus trabalhos ainda na primeira metade do século xx, quais sejam, Paul Radin (1883-1959), que escreveu sobre o indivíduo e suas propensões filosóficas e religiosas nas culturas indígenas, e Gregory Bateson (1904-1980), cujo livro inicial, *Naven,* desponta como pioneiro do reconhecimento do autoconhecimento dos povos primitivos sobre sua cultura, e por isso é ainda hoje lido e admirado.

Por fim, deixaremos para o final do livro a análise de como alguns princípios derivados da Linguística estão servindo, por meio da aplicação de proposições filosóficas, para a fundamentação de uma crítica à Antropologia como ciência. Tal crítica, que vem sendo difundida nos últimos trinta e tantos anos, advém da hermenêutica e da influência das ideias dos filósofos Nietzsche e Heidegger. O movimento intelectual que abriga tal crítica, hoje com muita influência na Antropologia praticada nos Estados Unidos e Europa, e outros pensamentos semelhantes, é conhecido como pós-modernismo.

Em contraposição, apresentaremos nossa visão do que poderá ser o futuro da Antropologia como forma científica e filosófica do pensar sobre o homem. Tentaremos mostrar que essa nova visão não pode prescindir das contribuições feitas por outras correntes antropológicas na medida em que elas definiram aspectos lógicos do ser humano e abriram o espaço para novas pesquisas científicas e novas especulações filosóficas. É com o espírito de reconhecimento aos antropólogos e filósofos que definiram o nosso campo de atuação que este livro pretende concluir sua trajetória de explanações e proposições.

Nota

[1] Cf. Pedro Paulo Funari, Arqueologia, São Paulo, Contexto, 2003.

Cultura e seus significados

Os múltiplos sentidos de cultura

Todo mundo tem sua ideia do que é cultura. Na década de 1950, o antropólogo americano Alfred Kroeber se deu ao trabalho de compilar as definições de cultura e achou mais de 250 variações. E naquela época não deveria haver muito mais do que esse número de antropólogos mundo afora! Por conseguinte, hoje as contaríamos em milhares, mesmo porque cultura não é assunto circunscrito a antropólogos e filósofos, mas está, por assim dizer, na boca do povo. Todavia, para o tema adquirir sentido, podemos agrupar essas tantas definições em seis ou sete categorias ou acepções e delas sacar os significados mais apropriados que comporão, em síntese, nossa visão sobre cultura.

Primeiramente, cultura é vista como se fora sinônimo de erudição. Cultura seria a substantividade de ser culto, e isso quer dizer possuir conhecimento e demonstrar refinamento social. Tal conhecimento estaria nas áreas de Literatura, Filosofia, História, etc.; e o refinamento seriam os modos de comportamento, a etiqueta social como atributo de classe social superior. Esta é, na verdade, a acepção original da palavra *cultura* tal como concebida pelos romanos (*cultura* é palavra latina que vem do verbo *colere*, cultivar). Era muito usada, tempos atrás, quando as classes alta e média brasileiras sobrevalorizavam o conhecimento humanístico, a retórica e o comportamento dito refinado como símbolos de *status* social.

Embora não seja mais importante, cultura como erudição e refinamento social ainda tem seus adeptos, ao menos nas colunas sociais. Não é isso que se entende por cultura na Antropologia.

Uma variação dessa acepção vem da tradição da filosofia idealista alemã, originada no século XVIII, segundo a qual cultura equivale a formação (*bildung*, em alemão), no sentido de constituição e desenvolvimento, tanto individual quanto coletivo. Assim, o indivíduo tem cultura como parte de sua formação intelectual e comportamental, seguindo padrões considerados superiores e refinados, mas não necessariamente relacionados a classes endinheiradas. E um povo tem cultura como uma tradição que é respeitada, cultuada e ao mesmo tempo renovada e refinada. A literatura, a ciência, a aplicação tecnológica, mas também o acatamento às leis e o comportamento comedido fariam parte dos atributos de um povo "com cultura". Assim, haveria homens com mais ou menos cultura, assim como haveria nações com culturas mais pujantes e consolidadas. A Antropologia vê essa acepção com certa desconfiança; mas muitos que admiram as culturas europeias, e por vezes subvalorizam a cultura brasileira, baseiam seu raciocínio nessa acepção de cultura.

Uma segunda categoria diz respeito à arte e suas manifestações. Diz-se que teatro é cultura, música clássica é cultura. Por extensão ao popular, danças folclóricas, música de viola caipira, carrancas do São Francisco são cultura. Cultura seria as manifestações e a produção artística de um povo. Esse sentido está dentro do interesse da Antropologia, às vezes como folclore, às vezes como tradição, às vezes como ritos culturais e até como cultura material.

Outra categoria vê cultura como os hábitos e os costumes que representam e identificam um modo de ser de um povo. Em geral esses costumes são reconhecidos como singulares e específicos. Assim, diz-se que no Nordeste, comer rapadura com farinha, e em Minas Gerais, comer broa de milho – faz parte da cultura dessas regiões. Dormir em rede no Nordeste, ir à praia aos domingos no Rio de Janeiro, passar as tardes de sábado em *shopping centers* em São Paulo e noutras cidades modernizadas – é parte da cultura. O jeito maneiroso do baiano, a desconfiança do mineiro, a elástica capacidade de gozação do carioca, ou a rígida lógica do português – são manifestações de suas respectivas culturas. Cultura seria o todo comportamental, incluindo o emocional e o intelectual, de um povo ou, em menor escala, de uma coletividade. Também essa acepção interessa à concepção de cultura da Antropologia.

Outra acepção diz que cultura é a identidade de um povo ou de uma coletividade, que se forma em torno de elementos simbólicos compartilhados. Esses elementos, em que se incluem os valores, permitem a coletividade pairar acima das diferenças que a dividem – seja de classe social, região, religião, etc. Em contraste com outros povos ou coletividades, esse conjunto simbólico é que diferenciaria uma coletividade de outras, cada uma com seus respectivos conjuntos simbólicos. Essa acepção é muito usada para se compreender as diferenças, identidades e lealdades que existem entre os povos. Frequentemente essa acepção de cultura é usada para se dizer que o Brasil é o que é pelo "jeitinho" de fazer as coisas; ou, por outra, o Brasil só se une, só se identifica como um todo em torno de instituições ou festas como o Carnaval ou o futebol, neste caso especialmente na época dos jogos de Copa do mundo.

Mais uma categoria considera que cultura é aquilo que está por trás dos costumes e das atitudes de um povo. Aqui o conceito de cultura se intelectualiza, torna-se abstrato. Esse aquilo que está por trás constituiria um sistema ou estrutura inconsciente que determina o modo como as pessoas se comportam, pensam e se posicionam no mundo. Essa acepção é muito querida da Antropologia, chamada por diferentes escolas de padrão, modelo, estrutura, *blueprint*, etc.

Outra acepção, proposta pelo antropólogo brasileiro José Luiz dos Santos, argui que cultura é uma dimensão que está em e perpassa todos os aspectos da vida social; por conseguinte, é aquilo que dá sentido aos atos e aos fatos de uma determinada sociedade. Poder-se-ia distinguir cultura no pensamento, no ideário de valores, no comportamento das pessoas em quaisquer circunstâncias, isto é, nas relações sociais em geral, bem como nos atos políticos, nos fatos econômicos, na produção artística, na religiosidade, etc., de uma determinada coletividade.

Enfim, talvez a acepção mais genérica diz que cultura é tudo aquilo que o homem vivencia, realiza, adquire e transmite por meio da linguagem. A origem dessa acepção de cultura está naquela que é considerada a primeira definição formal de cultura. Foi enunciada em 1871 pelo inglês Edward Tylor, reconhecido por muitos como o primeiro pesquisador e pensador a promover a Antropologia como uma ciência: "Cultura [...] é o todo complexo que inclui conhecimentos, crenças, artes, moral, leis, costumes e quaisquer outras capacidades e hábitos adquiridos pelo homem como membro de uma sociedade".

Nosso conceito de cultura

Diante de tantas acepções que se desdobram em muitíssimas variações, propor outra definição de cultura pareceria uma temeridade. Por que não simplesmente dizer que cultura é tudo isso, bem combinado, e algo mais que se queira acrescentar? Fácil, mas a tarefa da Antropologia Cultural é perseguir uma compreensibilidade do que é cultura não só para efeitos argumentativos e demonstrativos, mas também para esclarecer seu valor conceitual em relação a outros conceitos importantes que nos ajudam a entender o homem como ser coletivo. De modo que, para servir como instrumento de reflexão e operacionalidade, eis como poderemos articular o conceito de cultura, esperando que ele seja amplo e claro ao mesmo tempo e que se coadune com os temas que serão discutidos ao longo deste livro.

> **Cultura é o modo próprio de ser do homem em coletividade, que se realiza em parte consciente, em parte inconscientemente, constituindo um sistema mais ou menos coerente de pensar, agir, fazer, relacionar-se, posicionar-se perante o Absoluto, e, enfim, reproduzir-se.**

Reconheçamos que a amplitude dessa definição, que abarca muitas das acepções vistas acima, também traz problemas. O que se quer dizer, por exemplo, com "homem em coletividade", "pensar", ou "posicionar-se perante o Absoluto", quanto mais "sistema mais ou menos coerente"? O que quer dizer que a cultura "se realiza em parte consciente, em parte inconscientemente"?

Expliquemos desde já que "modo próprio de ser" quer dizer que distinguimos cultura como algo além da biologia, da inserção do homem no reino animal. Consideramos que essa distinção não é um corte abrupto: o homem permanece animal, inclusive com instinto de sobrevivência. Mas a cultura tem sua própria lógica e uma certa descontinuidade em relação à natureza, uma certa autonomia, e dá ao homem características de comportamento que vão além do comportamento animal. Esse ponto poderia ser contestado pelos sociobiólogos que propõem que cultura é tão somente uma continuidade da natureza animal do homem, que tudo que o homem faz culturalmente o faz como parte de sua natureza animal.

Não cabe neste capítulo dar conta de todas as características e predicados expostos na nossa definição de cultura, pois que serão discutidos e exemplificados como aspectos ou temas de outros capítulos. A noção de coletividade, coletivo, especialmente em sua relação com a noção de indivíduo, receberá uma atenção ampliada mais adiante. Já a crucial ideia de que cultura é um sistema "mais ou menos coerente" só ficará totalmente clara ao final do livro. Mas desde já vão se delineando as bases dessa proposição.

Examinemos alguns dos predicados de cultura. O que se quer dizer com pensar? Para a Antropologia pensar é articular uma compreensão do mundo (*worldview* em inglês, *weltanschauung*, em alemão) através da linguagem. É claro que pensar é um ato de consciência, individual, que se forma através de palavras, conceitos e sentidos de uma língua. Mas é também um ato coletivo, na medida em que os termos desse pensar, as categorias de pensamento são dados pela cultura da qual o indivíduo faz parte. Pode-se, por conseguinte, dizer que a cultura "pensa", sem mistificar nada. A língua, como veículo de pensar e de comunicar, e também como estrutura que a compõe, está presente em nossa definição de cultura. Ela é compreendida como um sistema de símbolos convencionados como significados que são compartilhados inconscientemente por uma comunidade de falantes. As palavras apresentam significados próprios que são compreensíveis para uma determinada coletividade. Todavia, os significados das palavras não são fixos e permanentes, ao contrário, têm o potencial de variação, de produzir novos significados. Daí que pensar é um ato ao mesmo tempo determinado pelos significados coletivamente compartilhados e dados pela língua sobre a realidade, porém circunstanciado pela individualidade pensante (com suas circunstâncias), aberto para conceitos que vêm de fora e apto para criar o novo. Portanto, pensar é um ato que está inserido em um sistema, mas o desafia e vai além dele, com chances de modificá-lo.

É certo que a grandessíssima maioria dos atos e resultados do pensamento advém das possibilidades encontradas no sistema linguístico; entretanto, em certas ocasiões, o pensamento produz um significado novo para algo já conhecido, uma variação de uma ideia, ou um conceito novo. É no pensamento que está o principal fator da criatividade do homem. Seu resultado mais evidente hoje em dia é o que chamamos de ciência, junto com sua aplicação prática, a tecnologia. Enfim, num sentido mais concreto, na nossa definição, pensar representa o sistema ideológico da cultura, o conjunto de ideias, a lógica e a filosofia que são inerentes na cultura.

A característica da criatividade, própria da língua e do uso que se faz dela, é também uma característica que está presente na cultura. A cultura é um sistema que ordena o pensar, mas também o agir, o modo de relacionar-se de seus participantes e também os valores que justificam tudo isso. Os atos são, em princípio, variações individuais aceitáveis dentro do conjunto de atos de uma coletividade; podem ser variações que destoam demais do conjunto e consequentemente serem rejeitadas, não aceitas; mas podem ser variações que, ao serem aceitas, venham a produzir mudanças no sistema cultural. Ser capaz de permanecer o mesmo e também de mudar é um exemplo do que acima mencionamos como uma das características da cultura: sua coerência ou sistematicidade, porém parcial, aberta. A conclusão filosófica que podemos tirar é que a cultura, que condiciona o comportamento e o pensar do homem, também lhe dá liberdade para pensar o diferente e comportar-se diferentemente.

A dialética de mão dupla indivíduo/coletivo é um dos pontos mais importantes para se compreender como a cultura funciona. Do nosso ponto de vista, indivíduo e coletivo são entidades distintas e podem ser concebidas e percebidas separadamente, cada uma com sua própria lógica de funcionamento. O indivíduo age movido tanto pela consciência quanto pelo inconsciente; ele é uma eterna síntese dialética desses dois predicados. Já o coletivo, do qual o indivíduo é parte, é sempre algo inefável, uma totalidade que funciona por meios diferentes de uma mera soma agregada de indivíduos. Embora o sociólogo francês Émile Durkheim (1858-1917) tenha concebido o coletivo como um "consciente coletivo", na verdade o coletivo não exerce qualquer atividade consciente, não "fala", não enuncia, a não ser como parcialidade empírica, por exemplo, como grupo ou até como multidão. O coletivo funciona por uma lógica semelhante à lógica que prevalece no inconsciente humano. Os temas que lhe dizem respeito, por exemplo, a linguagem e sua estrutura, as normas e os valores, são transmitidos para os indivíduos tanto pelo consciente lógico, pelo aprendizado, quanto ainda por via do inconsciente. O coletivo só é percebido através das ações mais ou menos padronizadas, previsíveis, "não individualizadas" dos indivíduos. O indivíduo é uma realidade em si, empírica, mas é também um ser para outrem, depende de outros; o coletivo é algo que só existe para outrem, para os indivíduos. Podemos considerar que as duas entidades só existem verdadeiramente em função uma da outra.

Essa explicação se faz necessária porque há correntes do pensamento antropológico que enfatizam ou dão predominância em suas análises ora ao indivíduo ora ao coletivo. Por exemplo, as escolas de Psicologia e Sociologia derivadas do empirismo radical, como o behaviorismo, que já foi muito poderosa na academia americana, realçam os aspectos comportamental e interativo dos indivíduos para a compreensão da sociedade, a qual é considerada um agregado amoldável de indivíduos em interação. O coletivo só existe em consequência da realidade do indivíduo. Já os funcionalistas defendem a proposição de que a sociedade é como um organismo em que tudo está integrado e todas as partes (indivíduos e instituições) têm uma função; na verdade, como num modelo matemático, os indivíduos em si ou em grupo não passariam de funções do conjunto. Do mesmo modo, para a escola estruturalista francesa, o indivíduo é a mera representação ou manifestação da dinâmica do coletivo, e este, por sua vez, só existe como um fenômeno que advém de uma realidade mental mais profunda, uma estrutura subjacente que está presente no ser humano e nas culturas. Entender essa estrutura seria o interesse máximo dessa escola antropológica, como veremos mais adiante.

Quando falamos que cultura compreende também "posicionar-se diante do Absoluto", queremos dizer que a cultura embute em si o reconhecimento de um limite de compreensibilidade de si mesma, e assim admite e elabora a existência de algo que está acima do cognoscível. Os metafísicos chamam esse algo incognoscível de o Nada. Preferimos chamá-lo de o Absoluto. Absoluto se opõe a relativo, que seria tudo aquilo passível de compreensibilidade. Já o "Absoluto" se representa culturalmente como o Deus, os deuses, os entes espirituais da floresta, o indecifrável, enfim, o misterioso. Ele é, necessariamente, algo diferente daquilo que se considera cognoscível. O mencionado Durkheim chamou não somente o Absoluto, mas todos os sentimentos, atos e atitudes que envolvem o reconhecimento desse aspecto presente em toda cultura, de "sagrado", o qual se opõe a tudo aquilo que é relativo, corriqueiro, o "profano". Essa distinção é muito usada na Antropologia, conforme veremos em mais detalhes no capítulo que trata da religião ("Religião, rituais e mitos").

Outro predicado da cultura é sua reprodução, algo que é próprio de seres vivos. É interessante observar que com mais frequência se fala em mudança cultural ou mesmo em conservação cultural do que em reprodução cultural. É que mudança e conservação já foram temas de muita controvérsia na concepção de cultura. Dependendo às vezes da escola, da teoria, ou da tendência política do antropólogo, a cultura é vista como uma entidade conservadora ou como um ser em permanente mudança. São dois polos opostos que, relevados das disputas sobre qual é mais ou menos importante, funcionam como predicados da cultura. Em nossa concepção, mudança e conservação se integram ao predicado maior que é a reprodução cultural. Isto é, reproduzir-se é da essência da cultura, seja mudando ou conservando.

A reprodução cultural se dá por vários meios, sendo o fundamental e óbvio a reprodução física dos homens que a compartilham. Isto é, a cultura está assentada em uma coletividade, que tem por obrigação biológica se reproduzir; e o faz por meios (físicos e) culturais, que veremos em outros capítulos mais adiante. A morte de um povo representa a morte de uma cultura, tal como ela estava se realizando; mas não necessariamente a morte de todos os aspectos dessa cultura, como a língua ou um determinado costume, que podem continuar sendo praticados por outros povos. Não se pode dizer que ainda exista a cultura romana antiga, mas a língua latina é uma entidade mais ou menos viva, com significados próprios que emulam o pensamento em várias áreas, e tantos costumes originalmente romanos continuam a ser praticados entre as culturas influenciadas ou derivadas da cultura romana, na Europa, nas Américas e alhures.

Além do aspecto físico, a cultura se reproduz, para usarmos um raciocínio tautológico, por meios próprios, culturais. O principal meio cultural de reprodução é a transmissão de significados culturais não só de geração a geração, mas no espaço de uma mesma geração, no cotidiano. Isso se dá por meio da linguagem e do comportamento ensinado, emulado e aprendido pelos novos membros da coletividade. Ao transmitir os significados que a caracterizam, a cultura ao mesmo tempo se mantém. No processo de transmissão, que se dá no tempo, ela pode criar novos significados e, portanto, mudar. A cultura tem meios e instituições de autopreservação e conservação que lhe permitem funcionar com estabilidade – e, por conseguinte, dar confiança aos indivíduos que a vivenciam. São meios de conservação a língua, entendida aqui como o compartilhamento dos significados das palavras para a transmissão de mensagens; os modos de educação, formais e informais, que também podemos chamar de "enculturação", isto é, o tornar-se membro de uma cultura; as maneiras de sociabilidade; as instituições como casamento e família; os rituais de solidariedade social, e muitos mais.

Na verdade, todos os aspectos de uma cultura devem funcionar para sua conservação; só que, com frequência, as instituições culturais não atendem aos anseios e desejos dos seus membros, entram em choque, em contradição, internamente e umas com as outras. A desigualdade social e econômica, por exemplo, que não é uma instituição cultural, mas o resultado de um modo como os homens se relacionam para reproduzir-se materialmente, termina produzindo instituições culturais, modos de comportamento consolidados e aceitáveis, até que eles entrem em contradição, em conflito, produzindo mudanças. Para muitos, a desigualdade econômica é a matriz de choques de todos os naipes nas instituições culturais, de simples reclamos, a formação de movimentos políticos e revoluções. Em linguagem mais seca, quando tomada por contradições, umas fortes e evidentes, outras leves e de longa duração, a cultura busca uma saída, um novo acomodamento, enfim, muda, ou seja, adquire novas características.

Devemos entender que cada cultura tem um ritmo próprio de reprodução, de conservação e de mudança, uma dinâmica. Se esse ritmo for intensificado, corre-se o risco de a cultura perder sua estabilidade e se transformar em algo bastante diferente. Por exemplo, ao longo dos últimos duzentos anos, muitas culturas indígenas brasileiras que viviam já na dependência de um relacionamento desigual com a sociedade brasileira dominante, mudaram tanto que mal podemos reconhecê-las como sendo originalmente indígenas. Muitas delas perderam sua língua materna e hoje seus membros só falam português; outras perderam instituições e ritos tradicionais, tendo adquirido outras instituições e ritos exógenos por conta dessa convivência. A própria cultura brasileira é resultado de um processo localizado de reprodução da cultura portuguesa que, ao se relacionar de modo dominante com as culturas indígenas do litoral brasileiro e com os africanos trazidos como escravos, que trouxeram modos e instituições de culturas próprias, absorveu e incorporou tantos aspectos culturais dessas culturas que terminou se transformando numa cultura nova, mestiça, sincrética e sintética.

Aqui chegamos ao importante tema do relacionamento entre culturas. Podemos dizer, com um pouco de licença poética, que as culturas se relacionam umas com as outras. Por exemplo, a cultura brasileira se relaciona com a cultura norte-americana ou com as culturas indígenas. É certo que são os indivíduos que se relacionam uns com os outros; mas ao fazerem, ao lado de trocarem bens e produtos, transmitem e recebem valores, ideias, pensamentos, modos de comportamento que são absorvidos, isto é, "emprestados", de propósito ou até inconscientemente, e são, posteriormente, incorporados ao todo coletivo, ganhando sua própria dinâmica de existência e transmissão. Na Antropologia costuma-se chamar de "empréstimo" cultural, por exemplo, o uso brasileiro da calça *jeans*, que foi "inventada" e era um item material da cultura americana. Ou diz-se que o hábito dos brasileiros de tomar banho não só como higiene corporal, mas também como refrigério mental, é um empréstimo cultural da cultura indígena. Enfim, o contato entre povos produz um contato entre culturas que se relacionam, emprestando e incorporando novos hábitos, novas instituições, novos modos de ser.

A Antropologia usa o termo *"aculturação"* para expressar esse processo de relacionamento e de incorporação de itens culturais de uma cultura por outra. *Aculturação* é um dos termos criados pela Antropologia mais usados pelo público em geral. Por exemplo, é usado para representar as mudanças culturais que se operam nas sociedades indígenas; ou nos contingentes de imigrantes em seus novos países. Frequentemente, entende-se que a aculturação de um tal povo leva à *integração* desse povo a uma entidade política maior, uma nação estado, como o caso dos povos indígenas ao Brasil. Ou à *assimilação* dos imigrantes, como o caso dos italianos no sul do Brasil, ou dos japoneses em São Paulo. Porém, há que se entender que o processo aculturativo não é inexorável, irreversível, pois acontece de haver uma reação cultural que faz com que um determinado povo se retraia e volte a ser algo próximo do que era antes. Também é preciso contextualizar que o processo aculturativo se dá frequentemente por meios políticos e militares, pela dominação de uma nação sobre outra. Nesse caso, as mudanças são, em geral, forçadas, fazendo com que a resistência cultural se transforme em aceitação e acomodamento com a nova dinâmica intercultural e interétnica.

Com efeito, a dinâmica própria de cada cultura é afetada pelo relacionamento entre os povos, organizados como nações e estados. As formas mais evidentes desse relacionamento são a econômica e a política. A desigualdade internacional é evidente nesses dois aspectos. As respectivas culturas também são afetadas pela maior ou menor disposição de emprestarem-se costumes e instituições umas das outras. Evidentemente, quanto mais poderosa e dominante for uma nação em relação a outra, mais evidente o modo submisso com que uma cultura absorve elementos culturais de outra. Por exemplo, o modo como nós brasileiros vemos e admiramos os filmes de Hollywood, que são, em sua grande maioria, ensaios cinematográficos sobre aspectos da cultura americana, parece indicar que queremos emular o comportamento dos *pop stars*. Ou o modo como os povos indígenas adotaram tanto aspectos da cultura brasileira como o uso de roupas, as armas de fogo, ou o sal e o açúcar, quando poderiam muito bem viver sem esses itens. O empréstimo desses itens culturais não se deve a uma carência anteriormente sentida, mas pela força ideológica que têm por virem de uma cultura que se posiciona com predominância.

Isso nos leva a outro ponto que precisa ser esclarecido. Não há efetivamente culturas superiores ou inferiores, como se fora numa escala evolucionária. Toda e cada cultura têm o seu próprio e singular valor; toda cultura proporciona aos seus membros o sentido de ser e estar no mundo. Mesmo nos momentos de grandes contradições e crises, como, para usar um exemplo radical e difícil de ser compreendido, durante a fase nazista da cultura alemã, o povo alemão via motivos para continuar fiel ao seu modo de ser. Ao final, queriam apenas se livrar de um mal que lhes acometera e expurgar uma tendência malévola que estava dentro de si e que fora capitalizada de modo tão cruel e desumano por um líder carismático e insano. Ainda hoje, a entender os poetas e filósofos alemães, eles buscam se expiar por aquele momento, sem abrogar sua autoestima por serem alemães.

Destarte, as culturas são vivenciadas em coletividades que têm maior ou menor poder de fogo, por assim dizer; isto é, maior ou menor capacidade de dominar outras coletividades, outros povos e nações, seja pela força de armas, seja pelo sistema econômico. É bastante comum que se confunda superioridade político-militar e econômica com superioridade cultural; cabe, entretanto, ao pensamento crítico e científico não permitir que essa confusão seja aceitável e se transforme em algo com consequências políticas. Por outro lado, às vezes uma cultura, cujo povo que a sustenta não tem poder de fogo, chega a predominar em diversos aspectos sobre uma nação mais poderosa, que a domina. Esse foi o caso da cultura grega, da época clássica, sobre a cultura romana, cuja nação dominava os gregos. A cultura grega clássica passou à cultura romana seu original modo de pensar, sua filosofia, a busca pelo sentido do homem e das coisas, sua estética e suas discussões sobre ética. Outro exemplo é o caso da cultura judaica. Podemos dizer que a sobrevivência do povo judeu, apesar de todos os percalços ao longo de mais de cinco mil anos, se deve não ao poder político e militar de sua nação (que em muitos períodos até deixou de funcionar), mas à força religiosa integradora e à abertura filosófica de sua cultura para a ciência.

No mundo atual, a convivência positiva entre culturas se dá sob a égide tanto de uma série de princípios filosóficos, de caráter humanista, tal como delineados na Carta e em diversas resoluções da Organização das Nações Unidas, quanto pelo pensamento científico, sobre o qual as culturas de todas as nações autônomas querem ter alguma forma de domínio, ou de utilização soberana. É certo que os empréstimos culturais se fazem muito mais por influência econômica do que verdadeiramente por convicção cultural; é certo também que as culturas cada vez mais compartilham aspectos comuns, que vieram ultimamente do desenvolvimento político, militar, econômico e cultural dos Estados Unidos e que cada vez mais se parecem umas com as outras. O mundo parece estar se tornando um só, e muita gente virou arauto e propugnador desse processo, geralmente conhecido como globalização. Entretanto, a convivência próxima e imediata dos membros de cada cultura continua a exercer o poder maior de lealdade e identificação cultural entre os indivíduos. Assim, a autor-reprodução das culturas provavelmente garantirá um mundo diversificado de qualquer jeito.

Por outro lado, a convivência negativa entre culturas existiu no passado e continua a existir, embora se diga sempre que isso se deve à competição entre nações, não a uma incompatibilidade entre culturas. Haverá ou não uma rivalidade entre certas culturas, por exemplo, aquela que sustenta o islamismo *versus* a que sustenta o cristianismo? Ou entre a cultura ocidental-brasileira e as culturas indígenas? Esse tema tão candente e tão evitado por antropólogos será discutido ao final deste livro.

Cultura e sociedade

Muitas vezes, essas duas palavras são usadas intercambiantemente, não propriamente como sinônimos, mas como equivalentes. De fato, elas compartilham muitos sentidos e se operam de maneira semelhante. Sociedade compreende o conjunto dos indivíduos, não como soma populacional indiferenciada, senão agrupados em situações comuns de existência. Os sociólogos conceituam essas situações como instituições e categorias sociais, que são parcialidades de um todo. São exemplos mais evidentes família, vizinhança, vivência na cidade ou no campo (urbanidade e ruralidade), trabalho, educação e outras condições de vida. Os indivíduos se comportam de acordo com sua participação nessas categorias, isto é, cada uma dessas categorias tem uma influência de comportamento coletivo sobre os indivíduos. Ser membro de tal ou qual família implica atitude tal ou qual; ser cidadão dessa ou de outra cidade significa ter tal ou qual visão de mundo.

Falando em atitudes e visões de mundo, falamos em cultura. Assim, a sociedade, em suas parcialidades ou em sua totalidade, se rege pela cultura, por um modo de ser coletivo que é partilhado por seus membros. Pertencendo a determinada categoria social, os indivíduos têm participação coletiva dentro dessa categoria, que, por sua vez, se integra ao todo da sociedade. Isto é, cada categoria social abriga comportamentos e modos de ser coletivos que podem ser vistos como cultura. Cultura aqui seria uma dimensão da sociedade. Alguém já usou a metáfora de que sociedade seria como um esqueleto, que é sustentado por músculos, nervos e carne, que conformariam a cultura.

A Antropologia reconhece a existência de sociedades em que o grau de participação dos indivíduos nos bens materiais e simbólicos é mais ou menos equitativo. Ninguém, nenhuma família teria mais participação, digamos, econômica, que um outro. Em tais sociedades, que chamamos de *igualitárias*, as categorias sociais estariam restritas a famílias, linhagens, grupos de idade, grupos ritualísticos, etc. Em qualquer dessas categorias poderia haver ascendência, mas não domínio, de um indivíduo sobre o outro. *Ascendente* é a relação entre velhos e jovens, por exemplo; ou entre homens e mulheres nas sociedades adjetivadas de machistas; e *dominante* é a relação entre senhores e servos, ou entre patrões e empregados.

A maioria esmagadora das sociedades no mundo atual é *desigualitária*, isto é, o grau de participação nos bens e valores da cultura se dá de forma desigual entre os indivíduos, entre as famílias e entre outras categorias sociais. Essa desigualdade de participação se evidencia com extrema clareza nas sociedades modernas, capitalistas, através de uma categoria social chamada *classe social*. Essa é uma categoria que agrega e prepondera sobre muitos aspectos, instituições e dimensões sociais. Por exemplo, as diferenças entre comportamentos dentro de famílias ou entre pessoas de cidades diferentes são menos acentuados do que os comportamentos distintos das classes sociais a que pertencem tais famílias ou quais cidadãos. Para os sociólogos que tratam das sociedades desiguais, a definição mais simples de sociedade seria um sistema mais ou menos coerente de classes sociais que se relacionam entre si; e essa relação é intrinsecamente conflituosa. Por sua vez, as classes sociais seriam categorias constituídas de acordo com o que poderíamos chamar de *grau de qualidade de participação* dos indivíduos na sociedade. Esse grau de qualidade seria definido, de modo geral, de acordo com o nível econômico existente na sociedade.

Portanto, sociedade é um todo de indivíduos agrupados em categorias sociais; tais categorias se constituem por diferenciação, mesmo que não resulte em desigualdade. Já a cultura seria o modo de ser dessa sociedade. Aqui cultura teria uma função muito importante: dar coesão, integridade, ao que é necessariamente dividido. Numa sociedade igualitária a divisão se dá entre famílias, grupos de idade, etc., que formam interesses próprios; a cultura seria aquilo que passa por cima dessas diferenças e faz todos se sentirem um só. Numa sociedade de classes, a divisão se estabelece com mais força e com uma carga maior de interesses distintos pelo desequilíbrio econômico entre classes sociais. Mesmo que cada classe social tenha seu próprio modo de ser – sua cultura, digamos temporariamente assim –, haveria uma cultura maior que funciona como um meio agregador, um amálgama para ajudar os desiguais a travarem um relacionamento mútuo, aquilo que lhes daria uma identidade comum. Desse ponto de vista, a cultura seria uma vivência que mantém o todo, que produz a unidade daquilo que é desigual. Seria uma categoria de conservação.

Cultura e subculturas

As classes sociais produzem modos próprios de ser e existir, isto é, "culturas", ou "subculturas", que identificam seus membros e contrastam com as outras classes sociais, dentro do todo integrado da cultura que sustenta tal sociedade. Também em culturas assentadas em grandes contingentes populacionais ou por largas extensões territoriais, há diferenças localizadas que divergem umas das outras em vários aspectos, a maioria deles sem grande significação, embora bastante visíveis. Como chamar essas diferenças, essas variações que compõem um todo maior? Usamos aqui a palavra subcultura com uma ponta de indecisão, esperando que esse "sub" não denote inferioridade, e sim parcialidade.

Assim, pode-se dizer que a classe média brasileira tem um modo de ser e de se relacionar com as demais classes que a identificam; tem uma subcultura. O mesmo se dá com a classe trabalhadora e, por outro lado, com a burguesia. Dependendo do modo como se vê classe social, cada uma delas tem suas variações internas, de acordo com seu grau de participação político-cultural e econômica na sociedade maior, o qual também varia de acordo com a região brasileira, com tradições localizadas e tantas outras variáveis. Se formos dar vez às diferenças, elas podem ser inumeráveis. Cada classe social, cada subclasse social, cada região, cada sub-região, cada cidade, cada bairro de uma cidade, cada rua, cada comunidade, ou cada divisão de comunidade, enfim, as subdivisões podem nos levar a diferenças entre modos de ser de ruas, segmentos de ruas, conjunto de casas, até se chegar a diferenças de modos de ser entre famílias, até as diferenças individuais.

Por tal raciocínio, de lógica regressiva, poderíamos chegar ao paradoxo de dizer que não existe cultura, só subculturas, ou só expressões culturais localizadas no tempo e no espaço, pois o que transparece empiricamente são as variações, as diferenças. Na verdade, este é um problema tanto filosófico quanto antropológico: a relação entre o múltiplo e o um, entre a diversidade cultural e a semelhança cultural. A resolução filosófica desse problema foi dada por Platão, quando argumenta em um dos seus *Diálogos*, que todos os cavalos são diferentes uns dos outros, mas sem uma concepção da qualidade ideal do que é cavalo, do conceito de cavalo, essas diferenças empíricas nem ao menos poderiam ser compreendidas. Assim, existe algo que pode ser chamado de cavalo que é ao mesmo tempo todos e cada cavalo. Desse modo, a síntese conceitual do múltiplo e do um, que se chama de dialética entre os lógicos, é essencial para a compreensão do ser, de qualquer fenômeno. Eis que, também na problemática antropológica, a semelhança se faz presente conceitualmente no meio da diversidade cultural empírica. Portanto, quando reconhecemos a diversidade cultural no Brasil – as expressões culturais do Nordeste, as variações gaúchas, mineiras, cariocas, caipiras e negras –, podemos ao mesmo tempo dizer que há uma cultura brasileira que representa todas elas e que existe em cada uma delas. Chamar essas expressões culturais de subculturas faz sentido só na medida em que sejam consideradas parcialidades de uma cultura englobante, que também lhes dá sentido e comunicação mútua.

Tradição, folclore

A palavra *tradição* é frequentemente usada como se fora um sinônimo de cultura. Para a Antropologia, é uma palavra de cunho genérico, de significado vago e não operacional, que se aproxima do conceito de cultura como se fora um dos seus aspectos. Tradição seria uma dimensão temporal da cultura, que se reporta à sua formação no passado. Tradição seria tudo aquilo cultural que uma coletividade reconhece como sendo essencial para sua identidade, e que vincula sua existência atual com seu passado. Portanto, quando se fala em tradição, fica subentendido o sentimento de lealdade ou deslealdade a ela. Isto é, tradição é uma noção que implica uma ética, a exigência de uma atitude perante a cultura. Acreditamos que esse é o sentido que lhe dá o filósofo alemão Martin Heidegger (1889-1976), desenvolvido também por outros filósofos, como Hans-Georg Gadamer (1900-2002), um dos principais teóricos da hermenêutica, ou a filosofia da interpretação, a qual tem tido muita influência num importante setor da Antropologia da atualidade.

No Brasil, a noção de tradição é muito usada por literatos, romancistas e políticos, bem como, nas décadas de 1920 e 1930, pelos grandes teóricos do Movimento Modernista, tais como Mário de Andrade e Oswald de Andrade. Foi a partir dessa noção que se tomou consciência no Brasil de que havia aqui um legado histórico tanto material (arquitetura, escultura, cerâmica, etc.), quanto espiritual (costumes, danças, ritos, técnicas, etc.), os quais deveriam ser considerados patrimônio cultural, isto é, riqueza simbólica compartilhada pela coletividade brasileira.

Tradição se confunde ainda mais com *folclore*, palavra de origem inglesa que quer dizer "conhecimento popular". Porém, a noção de folclore se restringe a ritos, mitos, crenças, ditados, festas e festivais que um dia foram importantes no passado e que hoje estão restritas a comunidades menores, e frequentemente da zona rural. Esses itens culturais são parte do sentimento de identidade de uma coletividade e representam formas de pensar e ser, que, como na noção de tradição, ecoa uma lealdade com o passado. Entretanto, parece que a noção de folclore deixa um ar de saudosismo, de uma recordação sobre um passado que não volta mais.

Folclore já foi visto como uma ciência humana, um ramo autônomo da Antropologia. Significava a pesquisa, a descrição, o registro e a sistematização dos costumes populares, rurais, em geral. No mundo inteiro, do último quartel do século XIX até meados do século XX, os folcloristas exerceram considerável influência nas políticas públicas de valorização das culturas populares. O que estava por trás desse interesse era a ideia de que o mundo estava mudando muito depressa e que era preciso conhecer e registrar os costumes passados para serem lembrados pelas gerações futuras. De fato, o mundo tem mudado muito e muitos costumes, hábitos e valores foram abandonados e sucedidos por outros. Os museus servem um pouco para guardar essa memória e criar laços de lealdade – tradição – com esse passado.

O Brasil teve grandes folcloristas até a primeira metade do século xx, mas o maior deles foi Câmara Cascudo. Em mais de 150 livros, que vão de descrições sobre a rede de dormir a estudos sobre alimentação, fabricação de farinha de mandioca, cozinha, festas e rituais de todos os tipos, ditados, canções e história, Cascudo foi um verdadeiro enciclopedista do folclore brasileiro. Seu livro *Dicionário do folclore brasileiro* é um monumento que honra as tradições populares do povo brasileiro, um referencial que emula o interesse permanente de pesquisadores da cultura popular.

ETHOS, ETOS

A palavra *ethos*, com *th* ou sem *h*, deriva do grego, que quer dizer costume, comportamento. Equivale, no latim, à palavra *more*. Derivados adjetivados dessas duas palavras se tornaram, respectivamente, ética e moral, dois termos equivalentes de grande significância para a filosofia e para a cultura. Porém, a palavra *ethos* só foi usada teoricamente a partir do antropólogo inglês Gregory Bateson, quando, na década de 1930, tentou explicar a singularidade do modo de sentir o mundo e de se comportar de acordo com princípios, normas e valores reconhecidos do povo Iatmul, das ilhas Samoa, onde ele fazia pesquisas antropológicas. Bateson não estava tão interessado nos aspectos materiais ou sociais desse povo, mas como vivenciavam, digamos filosoficamente, seu sentido de ser no mundo, e como essa vivência expressava valores e normas. A palavra *ethos* parece que lhe caiu bem para esse propósito. Bateson não emplacou essa palavra na agenda teórica de outros antropólogos até a década de 1970, quando, novamente, a necessidade de explicar a subjetividade da cultura veio à tona. Assim, a encontramos em muitos textos de antropólogos e críticos de literatura que analisam a cultura como um sistema de valores, ou como um texto literário, ou ainda como algo que só é apreensível pelo diálogo entre pesquisador e membro da cultura, conforme veremos em capítulo deste livro. Hoje a palavra *ethos* transbordou os interesses da Antropologia e parece que já se encontra no uso de literatos brasileiros, como podemos ver num trecho de uma crônica do escritor e humorista Luís Fernando Veríssimo ao discutir a opção brasileira entre aceitar as regras impositivas do FMI ou ter autonomia para cuidar de seus problemas, seguindo o exemplo dado na história dos Estados Unidos:

> Sorte dos americanos que na época não havia FMI inglês para receitar responsabilidade fiscal e dizer que pagar dívidas era mais importante do que se industrializar, criar empregos e conquistar um continente. E que o *ethos* dominante no mundo ainda não fosse o estabelecido pelo capital financeiro, segundo o qual é mais moral manter o crédito do que alimentar um filho. (*O Globo*, 9/3/2003, grifo meu).

Portanto, quando se fala no *ethos* de um povo, de uma coletividade, e no caso acima, do "mundo", queremos dizer a subjetividade ou interioridade de sua cultura, a qual tem repercussão como valores e normas no seu comportamento e no seu modo de ver o mundo. Só o tempo dirá se esse termo perdurará ou se será simplesmente absorvido pelo conceito maior de cultura.

Cultura e civilização

A relação de entendimento entre essas duas palavras é variada. Muitas pessoas as usam de forma intercalada. Para os antropólogos elas não são sinônimas, mas se complementam numa certa hierarquia: cultura corresponderia à realidade vivenciada de um povo; civilização corresponderia a uma síntese ou desdobramento político de uma ou mais culturas que se relacionam num determinado território e num intervalo de tempo. Por exemplo, fala-se em cultura asteca, mas civilização do planalto mexicano, onde havia outras culturas, antecedentes e contemporâneas da asteca que, juntas, caracterizavam um modo expansivo de ser e de agir politicamente. Outro uso antropológico, extensivo a arqueólogos e historiadores, argumenta que civilização é um estágio superior da evolução das culturas, caracterizada pela desigualdade social, governo centralizado, religião como instituição de poder político, tecnologia avançada e renovadora e tendência expansionista. Há acepções diferentes também entre historiadores e filósofos: por exemplo, que a civilização é mais material, sendo a cultura, espiritual; ou que a civilização é territorial e política, sendo a cultura temporal e espiritual. Ou até o contrário!

Impossível querer equacionar essas acepções. O que se pode esclarecer é que civilização advém da palavra latina *civitas*, que quer dizer cidade; portanto implica a vida em cidades, uma organização social específica que não engloba todas as culturas possíveis. Há, pois, um certo sentido hierárquico na relação entre civilização e cultura. Nesse sentido, seria inadequado falar em civilização indígena, e sim culturas indígenas. Fala-se com mais frequência em civilização ocidental, ou cristã-ocidental, ou judaico-cristã-ocidental, do que em cultura europeia para significar as características dos conjuntos de culturas e nações europeias que, distintas que sejam, formam um todo complexo de interações que resultaram em desenvolvimentos na ciência, na tecnologia, na filosofia e na sua expansão pelo mundo. Porém, a expressão "cultura europeia" não pode ser descartada para significar a filosofia, a religião, enfim, o *ethos*, do conjunto desses povos do Velho Continente.

E o Brasil, é cultura ou civilização?

Em suma, cultura é um conceito de muitos significados e múltiplos usos e aplicações. Relaciona-se com outros conceitos, com maior ou menor clareza. Importa que saibamos o seu valor explicativo sobre o homem em coletividade, suas características operacionais, tais como veremos em breve quanto a outros aspectos do ser humano, como a economia, a política e a religião.

Metodologia

> "Conhece-te a ti mesmo."
> Frase incrustada no Portal de Delfos
> Grécia Antiga

Abrir-se para o Outro

Todo mundo reconhece que a advertência acima é das mais difíceis de ser cumprida. Era-o na Grécia Antiga, no alvorecer da filosofia, na era das intuições **fundantes** e o é ainda hoje na Modernidade, na era da ciência, da sistematicidade do conhecimento e da Psicanálise. Sobre o conhecer-se, que cada um fale por si, e o psicanalista... por si mesmo. Com efeito, há um certo entendimento de que o conhecimento de si é essencial, *conditio sine qua non*, para que se possa transpor a fronteira do Eu e se chegar ao entendimento do Outro. Do ponto de vista prático-existencial, porém, o corriqueiro conhecimento de si é suficiente para que cada indivíduo seja capaz de alcançar um certo conhecimento do Outro, o que se dá pelo relacionamento, pelo diálogo e por outros modos da razão. Ninguém pode supor que conhece a si mesmo em completude, muito menos o outro, outra pessoa com profundidade. Mas o que é possível dá para o gasto.

Do ponto de vista da Antropologia, o Eu referido não é o indivíduo em si; nem tampouco o é o Outro. O Eu é um ser coletivo, trans-cendental, é a cultura que está embutida em cada indivíduo; o Outro é simplesmente uma outra cultura, uma cultura que se coloca como objeto de entendimento.

Por que a dificuldade de se compreender outra cultura, se a cultura é aquilo vivenciado pelo indivíduo, e se todo indivíduo é impregnado de cultura? São duas: a primeira é que o indivíduo, o sujeito pensante, que quer saber de outra cultura, carrega em si o *ethos* de sua cultura, o modo de ver o mundo e seus valores, o que faz com que ele, de início, veja aquela outra cultura por esse viés, esse filtro, que é da sua própria. Essa predisposição e a atitude consequente corresponde ao que se chama *etnocentrismo*. O etnocentrismo é um predicado da cultura; ele existe em todas as culturas e, consequentemente, faz parte do comportamento dos seus membros. É o modo incontornável de autovalorização de cada cultura que faz com que seus membros acreditem que o que é próprio de sua cultura é o "natural", o certo, o real e o racional. É inevitável que assim o seja, pois é essa atitude de voltar-se para si mesmo, o etnocentrismo, que permite que haja compromisso e lealdade dos membros para com sua cultura. Entretanto, o etnocentrismo em si atrapalha ou dificulta a compreensão possível do sujeito pensante em relação a outra cultura. Ele faz com que o sujeito pensante vivencie outra cultura pelos valores da sua e interprete eventos em outra cultura comparando-os com eventos semelhantes da sua própria cultura. Isto inevitavelmente ocasiona a produção de uma compreensão distorcida da outra cultura. Esse é o primeiro obstáculo para a compreensão do Outro cultural.

Superar o etnocentrismo é o primeiro passo para o sujeito pensante, ou o pesquisador, se abrir para o outro. Essa é uma tarefa difícil que requer um exercício permanente de autoconscientização, de relativização de sua própria cultura através da comparação com a cultura almejada e com outras culturas. Uma dose de experiência e maturidade emocional ajuda. Tal tarefa, entretanto, não é tão somente um exercício de autoanálise e de autocontrole do pesquisador, mas tem fundamento na própria cultura através de um seu predicado que é o contrário do etnocentrismo; esse predicado cognominamos de *etnoexocentrismo*. Esse termo significa a capacidade inerente à cultura de sair de si mesma e se comunicar com outras culturas, o que significa ter elementos básicos de comunicação que são mutuamente inteligíveis. Embora seja menos evidente que seu oposto, o etnoexocentrismo é essencial à cultura, tal qual o altruísmo é essencial ao indivíduo, ao lado do seu oposto, o egocentrismo. Assim, o sujeito pensante já tem em si o potencial cultural de se abrir para o outro e se comunicar pela compreensão; necessita cultivar esse potencial como indivíduo. Portanto, na verdade, o etnocentrismo e o etnoexocentrismo são dois lados de um mesmo predicado da cultura: o potencial de ser para si e ser para outrem. Eles existem e não podem deixar de existir. Para o sujeito pensante, é fundamental que o etnoexocentrismo prevaleça na sua tentativa de se aproximar e conhecer o outro.

O segundo ponto de dificuldade é que, mesmo considerando que o obstáculo do etnocentrismo seja ultrapassado, na medida do possível e do aceitável, encontrar os conceitos adequados para compreender o que é estranho requer a formulação de métodos que façam a ponte entre o sujeito e seu objeto de pesquisa. É preciso também a existência e a produção de uma linguagem adequada para exprimir essa compreensão, linguagem que seja igualmente compreensível para ambas as partes, ou que, ao menos, seja capaz de compreensibilidade para uma comunidade mais ampla de sujeitos pensantes: isto é, os cientistas em geral. Esses métodos e essa linguagem são parte essencial da teoria da Antropologia como ciência e como filosofia. A linguagem a que nos referimos é a linguagem científico-filosófica, os conceitos compartilhados pelos praticantes das ciências humanas e da filosofia; a disposição de acatá-los, mas também de questioná-los, de propor hipóteses explicativas diferentes, de testá-las e formular novos conceitos. No capítulo sobre teorias e escolas antropológicas tocaremos nesse ponto com mais profundidade.

A palavra *método* está quase sempre ligada ao termo *técnica de pesquisa*, como se fossem sinônimos. São muitas vezes intercambiantes, mas há uma real diferença hierárquica: método é algo maior, mais amplo e mais profundo do que técnica. Método é palavra de origem grega que quer dizer "pelo caminho (*meta* + *hodos*)" ou "meio para se chegar (ao objeto)"; implica uma relação já com o objeto, como se cada objeto fosse vislumbrado de antemão pelo método que o aborda. Ou o inverso, que um objeto se apresenta de acordo com o método que é usado para seu conhecimento. É nesse sentido que expressões como *método dialético, método histórico, método estruturalista, método fenomenológico*, etc., são usadas. Aqui se subentende que *método* implica o modo em que o objeto é compreendido.

Por exemplo, o método dialético compreende que o objeto está inserido num eixo temporal, que embute contradições, conflitos, passagens de um estágio a outro, e até uma teleologia, isto é, um destino ou uma intencionalidade. O método estruturalista toma o objeto como sendo constituído por uma estrutura de vários componentes que se contrastam e se complementam. O método fenomenológico subentende que o objeto existe em transparência e pode ser apreendido intuitivamente, de cara, sem maiores elaborações teóricas iniciais, em sua existência empírica. Igualmente, podemos dizer que o posicionamento etnocêntrico/etnoexocêntrico, inevitável, porque próprio de um sujeito pensante que se coloca em relação a uma cultura ou um evento cultural, constitua um método essencial para se compreender a cultura, talvez seja a base de qualquer método.

Já técnica de pesquisa implica a noção de instrumento, seja material, seja conceitual, que ajuda no processo de um método. Porém, em muitos casos, métodos e técnicas podem ser aplicados sem muito rigor de contraposição. Veremos agora os métodos e técnicas de pesquisa mais evidentes e mais comumente usados na Antropologia.

OBSERVAÇÃO PARTICIPANTE

O método mais identificado com a Antropologia como ciência humana é conhecido como observação participante. Para os demais cientistas humanos e para os que acreditam que a divisão de disciplinas é algo arbitrário e cada vez mais sem sentido, o método da observação participante é considerado de grande importância e, ao mesmo tempo, muito difícil de ser aplicado. Para a Antropologia, a diferença entre ser e não ser antropólogo depende de sua capacidade de se valer desse método.

O método consiste em o pesquisador buscar compreender a cultura pela vivência concreta nela, ou seja, morar com os "nativos", participar de seus cotidianos, comer suas comidas, se alegrar em suas festas e sentir o drama de ser de outra cultura – tudo isso na medida do possível. A ideia subjacente é que uma cultura só se faz inteligível pela participação do pesquisador em suas instituições. Não basta observar os fenômenos, não basta entrevistar as pessoas que deles participam, não basta conhecer os documentos materiais ou ideológicos de uma cultura. É preciso vivenciá-la!

A observação participante foi primeiramente formulada como método por Bronislav Malinowski (1884-1942) e está explanado em seu livro *Os argonautas do Pacífico Ocidental* (1924). Malinowski era um polonês formado em física que se interessou por conhecer povos não europeus. Foi à Inglaterra, fez-se familiar com os temas de interesse e com os antropólogos aboletados nas cátedras universitárias, conseguiu financiamento para uma expedição e embarcou para uma das ilhas da Micronésia. Ao lá chegar, estourou a Primeira Guerra Mundial (1914-18); sendo ele cidadão polonês, foi considerado inimigo da Inglaterra e ficou meio que abandonado na ilha por cerca de dois anos. Aí é que Malinowski viu que, mais produtivo do que simplesmente convocar os líderes e velhos Trobriandeses para serem entrevistados em sua barraca montada fora da aldeia, seria começar a observar *in loco* o comportamento dos "nativos", bem como, na medida do possível, participar de suas atividades, vivenciar sua cultura. Parece que Malinowski fez tudo isso bastante bem, tanto que sua explanação do método de observação participante se tornou o padrão que todos os antropólogos ainda hoje leem e passam aos seus estudantes. Entretanto, em seu diário de campo, publicado anos depois com o título *Um diário no sentido estrito senso do termo*, percebe-se que Malinowski, de vez em quando, dava uma recaída de colonizador, tratando seus informantes com preconceito e demonstrando algum asco pela cultura trobriandesa.

Apesar das críticas mais rigorosas a Malinowski, poucos antropólogos têm a ilusão de que seja possível ter-se uma atitude totalmente imparcial ou sem preconceito em relação à cultura outra que se pesquisa. Sempre sobra alguma coisa de etnocentrismo nas observações, na participação e nas análises. A observação participante exige a presença contínua na aldeia, na cidade, no bairro, frequentemente na casa de quem acolhe o antropólogo. Esse contato próximo gera muito interesse, muita expectativa, gera compreensão e solidariedade, mas também, como todo relacionamento humano, exige confiança, compromisso e reciprocidade. Para que esse método não seja unicamente uma experiência pessoal (que, de qualquer modo, vale a pena), mas resulte em dados e produza conhecimento, há que se portar com um certo distanciamento, buscar objetividade, pôr-se ao largo dos acontecimentos. E, às vezes, isso se dá nos momentos cruciais em que os membros de uma cultura confiam na participação do pesquisador. As tensões vêm e vão, e cabe ao pesquisador ser capaz de manter-se com respeito e dignidade diante dos seus pesquisados e diante dos temas sobre os quais busca obter dados.

É evidente que há um limite ao método de observação participante. A pesquisa sobre usos e abusos de drogas não pode levar o pesquisador a experimentá-las; a guerra intertribal, a prostituição e outras atividades de duvidoso respaldo ético também requerem mais observação, mais questionamento do que propriamente participação. Aí o bom-senso, a imaginação e o diálogo devem substituir a participação.

O método de observação participante é frequentemente associado à técnica de *pesquisa de campo*, como se um implicasse o outro. Porém, a pesquisa de campo é uma técnica, um instrumento mais genérico que não envolve necessariamente uma vivência com a cultura pesquisada. Pesquisar no campo quer dizer deslocar-se para onde está o objeto de pesquisa e usar de métodos e técnicas variados conforme o interesse do pesquisador. Um sociólogo interessado na produtividade do pequeno lavrador pouco se interessa pelo modo como ele vive, por sua visão de mundo, embora esses assuntos tenham importância na sua capacidade de produção. Pouco importa o que o pesquisador esteja pensando ou pense sobre seus pesquisados. Interessa-lhe saber a área de plantio, as técnicas, as escolhas dos cultígenos, os resultados da produção em série histórica, etc., e, para alcançar seus objetivos, ele usa técnicas apropriadas: medição e avaliação do solo, análise dos instrumentos de trabalho, dados coletados por agências de fomento agrícola, etc.

Já para o antropólogo, a subjetividade dos pesquisados e a sua própria são fundamentais para a formulação de sua compreensão da cultura. A experiência de campo, de observação participante, exige um tanto de autoconhecimento, e esse é renovado pelas pressões da vivência em outra cultura. Nos primeiros momentos, que podem ser dias, semanas ou até meses, o pesquisador passa por fases de desconforto emocional e, às vezes, por estranheza em relação ao que vê ao seu redor e a si mesmo. Na Antropologia, esses momentos são reconhecidos como parte da vivência em campo, algo que precisa ser superado para que a pesquisa se realize satisfatoriamente. Esse tempo de desconforto costuma ser chamado de *choque cultural* e, aparentemente, quanto mais a cultura pesquisada for diferente da sua, mais intenso pode ser esse choque cultural.

Uma técnica básica e imprescindível na pesquisa de campo e na observação participante é escrever um *diário de campo*. Nele devem ser registrados não somente aquilo que é observado no dia a dia, isto é, dados que depois devem ser passados para outras cadernetas de anotações, mas os sentimentos que o pesquisador vai vivenciando no seu relacionamento com os pesquisados. Esses sentimentos são possivelmente muito pessoais, conjunturais, mas também podem ajudar a definir os sentidos da pesquisa e, mais tarde, a esclarecer o quanto o pesquisador estava sendo objetivo ou não. Cada pessoa tem seu modo de fazer um diário, e alguns se tornam de interesse para outros e terminam sendo publicados.

Dependendo da abrangência da pesquisa, outras técnicas são de grande importância. *Fotografar* é uma atividade positiva e quase sempre satisfatória. Mesmo que o pesquisador não seja um bom fotógrafo, ter uma ou mais máquinas fotográficas é imprescindível não só para registrar eventos que poderão ser usados como dados, mas também para criar um bom relacionamento com os pesquisados, que, quase sempre, gostam de ter cópias das fotografias que lhes dizem respeito. *Filmar* já é uma atividade mais dispendiosa, que exige muita mão de obra e azáfama; mas é igualmente satisfatória e produtiva para a pesquisa. *Gravar* entrevistas, cantos, histórias e mitos é outra técnica bastante produtiva e, em geral, menos custosa do que as duas anteriores. *Transcrever* é que são elas, mas o pesquisador não se pode furtar a esse trabalho.

Outras técnicas à pesquisa de campo são mais específicas. Por exemplo, medições de diversas ordens, como tamanho de roças, de aldeias, mapeamento de regiões, coleta de amostras de solo, de águas correntes ou de chuva e de material botânico, pesagem de animais caçados, e assim por diante. Às vezes a tralha de instrumentos, junto com os apetrechos de viagem para temporada, que o antropólogo leva ao campo, sobretudo quando vai fazer sua primeira pesquisa de campo em uma cultura indígena ou num povoado de lavradores, é tão difícil de carregar que parte dela termina ficando pelo meio do caminho.

Naturalmente, pesquisa de campo deve ser complementada com a pesquisa em arquivos, bibliotecas, institutos de pesquisa; ou seja, gabinete. Seja qual for o objeto de pesquisa em nossos dias, sempre já há algo que foi escrito ou documentado sobre tal objeto. Fazer pesquisas em arquivos requer treinamento e acompanhamento, já que frequentemente os materiais são difíceis de serem localizados e frágeis para serem manuseados. Documentos históricos são escritos não com intenção de ficar para a história, mas de servir aos desígnios do momento. Assim, a linguagem é claramente tendenciosa, realça aquilo que é considerado importante para seus autores. Assim, há de se ter sensibilidade e conhecimento comparativo para se saber ler nas entrelinhas os conteúdos, as informações, os dados que poderão ser utilizados ou até mesmo se imaginar aquilo que não está escrito no documento.

Método genealógico

Outra especificidade da Antropologia é a utilização do chamado método genealógico, que, na verdade, funciona como uma técnica de pesquisa. Ele surgiu originalmente das pesquisas realizadas em culturas indígenas, em que o parentesco exerce um papel crucial na organização da sociedade. O método consiste em entrevistar uma pessoa perguntando-lhe quem são seus parentes, tanto consanguíneos quanto por casamento, desde a família nuclear, passando por parentes por adoção ou por cerimônias (tipo compadrio), até quanto for possível se expandir no tempo e no espaço pela memória do pesquisado. Interessa saber o máximo possível: como o entrevistado se relaciona com cada um deles, individualmente e por categorias (primos, tios, avós, tios-avós, parentes do lado materno, do lado paterno, quando considerados diferentes, etc.), onde estão, com quem se relacionam, quais suas condições de vida, o que se pode esperar deles, e assim por diante. O resultado imediato desse método é a elaboração de uma espécie de árvore genealógica, ou o que na Antropologia é chamado de "quadro de parentesco". Em culturas como a brasileira, em que parentes laterais (paterno e materno) são reconhecidos como de igual importância, esse quadro é chamado de "parentela". Em culturas que dão mais importância ao lado paterno ou materno (parentesco patrilateral ou matrilateral), o quadro de parentesco tende a ser mais lembrado para um lado ou outro.

O que vale mais na elaboração do quadro de parentesco de um pesquisado é que, no processo, o pesquisador vai descobrindo e registrando uma imensa gama de dados, eventos sociais, características culturais e tantas outras coisas não só relativas aos parentes, mas à sociedade mais ampla. Com isso, fica desenhado um sistema de relacionamento que transcende a informação básica sobre o pesquisado. Em sociedades de população reduzida, por exemplo, fazendo-se o quadro de parentesco de cinco a dez pessoas, obtém-se tanta informação que servirá de base para se entender eventos e instituições presentes em toda a sociedade. Em sociedades urbanas, em que a importância do parentesco vai diminuindo e dando lugar a outros critérios de identidade e relacionamento, também o método genealógico continua a ser de grande valia – mesmo porque o interesse das pessoas em falar sobre seus parentes é forte em qualquer circunstância –, especialmente nas pesquisas sobre família, demografia, vida nos bairros, etc.

O que está por trás do método genealógico é a importância que a Antropologia confere, na análise sobre cultura e sociedade, ao sistema de parentesco, que é o próprio sistema de reprodução física da sociedade. "Mateus, primeiro aos teus" é uma máxima que corresponde à realidade social em todas as culturas. Entender que as pessoas defendem seus próprios interesses e os interesses dos que lhes são próximos, especialmente em virtude de consanguinidade ou casamento, é algo que a experiência acumulada da Antropologia não deixa a mínima dúvida. Muitas vezes, por trás de um discurso de despojamento, o antropólogo discerne a prática de favorecimento aos parentes. Mesmo nas sociedades em que a distinção política entre o *público* e o *privado* é essencial para seu funcionamento, o parentesco deve ser objeto de análise para se entender seu papel nas discrepâncias e nas contradições de comportamento, e entre discurso e prática. De qualquer modo, está claro que saber que as lealdades e prioridades de parentesco são autoevidentes no funcionamento de culturas, tais como a brasileira, não deve impedir o antropólogo de, na sua vida real, se posicionar contra o seu uso e eticamente buscar caminhos para sua superação.

História de vida

Essa técnica de pesquisa deriva originalmente do anterior, da genealogia, mas ganhou sua própria validade e tem sua própria contribuição. O interesse na vida de uma pessoa, ou de diversas pessoas, tanto como exemplos para esclarecer uma certa problemática, quanto para realçar a variedade individual num sistema social, é de grande valia para o antropólogo.

Há várias dificuldades nessa técnica, a menor das quais não é a adequação dos modos para se obter as informações que a pesquisa ou as hipóteses exigem. Entrevistas abertas, isto é, sem perguntas dirigidas, são essenciais, mas saber dosar o interesse do pesquisador com o interesse do pesquisado em relatar seu ponto de vista exige conhecimento do assunto e sensibilidade do antropólogo. A dificuldade maior talvez esteja em obter o máximo de informação que possa ser comparada com outras informações, vindas de outras pessoas ou de documentos, que permitam contextualizar aquilo que os entrevistados dizem.

Ademais, é imprescindível, e nisso a Antropologia tem sido uma colaboradora fundamental para as ciências humanas, que se tenha em mente que entre aquilo que a pessoa entrevistada diz e o que corresponde à verdade dos fatos tem uma distância real. A Antropologia se baseia na Linguística para entender que toda fala de qualquer pessoa embute um discurso, isto é, um sistema de significados que carregam intenções e objetivos de quem fala, dirigidos a pessoas e temas mais ou menos definidos. Estudar o discurso é tema da Linguística, mas contextualizá-lo na vida concreta, na sociabilidade, é tarefa da Antropologia.

A história de vida valoriza o indivíduo como ser específico que tem sua própria experiência, mas também como pessoa, isto é, como indivíduo portador de atributos sociais. Portanto, como exemplo do social. O antropólogo tem que saber diferenciar entre esses dois pontos. Cada experiência individual é única, cada experiência pessoal é única, mas podem representar grupos maiores, situações sociais que podem ser consideradas típicas ou atípicas.

Estudo de caso

Ainda é uma característica da Antropologia, a qual tem sido estendida para outras ciências sociais, o método de estudo de caso. Foram os ingleses que criaram esse método, chamado *"case study"* em seus estudos sobre sociedades africanas e, mais tarde, nos estudos em assuntos urbanos. A ideia por trás é de que todo assunto só pode ser conhecido verdadeiramente em sua particularidade. Discorrer sobre algum tema sem ter uma noção de como esse tema se realiza na prática é anátema na Antropologia. A generalidade tende a esconder e a escamotear a realidade empírica das particularidades, e, para muitas análises antropológicas, o que interessa mesmo é a particularidade. A particularidade é o que denota o diferente, e a maioria dos antropólogos querem saber mesmo é do diferente. Do ponto de vista lógico, o método do estudo de caso se integra ao espírito indutivo, segundo o qual a verdade só surge e só pode ser comprovada como consequência do conhecimento dos casos particulares. Nas ciências físicas e biológicas, por exemplo, é o método indutivo que requer vários experimentos e contraexperimentos para que uma hipótese possa ser confirmada e elevada ao nível de ser considerada uma teoria.

Estudar, por exemplo, o racismo no Brasil, seria mais proveitoso, sob esse ponto de vista, se tomássemos alguns exemplos em que atitudes consideradas racistas foram vivenciadas por pessoas em determinadas situações. A soma ou o conjunto desses casos é que suscitaria a possibi-

Monografia e etnografia

Entende-se que o resultado palpável de um estudo de caso é uma *monografia*. Como diz a sua etimologia, monografia é o estudo e a descrição de um único tema ou assunto. Pode ser de um caso ou de uma situação. O termo é usado, atualmente, em outras ciências, inclusive na física e na biologia, como a elaboração final de uma pesquisa qualquer, como, por exemplo, uma monografia de final de curso. Porém, monografia, na Antropologia, exige a focalização da pesquisa em determinado assunto, o qual se insere numa rede de significados e relacionamentos, constituindo um sistema e sendo possível de ser analisada como uma estrutura. Mesmo que seja como resultado de um estudo de caso, uma monografia compreende uma descrição, uma análise e algum tipo de inserção teórica do assunto.

Já a palavra *etnografia* tem maior abrangência. Originalmente, o termo foi usado para o estudo e a descrição de um povo ou de uma cultura. Embora seja um termo criado no século XVIII, adaptado do grego para o alemão, e daí para outras línguas europeias, a etnografia foi ganhar *status* na Antropologia com os alunos de Malinowski, Alfred Radcliffe-Brown (1881-1955) e Franz Boas (1858-1942), os chamados "pais da Antropologia" moderna. Preferencialmente, deveria ser um estudo completo de um povo, em todos os seus aspectos sistemáticos, da economia à religião. A etnografia é o documento básico, de cunho empírico, pelo qual a Antropologia se legitima como disciplina acadêmica.

Para muitos antropólogos, a etnografia seria o passo primeiro para subsidiar estudos comparativos entre povos e, daí, produzirem-se estudos *etnológicos, etnologia*. O fato de essa última palavra ter um *logos* em sua composição lhe dá um *status* acadêmico superior ao *grafos* de etnografia. A etnologia seria o estudo comparativo de etnografias que permitiria a elaboração mais consistente de temas comuns a esses povos. A partir daí se produziriam as bases de teorias mais amplas que, por sua vez, redundariam em teorias antropológicas propriamente ditas. A hierarquia etnografia – etnologia – antropologia é algo aceito por muitos antropólogos para explicar essas diferenças terminológicas.

Todo antropólogo, em princípio, deve começar sua carreira escrevendo uma etnografia. Ao menos deve demonstrar a capacidade de fazer uma pesquisa que seja capaz de resultar numa etnografia. Entretanto, há muitos anos que não se exige de alunos a produção de uma etnografia, seja porque os objetos de estudo tradicionais, os povos igualitários, já foram pesquisados ou se tornaram difíceis de serem estudados com vagar e completude, seja porque os estudos antropológicos mais comuns se focalizam em situações menos abrangentes, ou menos integrados, em temas urbanos, ou em assuntos específicos. Assim, a descrição desses assuntos passou a se chamar de etnografia, por uma extensão do termo e a concordância complacente dos departamentos de Antropologia no Brasil e mundo afora.

Método comparativo e relativismo cultural

No decorrer de uma pesquisa sobre uma cultura ou sobre um aspecto ou evento que acontece no seu interior, inevitavelmente o pesquisador se depara com situações que lhe parecem semelhantes ou aproximadas a outras situações que ele vivenciou ou que sabe por leitura. Sua tendência etnocêntrica é buscar explicações sobre esse aspecto por aquilo que se sabe de antemão. O resultado pode ser desastroso – a menos que seja realizado com consciência. Isto é, comparar (colocar lado a lado dois eventos semelhantes, reconhecendo seus diferentes contextos e os contextos maiores que os unem ou os fazem parecidos) deve ser uma atitude consciente que ajude no encaminhamento da compreensão do evento pesquisado. Comparar também ajuda o pesquisador a relativizar o que está observando e a contextualizar eventos dentro de uma amplitude maior.

No período de predominância do darwinismo social (1860-1910), também chamado de evolucionismo, os antropólogos se baseavam na certeza de que o homem estava em evolução, tanto física quanto cultural, tendo saído de uma condição simples, do reino animal, para outra mais complexa, do reino da cultura; ou de uma cultura de caçadores e coletores para uma cultura industrial. A Europa, por exemplo, cujas sociedades e nações dominantes representariam culturas consideradas mais complexas, teria passado por fases e estágios culturais semelhantes aos que as culturas e sociedades autóctones das Américas pré-colombianas, da África e Oceania estavam vivendo. Portanto, estas últimas representariam fases pretéritas da evolução da cultura humana como um todo. A comparação entre a atualidade dessas culturas com o passado das culturas europeias era o que se chamava de método comparativo. Ele permitia que, se alguns aspectos essenciais de uma determinada cultura fossem conhecidos, automaticamente já se saberia em que fase ela se encaixaria, com suas congêneres. Porque tais e quais costumes seriam próprios de tais ou quais fases – e delas exclusivamente.

O método comparativo foi criticado por Franz Boas, ainda em 1895, num famoso artigo, "As limitações do método comparativo", que serviu de base para críticas mais contundentes sobre o evolucionismo. Boas refutava a legitimidade metodológica de fazer comparações argumentando que cada cultura tinha sua própria história, tinha sua própria consistência e dinâmica, fruto de sua essência única e de sua interação com o meio ambiente e com outras culturas. Tal crítica foi seguida por várias gerações de antropólogos, sempre em nome de uma crítica ao evolucionismo. De modo que o exercício de comparação entre culturas ou entre costumes de culturas diferentes foi praticamente banida como método. Ao menos em tese, porque na prática ninguém jamais deixou de fazer comparações em seus raciocínios, algo realmente inato na lógica da ciência.

Neste livro, o método comparativo é conscientemente trazido à tona como um método de valor genérico, essencial na metodologia antropológica, independente da celeuma criada pela disputa com o evolucionismo social. Ele serve para expor e se contrapor a um método que aparece como o seu oposto: o *relativismo cultural.* Este é considerado o principal método de entendimento e quase um dogma da Antropologia. Surgiu na Antropologia pela argumentação de Boas, mas é evidente que faz parte de um sentido mais amplo da filosofia, especialmente da modalidade praticada no final do século xix, conhecida como neokantismo. A ideia é que, se cada cultura é o que é, por sua própria essência e dinâmica, ela não pode ser entendida em relação a outra cultura – que, por sua vez, é distinta e única. Assim, do ponto de vista metodológico, o relativismo cultural determina que o conhecimento de uma outra cultura só é possível de ser realizado por um processo de total desprendimento do *ethos* original do pesquisador e da formulação de uma linguagem própria para dar conta exclusivamente da cultura estudada.

Para o relativismo cultural, toda comparação seria *ipso facto* impossível, irreal e desleal. Evidentemente que o relativismo cultural é um método essencial da Antropologia, pela valorização que dá a cada cultura ou evento cultural, assim como é indispensável como componente ético da pesquisa. Mas é impossível de ser aplicado em todas as suas consequências. Primeiro porque a relativização é um processo que tende a levar o objeto de pesquisa a só ser compreendido em seus próprios termos. Como, por exemplo, um homem pode compreender e analisar o problema do aborto, se ele jamais o experimentou? Como um brasileiro pode compreender uma cultura indígena se ele apenas vivencia um átimo de sua existência? Em segundo lugar, a relativização deve ser limitada, porque a comparação é imprescindível para se chegar à compreensão de que há semelhanças entre coisas aparentemente diversas e diferentes. Terceiro, porque, conforme vimos no começo deste capítulo, cada cultura ou cada indivíduo carrega seu próprio *ethos* para se comunicar e para entender o Outro; então há que se fazer um compromisso entre as linguagens para haver comunicação e compreensão entre esses dois entes, o Eu, ou o sujeito pensante, e o Outro, ou o objeto da pesquisa. Portanto, levar o relativismo cultural como método às suas propriedades finais terminaria produzindo a impossibilidade do conhecimento.

Do ponto de vista teórico, que engloba considerações sobre história e estrutura, o relativismo cultural também traz problemas, conforme veremos mais adiante.

Método dialógico: além dos informantes

Na pesquisa de campo e na observação participante, o conhecimento também se dá pelo diálogo com os pesquisados. Eles não somente agem, como falam de si mesmos e dos outros. Têm ideias, expõem, interpretam e analisam sua cultura pelo viés de seu *ethos* cultural. Cabe ao antropólogo ser capaz de ganhar a confiança deles e obter o máximo de informação sobre sua cultura. Até pouco tempo atrás, os pesquisados mais destacados por sua liderança e conhecimento de sua cultura eram os objetos principais do interesse dos antropólogos. Eram chamados de *informantes*, não com qualquer acepção negativa, mas no sentido de serem capazes de traduzir o conhecimento de sua cultura numa linguagem que viesse a ser compreensível para o antropólogo. Compreendia-se então que o informante "informava" sobre os eventos de sua cultura e ajudava o antropólogo a formular ideias sobre o que estava acontecendo, sobre hipóteses a serem testadas ou ideias a serem interpretadas. Mesmo quando esse informante era recompensado, pago, por seu serviço, no mais das vezes a relação entre antropólogo e informante criava um vínculo de proximidade ou de amizade que se desdobrava em conhecimento mais amplo ou mais profundo do que aquele dado pela simples informação paga. Muitos antropólogos terminam agradecendo aos seus informantes nas dedicatórias de seus trabalhos impressos.

Entretanto, com o reconhecimento da importância, dentro da Linguística, como base da formulação do pensamento conceitual, portanto da ciência, dos aspectos semânticos (as palavras são polissêmicas, isto é, têm mais significados do que os conscientemente entendidos) e pragmáticos (existem modos, etiquetas e ritos inerentes ao processo de transmitir conhecimento e trocar informação que deslocam os significados das palavras), ficou entendido que o diálogo entre sujeito e objeto é um diálogo entre dois sujeitos. E esse diálogo não é simplesmente uma troca de informações objetivas, mas carrega conteúdos, significantes e significados muitas vezes despercebidos ao nível da consciência pelos sujeitos, além de representar aspectos de poder de um sobre o outro. Assim, as noções de informação e de informante não traduzem todo o significado possível daquilo que se chama de diálogo. Ao contrário, reificam ou objetivizam uma relação que tem muito de subjetiva e é muito mais profunda e complexa.

O diálogo que se opera entre antropólogo e pesquisado pode ser visto de início como uma troca de dados objetivos. Mas a Linguística nos mostra que os dados são palavras, que as palavras são polissêmicas e mutáveis, que elas são ditas com intenções claras ou obscuras e recebidas por um sujeito com ideias próprias e igualmente com intenções específicas a ele. Assim, a suposta troca de dados objetivos é um contínuo diálogo de subjetividades que não são representativas tão somente dos sujeitos em pauta, mas daquilo que eles representam naquele momento, especialmente de suas culturas. Assim, o antropólogo tem que saber que um diálogo entre duas pessoas de culturas diferentes é um diálogo intercultural, além, obviamente, de ser um simples diálogo, com características próprias das duas individualidades.

Tomar consciência desse processo é fundamental na Antropologia hodierna para que se compreenda com mais clareza onde estão as diferenças e onde residem as semelhanças entre culturas, e também para fortalecer as possibilidades de entendimento entre os homens. Mesmo que ainda haja resistência para absorver como um objetivo científico da Antropologia a tarefa de ajudar no entendimento entre os homens, essa é sem dúvida alguma uma tarefa filosófica da cultura.

O SOCIAL: PARENTESCO, GRUPOS E CATEGORIAS SOCIAIS

O TABU DO INCESTO

Uma das grandes descobertas da Antropologia, ainda em seus primórdios, no último terço do século XIX, foi a constatação de que todas as sociedades então conhecidas adotavam como regra básica para a constituição de famílias e para a reprodução social a proibição do relacionamento sexual entre alguns tipos de parentes próximos, em especial entre pai e filha, mãe e filho, e entre irmão e irmã. A sanção para qualquer transgressão viria incontinente, com rigor e violência, até com a morte. No correr dos anos e na ampliação do conhecimento empírico de novos povos, com novas culturas e sociedades, essa regra, que passou a ser conhecida como *tabu do incesto*, mostrou ser generalizada e universal; por conseguinte, necessária à essencialidade do ser humano e da cultura.

Há exceções e elas seriam explicadas como excrescências, por razões peculiares. As mais conhecidas são as dos reinados teocráticos do Egito Antigo e do Império Incaico. Em ambos os casos, os faraós e os incas, respectivamente, casavam-se, para fins de produzir herdeiros de seus tronos, com suas próprias irmãs por parte de pai. Em ambos os casos, eles também se casavam com um sem-número de outras mulheres, com quem tinham centenas de filhos. Mas os filhos nascidos de suas irmãs é que estariam na linha de sucessão, como herdeiros diretos e impolutos da divindade que representavam em vida. Entrementes, suas sociedades, isto é, os demais cidadãos e súditos do Egito e do Império Incaico praticavam o tabu do incesto normalmente.

Muitas explicações já foram sugeridas para dar conta do tabu do incesto em sua gênese e em sua funcionalidade. Uns sugeriram que a intimidade entre irmãos cria um certo sentimento de nojo e desprezo. Obviamente esta é uma ideia da época vitoriana em que o sexo era algo pouco mais do que obrigatório à procriação. Outros propuseram que o costume surgira como lição advinda do processo de seleção natural, assumindo que o intercruzamento de parentes tão próximos resultaria em degenerações genéticas. Supostamente por tentativa e erro, o homem teria chegado à conclusão de que melhor seria não se casar com a irmã, e esta descoberta teria se espalhado por todas as sociedades. Aquelas que, inadvertidamente, mantiveram o casamento entre irmãos, teriam eventualmente perecido. Outros ainda propuseram que, nos tempos difíceis da evolução do *Homo sapiens*, pais e mães em geral não sobreviviam à chegada de seus filhos à idade adulta de procriação; portanto nem teriam oportunidade para procriar com suas filhas e, em consequência, estas foram se acostumando a obter parceiros sexuais fora de sua família imediata. Evidentemente, essa explicação não resolve a possibilidade do acasalamento entre irmão e irmã.

Enfim, o criador da psicanálise, Sigmund Freud (1858-1938), desenvolveu sua própria explicação sobre a origem do tabu do incesto no seu interessante livro *Totem e tabu* (1917). Primeiro ele tomou como modelo hipotético da original sociedade humana a horda, à semelhança de uma horda de chimpanzés ou de babuínos, isto é, um conjunto autor-reprodutivo de homens, mulheres e filhos, centrado e dominado por um ou poucos homens, como se fossem machos dominantes, que controlam a sexualidade de todos os membros, inclusive de seus filhos e filhas. Na hipotética sociedade humana em formação, o macho dominante, que seria o pai ancestral, é obedecido, mas, ao mesmo tempo, odiado, porque exclui os filhos dos favores sexuais das outras mulheres, suas irmãs. Um dia, os filhos se rebelam e matam o pai para obter acesso sexual às irmãs. No momento seguinte, são acometidos por um tremendo sentimento de culpa pelo parricídio, o que os faz buscar uma expiação, a qual se realiza pela elevação da memória do pai a um *status* de respeito sobre-humano, quase divino. Aí estaria a origem do *totem*, a primeira representação do sagrado (segundo Freud e muitos antropólogos da época), que se faz representar em muitas sociedades por animais, plantas e pontos da natureza. Continuando sua expiação, os filhos parricidas se proíbem de casar com suas irmãs, o que os leva a buscar mulheres em outras hordas e grupos. Isto é feito como se fora uma troca entre os homens de diferentes grupos: nós lhes damos nossas irmãs e vocês nos retribuem com as suas. A troca instituiria a formação de grupos de parentesco, caracterizados pela proibição do incesto, bem como a sociabilidade humana, tal como a vivenciamos até hoje.

A proposição fabulosa, à moda de um mito, de Freud resolveria, portanto, três problemas: a origem do sagrado, isto é, o sentimento de reverência por outrem transhumano, a universalidade do tabu do incesto e o surgimento do parentesco como organizador da sociedade. Porém, é uma história absolutamente especulativa e não científica, embora fundante para a psicanálise. Essa especulação teórica se coaduna com outras proposições de Freud, como o Complexo de Édipo, segundo o qual, em todas as sociedades, o jovem se faz homem por oposição a um pai que lhe surge simbolicamente como castrador e dominante, a quem ele respeita, tenta vencê-lo, mas termina aceitando seu poder e emulando-o, enquanto a mãe seria seu acolhimento emocional. Os antropólogos da época dessa criativa produção de Freud, a começar por Malinowski, que acabava de voltar de sua primeira grande pesquisa junto aos nativos das Ilhas de Trobriand, no Pacífico, fizeram pouco dessa teoria e a rebateram especialmente pelo argumento de que, nas sociedades regidas por linhagens transmitidas pelas mães, as matrilinhagens, o papel de autoridade vem do irmão da mãe, que é a figura representativa da matrilinhagem, sobre o seu sobrinho materno, não do pai para o filho que, nesse caso, constituem uma relação amorosa e generosa. No aspecto econômico e cerimonial, a herança de um homem passa para o filho de sua irmã, um membro de sua matrilinhagem. O seu próprio filho herdará de um seu tio materno. Pais e filhos são de linhagens diferentes, portanto não têm uma relação de respeito e autoridade, e sim de afeto e cumplicidade emocional.

TEORIA DA RECIPROCIDADE

Poucos anos depois, o antropólogo francês Marcel Mauss, que fazia parte de um grupo de estudiosos, à frente seu tio Émile Durkheim, junto com Arnold Van Gennep (1873-1957) e Lucien Lévy-Bruhl (1857-1939), grupo que criava desde fins do século XIX as bases teóricas da chamada escola estrutural-funcionalista, desenvolveu a *teoria da reciprocidade*, que foi explanada no brilhante livro *Ensaio sobre a dádiva* (1924). Comparando rituais, práticas e instituições econômicas entre muitas culturas, Mauss chegara à proposição de que a reciprocidade, isto é, o ato de dar e o ato de receber (ou retribuir), é um atributo fundamental e necessário no relacionamento entre os homens. Tudo que um homem dá a outro transforma o recebedor em devedor e assim o obriga a retribuir a dádiva para equilibrar sua relação. Assim é no aspecto econômico, na troca de bens, quanto nos rituais, na amizade e no relacionamento, tanto pessoal quanto coletivo, entre grupos e entre povos. Ao contrário, o ato de não retribuir uma dádiva recebida implica uma ofensa, que pode resultar num relacionamento negativo e na inimizade.

A teoria da reciprocidade ganhou relevo dois decênios mais tarde quando um discípulo de Mauss, o belga-francês Claude Lévi-Strauss, que havia feito pesquisas de campo com alguns povos indígenas no Brasil na década de 1930, a utilizou para explicar o tabu do incesto, não sua origem, mas seu funcionamento, sua estrutura e suas consequências para a sociedade. Como o tabu do incesto resulta na ausência de parceiros sexuais no grupo, ocorre que, para se reproduzir, o grupo precisa obter mulheres (mas aqui poderíamos falar, reconhecendo uma tendência de interpretação machista na Antropologia, em homens) vindas de outros grupos; por sua vez, as mulheres do grupo seriam "doadas" para outros grupos. De modo que ocorreria um processo de doação/ recepção, mais ou menos nos moldes descritos por Mauss em sua teoria da reciprocidade. Assim, na conclusão teórica, Lévi-Strauss propôs que o tabu do incesto é uma instituição que demanda a troca equilibrada de parceiros sexuais e, portanto, representa a dimensão social da teoria da reciprocidade.

A elegância da proposição teórica de juntar a universalidade do tabu do incesto com a teoria da reciprocidade deve-se a uma mente que partilhava da apreciação de que a Antropologia é uma busca por explicações generalizantes sobre o homem e que estava sintonizada com a ideia, surgida da linguística estrutural, de que a cultura, no seu aspecto de *ethos* e comportamento, é o fenômeno exterior que reflete as estruturas inconscientes do ser humano. No seu livro magistral sobre parentesco, *As estruturas elementares do parentesco*, Lévi-Strauss demonstra que a sociabilidade humana é *sui generis*, vai além do instinto animal de horda, pois tem como seu constitutivo essencial a reciprocidade (a obrigação de dar e receber, isto é, a troca), a qual se realiza em três esferas de relacionamento: a troca de mulheres, resultado do tabu do incesto, que permite a reprodução social e cria a instituição do parentesco; a troca de bens, que permite a sobrevivência física pela produção econômica; e a troca de palavras, que permite a comunicação. Essas três esferas corresponderiam ao social, ao econômico e ao ideológico ou comunicacional; as três estruturas que, para Lévi-Strauss, dão sentido ao ser humano como coletividade.

Não obstante a importância, para a Antropologia, dessa caracterização das estruturas básicas da sociabilidade humana, para nós, a política e a religião são duas outras dimensões imprescindíveis no ser humano, com seus valores próprios de funcionamento, conforme observamos na distribuição de capítulos deste livro.

Interessa-nos, no presente capítulo, tratar dos aspectos sociais da cultura, isto é, aqueles em última análise derivados do tabu do incesto e que formam, *grosso modo*, aquilo que chamamos de sociedade (vide Cap. "A abrangência da Antropologia", pp. 11-26). Fica evidente, entretanto, que tais aspectos não estão distintamente diferenciados dos aspectos econômicos e ideológicos, nem ainda das questões relacionadas à política e à religião. A integração de todos os aspectos e dimensões da cultura é uma evidência sociológica que está demonstrada tanto no sentido de que a cultura forma um todo sistemático mais ou menos coeso, proposição teórica que vem desde Auguste Comte (1789-1856) e Herbert Spencer (1820-1903), os responsáveis pioneiros pela aplicação rigorosa do método científico para as ciências humanas; até a demonstração feita por Mauss (no mesmo livro em que escreve sobre a reciprocidade) de que todo "fato social", que podemos chamar também de cultural, tem múltiplas origens, conexões e consequências com outros fatos e outros fatores. Um fato qualquer, o mais material possível, um fato dito econômico, é também social, religioso, político, ideológico e ocorre numa atmosfera também ritualística. Ao reconhecer aqueles o fato social como tendo múltiplas dimensões, Mauss o chama de "fato social total".

Essa proposição teórica tem sido de grande valia nos estudos antropológicos desde então. Por exemplo, ele serve de base para a concepção da técnica de "estudo de caso", como vimos no capítulo "Metodologia", porque o "caso" é sempre um fato social total. Portanto, o hábito acadêmico de destrinchar um fato em suas dimensões constitutivas – atores, temas, conflitos, etc. – serve tão somente para propósitos de análise e de explicação didática, pois cada dimensão só faz sentido em totalidade com as demais dimensões.

Parentesco: teoria e prática

Parentesco é o sistema de organização social composto pelo conjunto de pessoas que se identificam entre si em função de reconhecerem um vínculo comum, seja por consanguinidade (pai, mãe, irmão, avós, tios, primos, netos, etc.), casamento (esposa, sogro, genro, pessoas casadas com tios, também chamados tios), adoção (qualquer um desses, por extensão) ou algum tipo de ritual de incorporação (padrinho, afilhado). Esse conjunto se organiza em categorias de identidade (pais, filhos, irmãos, primos, netos, avós, etc.) de que se esperam comportamentos mais ou menos consistentes. Por exemplo, as pessoas chamadas de pai (que no nosso sistema de parentesco é só aquela pessoa casada com a mãe, a quem é atribuída a paternidade do filho, mas que em outros sistemas de parentesco é também o irmão do pai), comportam-se como se espera do pai. No nosso sistema de parentesco, os tios constituem uma categoria de irmãos e irmãs dos nossos pais, quase sempre seus cônjuges também, com quem nos relacionamos diferentemente do que o fazemos com os pais e avós, por exemplo. Já em outras sociedades, o irmão da mãe pode ser chamado de avô, e o irmão do pai, pai. No geral das sociedades, as pessoas chamadas de irmãs são sempre pessoas em quem incide o tabu do incesto, enquanto as primas são pessoas com quem, na nossa cultura, nos relacionamos de um determinado modo, e em relação a casamento ou sexo, de modo ambíguo. E assim por diante.

Toda sociedade tem como sua base social de relacionamento o parentesco, que é o que lhe permite reproduzir-se física e socialmente. Com alguns parentes não se casa, com outros casa-se preferencialmente, e através de outros é que se arranjam casamentos. Na sociologia, essas relações entre parentes são chamadas de "primárias", em contraste com as relações com pessoas no trabalho, na escola ou em associações, chamadas "secundárias".

Em cada sociedade, o vínculo de parentesco é definido pela intensidade e funcionalidade de suas categorias e grupos. Por exemplo, a nossa sociedade reconhece como base da sociedade a família, que é vivenciada tanto como família nuclear (casal e filhos), quanto família extensa (que, dependendo da região brasileira e da tradição, pode incluir ou alguns irmãos do casal e suas respectivas famílias, os pais de um ou outro membro do casal, seus avós; ou até as famílias dos cunhados e cunhadas, os irmãos dos avós, os primos de segundo grau, etc.). Para o brasileiro, família é relação de sangue e casamento, adoção e apadrinhagem; no limite até amizade de muitos anos. Sem priorizar nem um lado nem outro da família extensa, os antropólogos chamam essa instituição de "parentela". A cultura brasileira não reconhece grupos corporativos, como linhagem e clã, embora já tenham existido em épocas pretéritas portuguesas e nas culturas dos africanos trazidos ao Brasil. Muita gente ainda tenta traçar ancestrais desde épocas coloniais, fazendo árvores genealógicas; mas os supostos parentes que são consignados na árvore não têm qualquer distinção social ou emocional, tão somente um reconhecimento efêmero. Já em sociedades como a chinesa tradicional, a linhagem paterna, isto é, o conjunto de parentes descendentes de um avô, bisavô ou ascendente reconhecido, ou o clã paterno, formado por um conjunto de linhagens que se reconhecem como descendentes de um mesmo ancestral mais distante, às vezes com um nome mitológico, descendência reconhecida sempre pelo lado do homem, por isso chamada na antropologia de descendência patrilinear, é tão ou mais importante na criação, formação e identidade do indivíduo do que a família nuclear. Já os parentes pelo lado materno, a descendência matrilinear, os avós maternos, tios e primos têm pouca importância, sendo muitas vezes até desconhecidos ou ignorados. Ou por outra, em sociedades indígenas em que o casamento de um homem com várias mulheres é permitido e valorizado, os filhos dessas duas, três ou mais mulheres são criados em comum e todos eles se entendem como uma única família. Na Antropologia, esse tipo de família é chamado de poligínica, isto é, um homem e várias esposas; são poliândricas aquelas em que uma mulher tem dois ou mais maridos.

Há um ditado inglês que diz: "sangue é mais espesso do que água", significando que o parentesco é coisa mais íntima e mais agregadora do que a relação social secundária. Entretanto, a Antropologia tem demonstrado em tantos estudos que nem tudo é paz, amor e harmonia entre parentes. Ao contrário, parece coexistir com o amor e a ajuda mútua entre parentes uma disputa intrínseca no âmbito do parentesco. O mais comum na nossa sociedade é a rivalidade entre parentes por afinidade (casamento), entre marido e mulher, por razões as mais díspares, e até entre pais e filhos, em algumas fases dos seus ciclos de vida. Em outras, é entre irmãos, como nas sociedades matrilineares, porque aí, ao se casarem, eles se dispersam e vão viver com as famílias de suas esposas, a quem vão dever lealdade.

A razão original da rivalidade entre marido e mulher advém da própria razão do casamento, isto é, o acasalamento formal entre duas pessoas de famílias diversas, não incestuosas. O casamento, que pode ser analisado como a doação de um filho ou filha e/ou a recepção de uma jovem ou jovem de outra família, produz, necessariamente, uma relação de reciprocidade entre as famílias. Dar ou receber, como vimos, cria uma situação de dívida mútua que precisa ser equilibrada. A relação entre as duas famílias ou, em algumas sociedades, entre duas linhagens ou clãs exogâmicos (que têm que casar com membros de outra linhagem ou clã), é necessariamente intensa e também tensa, pois cada qual acha que deu ou está dando mais do que a outra. Eis porque em quase todas as sociedades existe um mal-estar, real ou disfarçado, entre genro e sogra, nora e sogra, entre cunhados e entre outros parentes. Em algumas sociedade, essa situação é reconhecida formalmente e é trabalhada ritualisticamente. Por exemplo, em muitas sociedades africanas tradicionais, os genros não podem dirigir a palavra às suas sogras, sob pena de sofrer castigo. Na cultura brasileira costuma-se desmerecer a sogra, que traduz ou uma brincadeira imitando a tradição americana, ou algo mais consistente que se prefere disfarçar com piadas do que enfrentar de fato.

Se levarmos em consideração as pequenas sutilezas de cada sistema de parentesco, teremos que admitir que cada sociedade tem seu próprio sistema. Mas, evidentemente, por baixo das variações há uniformidades que nos fazem classificar as variações em alguns poucos sistemas que funcionam com um certo nível de consistência. A Antropologia se interessa sobremaneira pelo parentesco em virtude de ter tentado, desde o início de sua constituição como ciência humana, compreender o funcionamento das sociedades igualitárias, onde o parentesco é, de fato, a principal instituição organizativa da sociedade. O jurista americano Lewis Henry Morgan (1818-1881) é o grande pioneiro desses estudos, desenvolvidos em vários livros, em especial *A sociedade antiga* (1877). Morgan, como muitos intelectuais americanos antes (Benjamim Franklin, por exemplo, de acordo com o antropólogo americano Jack Weatherford, planejou o Senado americano nos moldes do Conselho da Confederação dos Iroqueses) e depois, se interessara pelas culturas dos índios americanos que, naquela quadra, sofriam os devastadores impactos da expansão da nação americana sobre seus territórios. Além de conhecer e escrever sobre os Iroqueses, que viviam no norte do estado de Nova Iorque, onde nascera, Morgan fez visitas de pesquisa de campo a diversos povos indígenas do leste e centro-oeste americanos. Entre tantas coisas que lhe chamaram a atenção, destacou-se de início o fato de diversos povos indígenas usarem nomes diferentes para aqueles parentes que chamamos de tios e para os que chamamos de primos. Sendo eles irmãos do pai (IrP), seriam chamados pelo mesmo termo que chamam o pai; sendo elas as irmãs da mãe (irM), seriam classificados pelo mesmo termo de mãe. Ademais, chamar os irmãos do pai de pai corresponderia a tratá-los como se pais também o fossem. O mesmo em relação à irmã da mãe, que seria tratada como uma mãe. Por consequência lógica, os filhos de quem é chamado de pai ou de mãe são proporcionalmente chamados de irmãos e irmãs. E também seriam tratados como irmãos, sobre quem incidiria o tabu do incesto. Na Antropologia dá-se o nome de "primo paralelo" a estes últimos. Enquanto, ao contrário, usavam outras palavras próprias para chamar os irmãos da mãe (IrM), por um lado, e as irmãs do pai (irP), por outro, sendo ambos os tipos, como se observa, irmãos de sexos opostos. Por consequência lógica, os seus respectivos filhos seriam chamados diferentemente do que chamavam seus irmãos. Em tais sociedades, estes últimos, que são designados na Antropologia como "primos cruzados", são tratados como potenciais esposas e cunhados. Por contraste, basta lembrarmos que a terminologia brasileira de primos (e por extensão de quase todas as culturas europeias) não faz nenhuma distinção entre paralelos e cruzados; mas os distinguimos claramente de irmãos. Quanto ao comportamento visando ao casamento, aplicamos aos primos, sem distinguir entre paralelos ou cruzados, o tabu de incesto, mas com alguma leniência e também melindre, pois, embora não seja valorizado, a incidência de casamento entre primos não é espúria, nem rara, e no passado era ainda mais frequente.

Morgan descobriu também que algumas outras culturas indígenas chamavam o primo cruzado do lado materno de "tio", enquanto o do lado paterno era chamado de "sobrinho" ou até de "neto"; isto é, nem ao menos levavam em conta o princípio geracional. Outras ainda não distinguiam entre primos cruzados e paralelos, como a nossa, mas também não os distinguia dos irmãos. Todos os parentes consanguíneos da mesma geração eram chamados de irmãos. Por consequência lógica, todos os parentes consanguíneos da geração ascendente seriam chamados de pais e mães, e, paralelamente, todos da mesma geração seriam irmãos entre si. Conclusão: ou esses índios estudados eram ilógicos, ou havia uma lógica por trás que precisava ser esclarecida. Morgan em seguida elaborou um extenso questionário e mandou para todas as representações diplomáticas americanas e de outras nações europeias para coletar dados sobre as terminologias de parentesco mundo afora. O resultado é que ele constatou que o que observara no Velho Oeste era comum em muitas sociedades dos outros continentes. Havia pelo menos quatro sistemas de terminologia de parentesco, todos eles divergindo de acordo com os termos usados para classificar primos e tios. Em seguida Morgan postulou que esses sistemas terminológicos representavam sistemas de relacionamento social (entre parentes), que, por sua vez, representariam estágios antigos da evolução cultural do homem. Por exemplo, ele postulou que as sociedades que não distinguiam entre pais e tios na geração ascendente, sendo todos chamados de pais, e entre primos e irmãos, sendo todos chamados de irmãos, representariam o primeiro estágio da formação do homem, um tempo em que não havia o tabu do incesto, em que irmãos se casavam com irmãs e todos criavam os filhos em comum. Morgan sabia que não mais havia sociedades sem tabu do incesto, apenas propunha que os sistemas de terminologia eram mais conservadores e, portanto, vagarosos na sua evolução e representariam comportamentos sociais não mais existentes. A terminologia seria uma "sobrevivência" de eras passadas, uma pista sobre o que existira. Já as sociedades que distinguiam entre primos paralelos e cruzados, vedando o casamento com os paralelos e favorecendo com os cruzados, representariam um estágio em que o tabu do incesto já existia, em que tinha se tornado costumeiro o casamento de um conjunto de irmãs de uma família com um conjunto de irmãos de outra família; e no qual, em consequência, os filhos de irmãs, com maridos diferentes, ou os filhos de irmãos, com esposas diferentes, seriam criados em comum, como se todos irmãos fossem.

A teoria de parentesco de Morgan está brilhantemente bem argumentada no seu livro mencionado *A sociedade antiga*, em que cada sistema de parentesco (terminologia de primos e correspondente tipo de casamento) funcionaria em consonância com um sistema produtivo, com um correspondente tipo de organização política e com um tipo de mentalidade religiosa. Em congruência, esses subsistemas organizacionais formariam o que ele chamou de "períodos étnicos", que seriam estágios da evolução da cultura. O primeiro período étnico, cognominado "*selvageria*", seria o de caçadores e coletores que viviam em hordas com casamento comunal, sem distinguir o tabu do incesto. Teria duas subfases de evolução até chegar ao segundo período étnico, cognominado "*barbárie*", que, em geral, se caracterizaria, já com a prática da agricultura e uma série de invenções, pela vida em grupos

Diagramas de parentesco

Figura 1a. Casamento entre primos cruzados

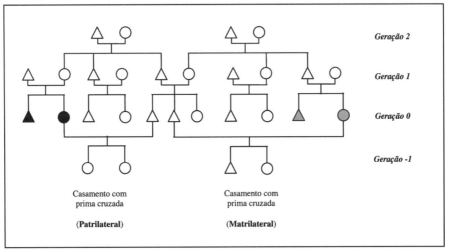

Figura 1b. Linhagem

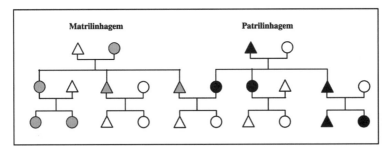

maiores formados por famílias estabelecidas por um tipo de casamento de grupos de irmãos com grupos de irmãs de outra família, obedecendo ao tabu do incesto e favorecendo o casamento entre primos cruzados. A barbárie também teria duas subfases, inclusive a predominância do patriarcado, isto é, do controle social e político de um pai sobre a família, tal como teria sido no passado a cultura romana e seria ainda hoje as sociedades chinesa, árabe, indiana, as extintas inca e asteca e outras mais. A aceitabilidade do casamento entre primos variaria de sociedade para sociedade, mas não mais com preferência pelos primos cruzados. Por fim, o parentesco perderia sua força organizadora da sociedade. As pessoas passariam a se identificar mais pelo lugar de nascimento do que pela família, tal como aconteceu com Roma a partir da democracia e do império, e passariam a se casar por preferências pessoais e econômicas, não por prescrição familiar, prevalecendo a monogamia. Esse terceiro período étnico seria a "civilização", que se caracterizaria sobremodo pela vida em cidades, pela predominância de classes sociais e, enfim, pela hegemonia do Estado.

O esquema evolutivo de Morgan foi dos mais bem traçados na época e encantou, inclusive, Karl Marx, quando este estava escrevendo acerca de sua teoria sobre o desenvolvimento histórico do capital. Marx achou que Morgan fizera para as sociedades primitivas o que ele próprio estava fazendo para explicar o capitalismo e a modernidade. Seu livro, elaborado em conjunto com Fredrick Engels, *A origem da família, da propriedade privada e do Estado* (1884), deve imensamente a Morgan. Entretanto, eivado de tantos erros empíricos e tomado por uma imaginação demasiadamente coerente, muito positivista, sobretudo no entender da geração de antropólogos que iria suceder os evolucionistas, o esquema de Morgan foi duramente criticado e, por uns tempos, até relegado às traças. Descobriu-se que não eram só quatro, mas seis os sistemas de terminologia de parentesco, e que eles nem sempre estavam presentes em idênticas condições econômicas, políticas e religiosas. Seja como for, o legado de Morgan é fundamental para a Antropologia, como reconheceram antropólogos de renome, mesmo críticos parciais seus, como V. Gordon Childe, Leslie White, Claude Lévi-Strauss, Emmanuel Terray, Maurice Godelier e muitos mais recentemente.

São inumeráveis os estudos sobre parentesco no corpo da Antropologia. O tema foi ampliado pelo conhecimento empírico de outras culturas, mas também pela formulação de novos conceitos. Engloba aspectos variados, como tipos de família, formas de casamento, terminologias de parentesco, linhagens e clãs, que são grupos corporativos formados por linhas de descendência materna, paterna, ou dupla, e tantos assuntos mais. Importa deixar claro que o tema exerce fascínio pela sua sistematicidade e pela importância na organização das sociedades, especialmente aquelas que não têm poder central, nem classes sociais. Mas, mesmo em nossos tempos, o parentesco é uma instituição geral que ainda tem muita prevalência.

GRUPOS E CATEGORIAS SOCIAIS

Fora do parentesco, a sociabilidade humana também é variada. Porém mesmo em sociedades regidas pelo parentesco, há grupos que são formados por pessoas consignadas por outras razões, até aleatórias. Por exemplo, os índios Canela, do estado do Maranhão, além de se reconhecerem como parentes nos seus vários níveis, também formam entre si outros grupos que não têm nada a ver com parentesco. Há as chamadas "classes de idades", que são grupos formados por pessoas de uma mesma geração que passaram por um mesmo ritual de iniciação, e que por isso mesmo estabelecem vínculos de identidade e de comportamento entre si que os diferem de outros grupos de idade, sejam mais velhos, sejam mais novos. As pessoas de cada uma das quatro classes de idade que existem em qualquer momento na sociedade canela têm diferenças de idade de até 15 ou 20 anos. Cada classe de idade exerce funções sociais e ritualísticas próprias delas, de acordo com sua posição etária relativa às demais, funções que são as mesmas ou semelhantes às que outras gerações exerceram no passado. Além de divididos em grupos de idade, os mesmos Canela (bem como outros povos indígenas que partilham dessa cultura, como os Krahô, Krikati, Gaviões e outros), dividem toda a sociedade em duas partes mais ou menos iguais, chamadas na terminologia antropológica de "metades". Cada metade é formada por pessoas identificadas e indicadas por seus "padrinhos", não por seu parentesco. E cada metade tem funções equivalentes e complementares com a outra. Por exemplo, o enterro de uma pessoa é cuidado pelos parentes da outra metade, não da sua própria. Se um dia os membros jovens de uma metade vão à caça, no outro será obrigação da outra metade. E assim por diante. Toda essa explicação foi feita para demonstrar que o parentesco é fundamental em sociedades igualitárias, mas não é o único modo de elas se organizar.

Nas sociedades onde prevalece a desigualdade social, seja em forma de estamentos tradicionais, tipo senhores da terra e servos, realeza, nobreza e povo, ou como classes sociais nas sociedades capitalistas, os grupos são muito comumente organizados pelas situações de classe e ou de estamento das pessoas. Todo mundo sabe que um pobre não frequenta o clube hípico de São Paulo (a não ser como jogador de futebol, que já implica dinheiro e mudança de classe social); nem um rico, a não ser por desafio ou para fazer pesquisas, vai a bailes *funks* nos subúrbios do Rio de Janeiro. O tema de grupos, por sua variedade, é muito vasto e é abordado por diversas ciências sociais, além da Sociologia e da Antropologia. Interessa a nós, neste momento, apenas fazer uma breve incursão sobre a natureza constitutiva do que é o grupo, seus princípios, as razões e os rituais que o criam, que o mantêm e que lhes dão funcionalidade.

Primeiramente, é preciso entender que o principal elemento motivador da formação de grupo é a participação social, a sociabilidade própria do homem. Segundo, que toda participação implica identidade. Quer dizer que todo grupo dá alguma forma de identidade ao indivíduo. Identidade implica lealdade, compartilhamento de símbolos, normas e atributos. Terceiro, que ele funciona como uma coletividade. Isso quer dizer que tem aspectos conscientes e inconscientes na participação de grupo. Quarto, que o grupo se forma e exige na sua continuidade uma série de rituais de incorporação, de identidade diferenciadora e de preservação. Quinto, que um grupo existe como uma parte da sociedade mais ampla, que se opõe a outra parte, que podem ser outros grupos. Assim, a convivência entre grupos implica reciprocidade, que pode se dar como negativa, que é a rivalidade, ou positiva, que é a cooperação. Sexto, que em qualquer coletividade que queira se manter há regras próprias, com símbolos próprios. Sétimo, que em todo grupo existe uma hierarquia que espelha mais ou menos a forma hierárquica da sociedade mais ampla, embora, muitas vezes, haja mais formalidade hierárquica em uns do que em outros tipos de grupo.

Esse conjunto de atributos e características de grupo, que podem se desdobrar em outras mais, dão uma amplidão muito grande, mas também muito específica ao conceito de grupo. Todo antropólogo que esteja pesquisando qualquer tipo de organização de grupo se pauta por essas características. O certo é que grande parte das pesquisas do antropólogo em sociedades capitalistas, como a nossa, com alto grau de urbanidade, se desenvolve em torno ou por intermédio de grupos sociais. Por exemplo, a questão do racismo no Brasil, que tem múltiplas dimensões e consequências, é analisada também pelos grupos que são sujeito e objeto dessa ideologia e de sua prática. O mesmo acontece com outros temas, especialmente os chamados problemas sociais, que se sustentam em grupos, tais como as minorias, organizações não governamentais, movimentos sociais, clubes, associações e assim por diante.

ETNIA OU GRUPO ÉTNICO, POVO E NAÇÃO

Todos esses termos indicam coletividades humanas com características gerais de grupo, porém grupos muito mais complexos. Há tantas acepções e significados políticos e ideológicos envolvidos que suas definições se confundem. Na verdade, se formos tentar definir um por um, separadamente, veremos que seus atributos são semelhantes, e suas áreas de significado e atuação se justapõem. A distinção entre eles é apresentada, muitas vezes, por um escalonamento de ordem política ou geopolítica.

Etnia seria o coletivo de pessoas que se autorreproduzem e se reconhecem como integradas por sentimentos de tradição e reciprocidade, diferenciando-se de outros tais coletivos por símbolos próprios. A palavra é usada muito na Antropologia, especialmente no composto *grupo étnico*, para representar o que também chamamos de povos indígenas ou sociedades igualitárias em geral. Raramente, por exemplo, se fala em etnia portuguesa, etnia germânica, embora, em tese, esteja correto, especialmente se não incluir atributos de organização política estatal e territorialidade. Porém, desde a década de 1970, os antropólogos, em particular os europeus, passaram a se preocupar profundamente com o que chamaram de "etnicidade", definida como a qualidade de identidade da etnia ou grupo étnico. Seu foco de atenção empírica resultava da preocupação com os problemas causados pela diversidade étnica em seus países. Rivalidades entre alemães e turcos, franceses e marroquinos, franceses e valões, castelhanos e bascos, ingleses e irlandeses, e tantos mais em todos os países europeus, parecem ter se exacerbado nos últimos quarenta anos. Uma pergunta nunca claramente colocada era: por que essas etnias, depois de três, quatro, cinco gerações, em alguns casos, centenas de anos, de convivência comum, não teriam conseguido consolidar um *modus vivendi* amistoso ou, ao menos, mutuamente tolerável? A literatura sobre esse tema é imensa e se mistura com a literatura sobre etnocentrismo, racismo e xenofobia.

A noção de *povo* também desponta como tendo atributos, significados e usos mais ou menos parecidos com os de etnia. Diferencia-se talvez porque se inclui em sua caracterização a ideia de que está integrado por um estado que compõe variações em um sentimento e comportamento comum. *Povo* talvez possa incluir diferentes etnias conquanto que elas estejam em convivência. Daí que se pudesse falar em "povo iugoslavo" até o momento em que ele foi dilacerado em suas etnias constituintes (esloveno, sérvio, bósnio, croata, kosovar, etc.) e deixou de existir.

Por fim, *nação* engloba atributos de etnia e de povo, só que incorpora propriedades políticas como território, soberania e, quem sabe, autodeterminação. Pensamos sem embaraço conceitual em nação brasileira, mas faz sentido dizer que os ciganos formam uma nação ou serão apenas um povo ou uma etnia? E os índios brasileiros, além de poderem ser nomeados como etnias, deveriam ser considerados povos ou nações? Como se pode ver, os termos tem acepções variadas e a decisão sobre as suas escolhas e adequações não são lógicas, e sim políticas e, em geral, conjunturais.

Categorias sociais

Categorias sociais são divisões e distinções reconhecidas na sociedade que não constituem propriamente grupos. Por exemplo, homens, mulheres, negros, brancos, enfim, "raças", estudantes, empresários, trabalhadores em geral, etc. É claro que essas e outras categorias podem se agregar em grupos, mas como um todo elas funcionam num nível não corporativo.

Homens e mulheres

Por tradição, a Antropologia via a mulher como a segunda metade do homem na sociedade, como aquela categoria que tinha funções específicas, em geral reconhecidas como socialmente inferiores, mas complementares, às do homem, além de sua especialidade que é a procriação, com variações não muito significativas no espectro das culturas. Num extremo estava o mito das amazonas – as mulheres que vivem para si, fazem de tudo e controlam a sociedade, não necessitando de homens a não ser para procriar – o que não passou de um mito, com pouquíssimos exemplos de condições razoavelmente aproximativas mundo afora. No outro extremo, a mulher que não passa de um fardo do homem, tanto economicamente como ideologicamente, o que também não encontra muitos exemplos culturais consistentes e permanentes.

Os estudos antropológicos, feitos tanto por homens quanto por mulheres pesquisadores, sempre procuraram produzir textos que expusessem a condição da mulher de forma que equilibrasse sua posição social dentro das sociedades. Mesmo em culturas fortemente machistas, como a árabe, a chinesa, a ocidental puritana e muitas culturas indígenas, sempre se procurou mostrar que as mulheres encontravam individualmente nichos de afirmação pessoal e coletivamente motivações para se autovalorizarem, preservarem sua autoestima e terem satisfação em serem e viverem como mulheres.

Atualmente o interesse da Antropologia em homens e mulheres como categorias sociais se emparelha ao interesse da Psicologia, Psicanálise e outras ciências sociais, bem como a Filosofia. O desafio está em rever o conhecimento obtido em pesquisas em muitas culturas que ajudem a esclarecer a natureza das especificidades, diferenças e semelhanças entre homens e mulheres. Tal desafio foi criado pelas próprias mulheres e advém do fato de que, nas sociedades modernas, a mulher mudou muito de sua condição social anterior como jovem subordinada ao pai, esposa dependente do marido e mãe provedora dos filhos, talvez a função social mais importante. A mulher da cultura ocidental, com influência em outras culturas, destaca-se por ter obtido posições sociais e econômicas muito amplas e, em consequência, ter desafiado a hegemonia masculina. Por seu lado, os homens estão abismados com tudo que vivenciam em relação às mulheres, aparentemente apreciando a sua presente condição de mais igualdade com a mulher, pelo que lhes foi tirado do seu antigo poder e prestígio social, mas vacilantes a respeito do que fazer diante do novo comportamento das mulheres, produto das conquistas sociais dos últimos trinta a quarenta anos.

Portanto, o tema é variado e multifacetário. A Antropologia pode contribuir com dados comparativos das sociedades e culturas e também com sua inclinação à reflexão filosófica da cultura. Muitas antropólogas contribuíram enormemente para desenvolver alguns dos argumentos mais importantes para equiparar a condição feminina à masculina nos aspectos sociais, econômicos, ideológicos e religiosos. Entre elas destacou-se como pioneira a americana Margareth Mead (1901-1978), autora de *Crescendo em Samoa* (1928) e outros livros importantes sobre esse assunto, bem como toda a gama de antropólogos que se dedicou a estudar a relação entre personalidade e cultura nas décadas de 1930 e 1940 nos Estados Unidos e na Inglaterra.

Raça e racismo

A Antropologia tem uma longa folha de serviços prestados ao esclarecimento da noção, da questão e dos problemas que giram em redor de "raça". Inclusive o fato inicial negativo de que se prestou a fundamentar a ideologia da superioridade racial europeia e caucasiana a partir da ideia de que raça era uma entidade válida que corresponderia a formas de evolução diferenciada do homem. Isso aconteceu a partir da publicação e da influência arrebatadora da teoria da evolução das espécies, de Charles Darwin (1809-1882), que foi utilizada não só pela explicação da sobrevivência do mais apto e da especiação, como também como modelo para a evolução do homem, tanto como ser biológico como cultural. E aí raça foi conceituada como tendo os dois atributos.

Já a geração seguinte de antropólogos, tendo à frente Franz Boas, combateu fervorosamente a ideia de que diferentes raças correspondem a diferentes culturas e que as culturas estão numa linha evolutiva tal como estariam as raças. Para explicar as diferenças fenotípicas entre grandes conjuntos humanos, os novos antropólogos, que ficaram conhecidos como relativistas culturais, argumentaram que essas diferenças teriam surgido como variações adaptativas ao meio ambiente, já no decorrer da expansão do *Homo Sapiens*, quando as grandes mudanças evolutivas já haviam acontecido, inclusive as referentes à sofisticação do córtex cerebral e o desenvolvimento da capacidade linguística. Suas pesquisas de campo sobre as culturas de povos igualitários e sobre a assimilação de imigrantes nos Estados Unidos, no início do século xx, procuraram demonstrar que todas as culturas, das mais simples econômica e militarmente às mais complexas, não implicam valores maiores ou menores em inteligência, capacidade linguística e compreensão do mundo. Esses últimos pontos é que são essenciais no ser humano, além de sua capacidade de ser feliz – assunto deixado para os filósofos.

Desde esse desembaraço, a Antropologia evita usar o termo raça, por não acreditar na sua viabilidade como explicador de diferenças ou de semelhanças culturais entre os homens. Mas o termo é usado extensamente na sociedade em geral. Mais ainda é o termo racismo, sobre o que não se pode duvidar de sua existência e de suas consequências negativas. Daí que, independente da negação conceitual de raça, o racismo bate à porta da Antropologia a toda hora e requer sua explicação.

Nesse sentido, o racismo é um fenômeno mais amplo, entendido, em primeiro lugar, como uma manifestação daquilo que chamamos de etnocentrismo, e que definimos no capítulo "Cultural e seus significados". O etnocentrismo é a recusa do outro, sendo este outro caracterizado e estigmatizado como sendo diferente e não participante do grupo discriminador, tanto por nuanças de cor e fenotipia, quanto por origem geográfica ou situação social. Quando a nuança de fenotipia é o que prevalece, é então que o significado se afunila no termo racismo.

Pode-se dizer que há racismo, isto é, rejeição do outro por conta das diferenças em fenotipia e cor, entre grupos sociais que valorizam e se identificam por essa caracterização. Por exemplo, pode-se dizer que há racismo na França, onde os franceses, que se dizem descendentes dos antigos francos, se consideram superiores aos argelinos que vêm das culturas árabes e berberes do Magreb. Pode-se dizer também que há racismo no sentimento de desprezo e rivalidade que há entre suecos e lapões, embora ambos sejam branquíssimos e vivam no mesmo país. E entre ingleses e irlandeses, entre palestinos e israelenses? Obviamente a questão não se reduz à diferença de cor da pele, nem propriamente à raça, e sim à origem étnica, a velhas tradições e rivalidades. Aqui é usado o termo *xenofobia* para caracterizar esse tipo de rejeição em que raça se confunde com estrangeiro. Racismo e xenofobia muitas vezes são usados intercaladamente, ao gosto da ocasião.

No Brasil, temos que encarar o fato de que as relações sociais entre "brancos" e "negros", embora não se caracterizem pelo sentimento de rejeição étnica, histórica, tampouco cultural, se dão, muitas vezes, em clima de ambiguidade, fruto de um tipo de preconceito disfarçado, resultando em visível discriminação. Os termos estão entre aspas porque, como se sabe, a mestiçagem no Brasil foi intensa e produziu uma gama de matizes de coloração que confunde o observador sobre quem pode ser considerado branco e quem negro. Mais ainda, quem se considera uma coisa ou outra. No Brasil, a função de raça pura ou pureza de raça é de pouca valia ideológica, mesmo entre as pessoas que se dizem brancas e se acham superiores socialmente.

O processo de mestiçagem brasileira produziu tipos humanos de matizes de pele diversas e disposições fenotípicas intermédias que, ou bem foram absorvidos pelo estamento dos brancos, como se fossem iguais, ganhando respeitabilidade social e possibilidades de ascensão econômica, ou bem foram relegados ao estamento social inferior, de negros, mulatos, mestiços e índios. Em ambos os estamentos sociais há mestiços, mas neste último está uma grande maioria de negros e de toda sorte de índios, mulatos e mamelucos de toda coloração, que se misturam entre si formando variações intermináveis de caboclos, cafuzos e curibocas. O povo brasileiro reconhece esse caudal multitudinário e, na brincadeira ou no sério, inventou um sem-número de palavras e expressões para representar essa diversidade, ou talvez para fugir de sua realidade social mais cruel, o racismo que permanece como discriminação.

No último censo nacional, o IBGE, deixando que cada pessoa identificasse sua "raça", chegou aos seguintes números arredondados: 54% se consideram brancos; 37% se autoidentificam pardos; 6% se consideram negros; e os demais são amarelos, asiáticos, indígenas e outros. Em um experimento de pesquisa feito na década de 1990, viu-se que, se fosse usado o termo "moreno", a autoidentificação como tal chegaria a cerca de 70% da população brasileira. Assim, há um elemento de ambiguidade e incerteza sobre o problema racial brasileiro tal como percebido pelos próprios brasileiros.

Contudo, o fato social evidente é que a maioria dos chamados negros, incluindo mestiços de todos os matizes, até de indígenas, vive numa posição social e econômica inferior em relação à maioria dos brancos, também com gradação de cores. Atribui-se a isso a herança maldita da escravidão, que, por quase quatrocenos anos, pôs os negros trazidos da África e os índios capturados nos sertões do Brasil como escravos ou servos dos brancos. Entretanto, já se passou mais de um século desde a abolição da escravidão, o que demanda respostas mais consistentes sobre a permanência atrevida da desigualdade social e racial.

Muitos antropólogos brasileiros já tentaram definir a especificidade do racismo prevalente no Brasil. No início do século XX, quando o Brasil estava dominado pela ideologia do darwinismo social, toda desgraça brasileira era atribuída à presença do negro e mais ainda à mestiçagem. A partir da argumentação de Gilberto Freyre (1900-1987) em seu fabuloso livro *Casa grande e senzala* (1933), a presença e influência do negro sobre a cultura brasileira foi sendo valorizada, bem como foi sendo visto como especial o modo como se dão as relações raciais no Brasil.

Em seguida outros antropólogos trouxeram novas explicações. Oracy Nogueira (1917-1996) sugeriu que o racismo no Brasil se dá devido a um preconceito de cor, não de origem. Isto é, são aceitos pelo estamento superior as pessoas que se aproximam do ideal de brancura ou de mestiçagem com traços predominantes de branco. O problema não seria de origem étnica, de ter sangue negro em si, tal como ocorre no tipo de racismo prevalente nos Estados Unidos. Anos mais tarde, em artigo intitulado "Etnismo e civilização", publicado em inglês, espanhol e italiano, Darcy Ribeiro (1922-1997) e o presente autor propuseram que o racismo brasileiro, ao contrário do americano, que é *segregacionista*, isto é, aceita o outro conquanto que ele fique na dele, advém da tendência *assimilacionista* que predomina na cultura brasileira. A tendência assimilacionista da cultura brasileira não rejeita, em princípio, as diferenças sociais, culturais ou raciais, seja de índios, negros ou imigrantes, mas as admite e as acolhe positivamente só na medida em que elas tendam a ser incorporadas. Isto é, o negro só é discriminado na medida em que ele se mantém fora do sistema cultural e social hegemônico. Quando ele passa a fazer parte do sistema, seja por ascensão socioeconômica ou de outra forma pelos esportes e cultura, ele passa a ser considerado um igual e deixa de ser discriminado. Nesse sentido, pode-se dizer que essa hipótese é uma versão antropológica que se inspira na espirituosa tirada de Oswald de Andrade segundo a qual a cultura brasileira é antropofágica, engole tudo o que vem e digere o que quer.

Ultimamente têm surgido muitas ideias novas para tentar não somente explicar quanto buscar uma saída para o racismo que nos acomete. Livio Sansone sugeriu que o racismo brasileiro é mais forte em áreas de oportunidades de trabalho e de casamento, e mais brando em áreas de esporte, cultura e relacionamento social. Muitas das propostas vêm de uma emulação do movimento negro norte-americano, tal como a ideia de cotas raciais para aumentar a porcentagem de negros e mestiços nas universidades e no serviço público brasileiros. Talvez sejam ideias ainda soltas, sem teorização histórica, mas podem resultar em novas interpretações ou, ainda, serem adaptadas ao assimilacionismo cultural brasileiro.

Em suma, na Antropologia, os aspectos sociais são tão importantes que diversas correntes de teoria acham que ela deveria ser qualificada como social e não cultural. Este capítulo apresentou seus temas mais importantes, a partir dos quais se desdobram novos temas e muitas descrições e análises.

Antropologia Econômica

Quem trata de economia são, com muita exclusividade, os economistas. Economia é um assunto espinhoso, multifacetado, palpitante, ao mesmo tempo previsível e imprevisível, portanto um tanto misterioso, porém essencial para todo mundo e para o mundo todo. Ciência da escassez, já foi dito séculos atrás, mas que trata desavergonhadamente da abundância e de sua má distribuição. O certo é que os economistas têm muita influência política e bastante espaço intelectual para escrever sobre esse assunto em miríades de aspectos e em inumeráveis detalhes. Todos nós que lemos jornal invariavelmente apelamos para um ou outro colunista de economia para nos situarmos diante do certo e do incerto em nossas vidas. Além de tratarem da sobrevivência dos homens e do bem-estar (ou mal) das nações, os mais ousados excursionam também pelo campo social e da cultura, tratando desses assuntos com incontida segurança e desenvoltura.

Diante disso, o que a Antropologia tem a dizer de singular e diferente, se não de valor, para a compreensão da ciência econômica? Talvez, modestamente, duas coisas: uma, sobre sua experiência em estudar como funcionam as economias de sociedades não capitalistas, desde as mais simples de caçadores e coletores, às baseadas na horticultura, passando pelas economias agrícolas controladas por poderes centrais, até o alvorecer do capitalismo. Nesse incurso, a Antropologia não só tem descrito as variações de modos de produção, como também as motivações psicológicas, sociais e políticas e as estruturas básicas de funcionamento de cada economia. O segundo ponto, e este é mais complicado, se centra na ideia do que se constitui *valor econômico*, algo mais poderoso do que, simplesmente, aquilo que serve de base para uso e para troca. Nesse sentido, a Antropologia contribui pela teoria da cultura para definir, em toda sua potencialidade, aquilo que seria uma teoria de valor (econômico).

ESBOÇO DA ECONOMIA

Primeiramente tenhamos em mente o que se entende por Economia. *Lato sensu*, Economia é a ciência humana que estuda a produção, a distribuição e o consumo de bens e serviços em uma sociedade ou num conjunto de sociedades que estão em relacionamento umas com as outras. Economia, como a Filosofia e a Política, é um produto do pensamento grego clássico. Os gregos, especialmente Aristóteles, assim a pensaram porque sentiram em seu tempo que teria havido um deslocamento real, empírico, de certas atividades que teriam ganhado autonomia em relação a outras atividades sociais, como a convivência entre os homens numa cidade (matéria da Política) e a ordem do pensar especulativo (matéria da Filosofia). Além da produção de bens, realizada por cidadãos agricultores, cidadãos artesãos e por escravos, havia a troca desses bens no mercado, a moeda como meio de troca, a especulação sobre o valor do dinheiro (juros), o comércio internacional, o pagamento por bens não materiais (serviços), como aulas de retórica e treinamento esportivo, etc., coisas que não têm a ver diretamente com poder ou organização social.

A palavra *economia*, entretanto, tem, originalmente, um significado mais restrito do que aquilo que ela visa explicar. Quer dizer mais ou menos "regulamento da casa" (*oikos* = casa; *nomos* = regra). Subentende-se que "casa" tem uma acepção bem maior do que lar: tem um sentido de espaço onde vive e produz uma família, que pode ser uma família extensa (incluindo escravos) ou até um segmento de uma linhagem. No limite, pode ser o país, isto é, o conjunto das atividades econômicas num âmbito de trocas econômicas normalizadas. Subentende-se também que esse espaço tem um aspecto de autossuficiência de produção, distribuição e consumo. Tudo isso está implícito na argumentação de Aristóteles sobre Economia.

Mas a Economia como ciência humana só foi se desenvolver, como a Antropologia, no Iluminismo, praticamente quando se iniciam os primeiros passos da industrialização, quando, de fato, o *trabalho* salta fora do processo social (familiar, tribal ou feudal) e vira uma categoria à parte na forma de trabalhadores sem vínculos, uma classe em seu próprio direito. Em que pesem os precursores mercantilistas, que avaliavam a economia (riqueza) de um país pela capacidade de adquirir renda pelo comércio internacional, e, em seguida, os fisiocratas que analisaram a economia pela capacidade de produzir bens de raiz, pela agricultura e pelo tamanho populacional – foi com o escocês Adam Smith, em seu famosíssimo livro *A riqueza das nações* (1777), ao discutir a autonomia do conceito de trabalho como determinante do valor (de um bem e da renda em geral) e postular o mercado como o regulador da produção e da distribuição de bens (oferta e procura), que a Economia ganhou seu objeto de pesquisa, com método próprio para encarar esse objeto, com isso tornando-se uma ciência social autônoma. Desde então ela se transformou num campo fundamental para se entender os homens e as sociedades.

Para muitos cientistas e filósofos de várias estirpes, para as pessoas em geral que vivem em sociedades desigualitárias, a Economia é uma ciência de fundamentos sólidos que influencia e até determina o comportamento, a organização social, a política, a ideologia, e inclusive a autoimagem que os homens fazem de si. Considerando, outrossim, que a grande maioria da humanidade vive hoje em sociedades conectadas entre si pela troca desigual de bens, a Economia assume um papel descomunal nos estudos sociais e políticos. O fato de que grande parte de suas proposições, por exemplo, a taxa de juros ou a tendência de inflação, pode ser equacionada pela matemática, prevendo e influenciando o comportamento das pessoas como agentes econômicos, dá à Economia uma legitimidade científica incomum.

A pesquisa de ponta da Economia está, atualmente, no setor que busca criar modelos matemáticos que sejam capazes de descrever as possibilidades do comportamento social, prever reações individuais e coletivas, determinar índices de causa e efeito em medidas econômicas públicas, enfim, sistematizar e reduzir a cultura à sua operacionalidade utilitarista, talvez, em última análise, congelar a história ou, no mínimo, reduzir a história ao progresso econômico. Parece que os economistas se convenceram de que a questão da produção está equacionada em quase todas suas dimensões, que a distribuição está enquadrada por fórmulas sobre as forças do mercado, e que o consumo e a sua premissa essencial, que é o desejo de consumo, são o que importa. Como esses últimos fazem parte da cultura e do inconsciente, eles estão agora tentando quebrar seu respectivos segredos. E este poderia ser o arremate final do capitalismo em sua luta contra os sistemas econômicos anteriores, o desenvolvimento conclusivo de todo seu potencial. O filósofo brasileiro Luiz Sérgio Coelho de Sampaio, em seu livro de circulação restrita *Lógica e economia* (1988), desenvolve as bases de uma teoria crítica da Economia que engloba os pontos aqui mencionados.

RECIPROCIDADE E TEORIA DO VALOR

Repetindo um pouco o que foi dito no capítulo "O social", vimos que a teoria da reciprocidade, proposta por Mauss e desenvolvida por Lévi-Strauss, é a base estrutural para se entender a sociabilidade humana nos seus aspectos de reprodução social, produção econômica e comunicação. Trataremos aqui de explanar e desenvolver os argumentos sobre a produção econômica.

Uma breve analogia com o reino animal serve para dar partida ao tema. Todo animal busca sobreviver obtendo os nutrientes básicos de sua sustentação fisiológica diária. Sua intenção imediata é sobreviver a cada dia, mas seu desígnio último é passar seus genes adiante para gerações vindouras que deem continuidade à sua espécie. Há, portanto, um sentido coletivo no ato de sobreviver. Na diferenciação empírica das espécies, são inumeráveis os modos de se obter alimentos, desde os mais solitários até os mais coletivos. Vejamos dois exemplos interessantes, mas não polares.

O leão é uma espécie de predador que caça em grupos estratégicos de fêmeas, sendo as presas consumidas por todos, porém de um modo hierárquico (macho dominante primeiro). O leão quase sempre faz pouquíssimo para ajudar na caçada, mas fica com a porção melhor, por ser o primeiro a comer. As leoas, assim, dão ao macho seu sustento alimentar. Em troca, o que recebem? Os sobejos da comida, que são partilhados entre os filhotes, cada um focinhando por seu próprio esforço. É certo que a função complementar do leão macho, diríamos quase que seu ato de reciprocidade, é a proteção das fêmeas contra machos fora do grupo, que, tendo o caminho livre, lhes dominariam e lhes comeriam os filhotes (por serem de outro macho concorrente).

Um segundo exemplo é o do chimpanzé, o animal mais próximo geneticamente do homem. Majoritariamente vegetarianos, os chimpanzés vivem em bandos, cada qual explorando um território defendido como próprio. O bando alimenta-se coletivamente, em refeições realizadas em comum em certas horas do dia, mas cada indivíduo busca obter seu próprio alimento. As mães amamentam os filhotes até certa idade, depois do que cada qual que se vire por si. É certo que encontrado algum pitéu os machos dominantes correm para usufruir dele atropelando os demais, sejam fêmeas grávidas, velhas ou infantes. Talvez possa-se perceber nos agrados de um macho a uma fêmea em cio algum tipo de dádiva, de presente com valor alimentar, mas, em geral, é simplesmente o seu domínio físico e político que cativa a referida fêmea. Portanto, os chimpanzés não doam alimentos uns aos outros. Em outras palavras, comida não é meio de troca nessa espécie tão próxima de nós humanos. Tal afirmação é dita com o espírito científico, significando que pode ser contradita no momento em que dados novos demonstrarem algo diferente.

Esses dois exemplos aleatórios servem apenas de contraponto ao caso humano. Entre nós, a convivência coletiva se pauta por um equilíbrio de relacionamento entre homens, entre mulheres e entre homens e mulheres, incluindo a variável etária. Não há machos dominantes que exerçam sua força para transmitir seus genes; ao contrário, o tabu do incesto inviabiliza essa estratégia animal na luta pela sobrevivência. A sociabilidade humana requer o permanente hábito de confirmar por símbolos vários o gesto de dar, e seu recíproco, o de receber. Dar e receber, isto é, reciprocar, trocar, é a base estrutural da sociabilidade humana. No aspecto da obtenção de alimentos, não é cada um por si, mas o que ocorre é uma troca contínua de bens. Não é só o pai que dá ao filho, a mulher que dá ao marido, mas os contraparentes que trocam bens, os companheiros que compartilham. Até os adversários que momentaneamente se tornam amigos.

Portanto, do ponto de vista antropológico, trocar bens é o passo primeiro e essencial em tudo aquilo que se chama de Economia. Desse ponto de vista estrutural, por mais que transgrida a lógica de causa e efeito, trocar precede produzir. Essa proposição se confronta com a visão economicista, cuja compreensão do processo econômico começa pela produção, não só como base física, mas como passo que antecede a distribuição (troca) para se concluir com o consumo.

É evidente que a produção, entendida num sentido muito amplo, como colher uma fruta ou recolher a água da chuva, é o primeiro passo cronológico, a partir do qual se consome – a fruta e a água. Por outro lado, a produção é um objetivo, algo que está fora do sujeito; ela precisa de meios para ser realizada. Assim, os meios antecedem o objetivo, que é a produção. Por meios podemos conceber uma série de atividades que vão desde a inteligência estratégica e instrumentos até aquilo que chamamos propriamente de *trabalho*. Portanto, trabalho deve ser concebido como uma atividade-meio, algo que se faz para se obter um objetivo. Não é um algo em si, como o divertimento. Eis porque, verdadeiramente, o trabalho é sempre e necessariamente algo um tanto detestável. Destarte, por essa argumentação, a essencialidade da economia é o meio, e o meio equivale a trabalho e troca.

Esse é um tema teórico de grande relevância para demonstrar a importância que a Antropologia Econômica pode ter na reformulação da teoria econômica. Sua contribuição está na proposição de que *valor econômico* deve ser compreendido como uma síntese dialética tanto do conceito de trabalho (na visão de Adam Smith) quanto de troca. Essa proposição tem aspectos controvertidos, sobretudo com as teorias tradicionais da Economia. Este capítulo não pretende fazer uma demonstração dessa proposição, mas tão somente colocá-la como uma hipótese para desafiar a Economia e a Antropologia Econômica. Esperamos que no decorrer das exemplificações de estudos sobre outras economias, que não a capitalista, a proposição de que valor econômico é uma função do trabalho e da troca fique mais ou menos demonstrada.

Proposições teóricas da Antropologia Econômica

Valor de uso e valor de troca

Entendemos como bens econômicos tudo aquilo que serve para consumo, seja imediato, seja postergado. Quando o consumo é imediato e exclusivo, diz-se que o bem econômico tem *valor de uso*; quando postergado, diz-se que serve para obter outro bem de consumo, tem *valor de troca*. Essa conceituação tem sido usada para separar as economias simples das complexas. As simples produziriam bens econômicos exclusivamente com valor de uso, seja alimentar, ornamental, religioso, etc. Nessas economias, as pessoas trocariam bens, mas como valores de uso, portanto sem visar à obtenção de novos bens. As trocas se fechariam com valores de uso equivalentes. Já as economias complexas produziriam bens com valor de troca, exclusivamente para intermediar a obtenção de outros bens de valor de uso. A passagem de uma economia do primeiro tipo para a segunda teria consequências enormes na sua organização social e política, tais como a divisão social do trabalho e, como consequência, o surgimento da viabilização da desigualdade social, conforme veremos no capítulo "Antropologia Política".

Entretanto, ao dar um bem, este carrega um valor adicional ao valor propriamente de uso: é o valor conferido pelo próprio ato da doação. A doação leva o bem a carregar uma mensagem do dono para o recebedor, uma mensagem subliminar que diz: "eu estou lhe dando este bem porque quero que você me aprecie de algum modo e tenha uma relação comigo". Assim, mesmo nas economias mais simples, há um valor de troca básico em todos os bens produzidos que são dados ou distribuídos. O valor de troca básico é aquilo que exige uma retribuição do recebedor; portanto, o ato de doação almeja algo a mais do que receber um equivalente objeto com simples valor de uso. A retribuição, por sua vez, é o ato de "pagar" pelo equivalente objeto de valor de uso adicionado por um valor correspondente ao valor de troca. Com isso, a retribuição enseja uma nova contrarretribuição, e assim forma-se o ciclo de doações e contradoações, isto é, aquilo que Mauss chamou tão bem de ciclos de reciprocidade.

CICLOS DE RECIPROCIDADE

O conceito de reciprocidade deu outros frutos específicos para a Antropologia Econômica através da importante contribuição trazida pelo antropólogo americano Marshall Sahlins (1930-). Em seu livro *Stone age economics* (1972), Sahlins propôs que as economias podiam ser analisadas de acordo com o modo em que se dá a troca de bens econômicos. A partir do conceito de *ciclo de reciprocidade*, Sahlins buscou exemplos etnográficos mundo afora para demonstrar que há pelos menos três ciclos estruturais de troca pelos quais os bens circulam ou são distribuídos nas economias, e que esses ciclos representariam três sistemas básicos de troca ou distribuição. Por sua vez, os sistemas teriam uma certa hierarquia histórica de predominância, embora os ciclos de troca existam implicitamente em todos e quaisquer sistemas econômicos.

O primeiro ciclo de troca seria caracterizado por uma relação chamada de *troca generalizada*. Aqui, as pessoas dão bens umas às outras por uma compulsão social, sem esperar nenhum retorno imediato. Não há "pagamento", nem ao menos contabilização de bens dados e recebidos. O caçador que retorna ao seu bando com uma presa a reparte entre os membros por uma etiqueta cultural, sem contabilizar quem lhe deve algo ou se ele deve algo a alguém. A expectativa é de que algum dia ele haverá de receber algo equivalente de alguém que já recebeu dele. Todos os bens produzidos são de valor de uso e se equivalem em seus valores de troca. A troca generalizada é própria de sistemas econômicos simples, de caçadores, coletores, mas também de horticultores. Na verdade, ela predomina nas sociedades igualitárias. Entretanto, mesmo em sociedades capitalistas, a troca generalizada ainda funciona em círculos restritos de parentesco e amizade. Os pais trabalham e se sacrificam pelos filhos em tese por amor paternal, sem esperar recompensa ou retorno. Nos aniversários, os amigos dão presentes por amizade, sem esperar retorno quando é chegada a vez de comemorar seus próprios aniversários e convidar aqueles a quem deram presentes anteriormente. Tudo isso se dá em tese, porque, na verdade, tanto os pais esperam retorno dos filhos, seja de amor correspondido, seja do consolo na velhice, quanto esperam os amigos daqueles amigos a quem já deram presentes. Ai daquela amiga que não lhe dá um presente bom no seu aniversário, como você lho deu no dela! O que prevalece é, simplesmente, a ideia de que a retribuição do presente não precisa ser feita de imediato, por uma contabilização um a um, mas sim, a médio ou longo prazo, guardadas as proporções de diferenças econômicas ou etárias que entram pelo meio do processo de troca.

O segundo ciclo é chamado de *troca equilibrada* e corresponde a uma perfeita contabilização do bem dado com o bem recebido. Isto é o que deve prevalecer em tese no sistema capitalista, onde os valores dos bens são reconhecidos por todos por meio da moeda, e se equivalem nas trocas em mercado. Para quem vive e só pensa Economia pelo sistema capitalista, a troca equilibrada parece ser "natural" e universal. Na verdade, nem no sistema capitalista ela é hegemônica, a não ser como reificação, como fetiche das trocas econômicas. A troca equilibrada ocorre em toda sua integridade somente em instituições as mais impessoais possíveis, como o mercado. Concretamente, no supermercado ou no posto de gasolina, onde ao comprador não importa quem seja o dono, onde ele não contesta ou barganha os preços, e ao pagar pelas mercadorias conclui seu relacionamento com o estabelecimento. Não deve nem tem crédito. Porém, quem mora em bairro familiar e compra no botequim ou na farmácia local, sabe que cria um vínculo social com o vendedor ou dono do estabelecimento, de tal sorte que ele se sentiria cobrado se um dia fosse pego comprando no botequim rival ou na farmácia do bairro vizinho. Isso quer dizer que a troca equilibrada tem seus limites na medida em que a relação ganha algum tipo de relacionamento pessoal.

O terceiro tipo de ciclo de troca se chama *negativa* e, como sugere o termo, se dá quando uma das partes não corresponde; quando o bem doado não é retribuído à altura do seu valor. Este é o tipo de troca que mais bem corresponde ao sistema capitalista, sobretudo na interpretação marxista que diz que o capital só existe em função, primeiro, de uma acumulação por pilhagem de outrem (acumulação primitiva) e, segundo, que se perpetua exclusivamente pela exploração do trabalhador, isto é, pelo pagamento do trabalho abaixo do seu valor real. A troca negativa funciona também em economias simples que rivalizam entre si. O roubo, o saque, o embuste, a fraude são formas de troca negativa.

Se fizermos uma gradação no espectro social, diríamos que a troca generalizada, passando pela troca equilibrada até a troca negativa corresponderiam, proporcionalmente, ao relacionamento com parentes e amigos, com desconhecidos e instituições impessoais, e por fim com rivais.

FORMALISMO E SUBSTANTIVISMO

Antropólogos treinados no ofício e, antes deles, naturalistas, missionários, funcionários de governos coloniais e viajantes curiosos que visitavam povos indígenas mundo afora, se interessavam não só pelos costumes, rituais, religiões e sistemas de parentesco desses povos, mas também por suas economias. O que produziam, onde produziam, as técnicas, os instrumentos de produção, o modo de organizar a produção, a distribuição dos bens, a troca, enfim, os modos como os bens eram consumidos. A economia sempre foi um tema importante em qualquer etnografia e, em algumas delas, ganhou grande representatividade. Malinowski dedicou um substancial espaço em seu seminal livro *Argonautas do Pacífico Ocidental* (1923) às atividades de pescaria, com a fabricação de canoas, redes, cestos, bem como os encantamentos propiciatórios, e à plantação de inhame e batatas, a escolha do solo, a distribuição das roças, a estocagem da colheita, os rituais de consumo, etc., dos trobriandeses. Boas chegou a escrever dois livros sobre a economia dos tsimshians do oeste canadense, inclusive com muitas páginas só sobre receitas de tortas. E no já citado *Ensaio sobre a dádiva*, Mauss não só trata da troca como modo de distribuição, mas compila dezenas de exemplos de organizações econômicas.

Logo foi se formando uma série de questões de ordem prática e de ordem teórica que moldou o interesse de um número cada vez maior de antropólogos em torno da questão econômica em culturas igualitárias, bem como na passagem dessas culturas para culturas desigualitárias, em que eventualmente a questão econômica é considerada a principal força motriz, ou ao menos uma força imprescindível na consolidação da mudança social. A questão teórica central da Antropologia Econômica ficou definida entre duas proposições polares sobre o comportamento econômico do homem.

A primeira, cujo conjunto de argumentos ficou conhecido como *formalismo econômico*, propunha que o homem, em qualquer lugar do mundo, em qualquer cultura, é um ser eminentemente egoísta, que busca o melhor para si (e aqueles que definem como "seus", sua extensão, como parentes, amigos, companheiros e, no limite, membros de um mesmo grupo ou classe), em detrimento de quem quer que seja. Esse argumento psicologista é baseado na teoria utilitarista do filósofo inglês Jeremy Bentham, segundo a qual todo comportamento humano segue uma linha estratégica que procura aproveitar todos os meios possíveis, ao menor custo possível, isto é, minimizando esses meios, para maximizar os fins, isto é, obter o máximo possível. A relação entre meios e fins é o essencial do processo econômico, bem como a presença da lei da oferta e demanda como regulador da produção e do valor. Sob várias capas, esses princípios essenciais da Economia estariam presentes em todas as economias do mundo, até das culturas igualitárias.

A segunda proposição, que ficou conhecida como *substantivismo econômico*, disputa a validade do utilitarismo como fator primordial do comportamento econômico e tenta demonstrar que tal sentimento só vai surgir em economias desigualitárias e só vai prevalecer efetivamente no capitalismo. As economias igualitaristas seriam regidas por um comportamento econômico que está subordinado a mecanismos culturais cuja função é produzir, necessariamente, uma espécie de equilíbrio social, isto é, onde todos possam se sentir contemplados pelo direito de acesso igualitário aos recursos de produção e aos bens de consumo. Nenhuma pessoa pode "passar a perna" em outra, levar vantagem, pelo menos não o tempo todo, senão haveria desequilíbrio e, por consequência, conflito social. Acima do interesse pessoal ou de grupo está o interesse da coletividade. A sobrevivência do indivíduo depende da sobrevivência da coletividade. De modo que o comportamento econômico, para os substantivistas, está condicionado ao comportamento cultural mais amplo, incluindo a busca da sobrevivência coletiva e a harmonia da convivência. Que conflito social existe em sociedades igualitárias, isso existe, mas ele tem que ser dirimido com rapidez para que a sociedade possa continuar a funcionar.

Os defensores dessas duas posições foram capazes de produzir grandes descrições sobre as economias dos povos que estudaram. Com isso formou-se um valioso acervo de etnografias econômicas a partir da década de 1920 até praticamente a década de 1980, quando esses estudos diminuíram de interesse. Em suas críticas mútuas, os substantivistas alegavam que seus adversários reduziam o comportamento humano a um comportamento utilitarista porque, no fundo, defendiam o sistema capitalista como sendo a realização econômica máxima do homem, a qual supostamente sempre existira em princípio. De fato, o antropólogo americano Sol Tax ganhou fama pelo estudo que fez do sistema econômico de um povo indígena da Guatemala, cujo livro carrega o sugestivo título de *Penny capitalism* (1937), traduzindo, "capitalismo de tostão". Por mais miúda que fosse a economia campesina desses guatemaltecos, não deixava de ser uma representação de um incipiente e virtual capitalismo, pois lá estavam presentes o cálculo utilitarista e o mercado como regulador de preço. Enquanto isso, os formalistas aduziam que os substantivistas se preocupavam demais com detalhes culturais e, consequentemente, esqueciam de sua missão científica, que seria de estabelecer os princípios generalizantes do comportamento humano, a partir dos quais a empiria iria fazer sentido. Ademais, o que se poderia ter contra o capitalismo, se este estava favorecendo a civilização e o conhecimento?

ECONOMICISMO MARXISTA

Apesar da presença intelectual marcante dos novos evolucionistas, tais como o arqueólogo V. Gordon Childe, que escreveu dois livros muito conceituados, *Man makes history* (1936) e *Ancient history* (1934), e o antropólogo americano Leslie White, que escreveu *The Science of Culture: a study of man and civilization* (1949), com forte influência de argumentos marxistas, sobretudo em relação à importância causal que davam ao sistema econômico no desenvolvimento das sociedades e na mudança cultural, a Antropologia, tal como ensinada e publicada nos Estados Unidos e na Europa, ficou guarnecida de um diálogo com a dialética marxista até praticamente a década de 1960. A principal justificativa era de que, em se tratando de povos não capitalistas, a teoria econômica do valor e da luta de classes de Marx tinha pouco a dizer, se não só a confundir. Havia, evidentemente, motivos ideológicos e políticos maiores que estavam subsumidos no deslize intelectual da delação, algo que também atingiu outras ciências humanas até o ressurgimento do marxismo na Europa durante a Guerra Fria.

Por outro lado, a União Soviética, que até a Segunda Grande Guerra, pautara sua Antropologia em moldes estritamente seguidores do evolucionismo traçado no livro *A origem da família, da propriedade privada e do Estado*, o qual fora execrado pela nova Antropologia de cunho culturalista e relativista, passou a produzir estudos e etnografias mais detalhados e nuançados do rigor intelectual desse texto de Marx e Engels. Com isso, a partir de meados da década de 1950, intelectuais marxistas passaram a se interessar pelas economias não capitalistas, e antropólogos economicistas se voltaram para argumentos marxistas, ou ao menos para o uso de uma visão dialética do processo de mudança social no qual não se podia prescindir do fator econômico.

O primeiro grande resultado desse encontro foi a publicação do livro *Oriental despotism* (1957), do antropólogo alemão Kurt Vogel. O título deriva de um conceito político discutido em relação a um certo modo de produção proposto por Marx em alguns de seus escritos. Trata de como as antigas sociedades imperiais, tais como a Pérsia, a Mesopotâmia, o Egito, a China, bem como, por extensão, os impérios (não orientais) do planalto mexicano e alto peruano, dependiam de um fator político-econômico fundamental, que era o controle do abastecimento de água para a agricultura irrigada. Esse controle era exercido por uma elite política, calcada num complexo religioso de deuses sequiosos de bens materiais e de obediência, sobre uma imensa massa de camponeses, em que a propriedade da terra podia ser privada ou familiar, mas estava sempre à mercê dos interesses maiores do Estado, intermediados por uma classe de burocratas e funcionários que contabilizavam a produção, bem como uma bem azeitada máquina de repressão e de guerra.

O efeito desse livro foi muito extenso porque suscitou, nos marxistas, a preocupação com a definição do conceito de modo de produção e da relação entre forças produtivas (*grosso modo*, economia) e relações de produção (mais grosseiramente ainda, sociedade) na formação do nível econômico, social e ideológico das sociedades. Por sua vez, para os antropólogos, o desafio era de debater uma vez mais a tal evolução cultural e o papel da economia nesse processo. Para ambos, aqui se juntavam fatores econômicos com tipos de sociedade de uma forma que pareceu a muitos intelectuais como estimulante para aplicação em outros estudos.

Outro livro importante que surgiu nessa mesma época e que teve influência tanto sobre os antropólogos marxistas quanto os substantivistas econômicos foi *A grande transformação* (1957), do historiador austríaco Karl Polanyi. Aqui a demonstração do valor do conceito de modo de produção explicava a similitude entre os antigos impérios euro-asiáticos, os do planalto mexicano e inca, bem como os reinados da costa ocidental africana, não tanto pelas técnicas de produção, mas pelas relações de produção, isto é, pelo fato de que uma mais-valia é extraída da maioria do povo para o benefício de uma elite que se faz legítima por meios não econômicos.

Na França iriam surgir os primeiros antropólogos a estudar economias igualitárias sob o viés da teoria marxista. Maurice Godelier, que estudou um povo da Nova Guiné, sob a orientação de Lévi-Strauss, publicou o livro de cunho marxista antropológico de maior influência entre as décadas de 1960 e 1970, *Horizontes, trajetos marxistas em antropologia* (1967). Logo surgiram os estudos de Claude Meillassoux sobre um povo africano, *Mulheres, celeiros e capitais* (1972), e a tese de Emmanuel Terray, *O marxismo diante das sociedades primitivas* (1979), que versa sobre uma releitura marxista da obra de Lewis Henry Morgan. Surgia, assim, algo como uma Antropologia Marxista que se posicionava ao lado do Estruturalismo predominante na época, medindo forças teóricas com a

Ecologia Cultural (a qual discutiremos abaixo) e com as demais escolas antropológicas, mas, sobretudo, abrindo o marxismo para entender a diversidade cultural dos povos igualitários.

Do ponto de vista da Antropologia Econômica, a presença de argumentos marxistas foi importante para botar mais lenha na fogueira da controvérsia entre formalistas e substantivistas, posicionando-se mais ao lado dos argumentos substantivistas. O principal argumento marxista sobre o homem, algo que poderíamos chamar de um pensamento antropológico marxista, é de que o homem é o que é não por uma essência imutável, mas por sua existência; ele é o que faz, *homo faber*, e o faz porque há contradições nele que o impelem a fazer, e isso frequentemente o leva a mudar. Isso é história. Um dia o homem vai se encontrar consigo mesmo e sua verdadeira "essência" haverá de ressurgir luminosa. Não será certamente a de um egoísta, o *homo economicus*, dos ideólogos do capitalismo, mas de um ser solidário que produzirá uma sociedade na qual todos terão direito aos recursos e bens produzidos, de acordo com as necessidades de cada um. De qualquer forma, para o marxismo, o homem não é, em sua essência, nem nunca foi, em sua existência, de bom grado, capitalista.

ECONOMIA E ECOLOGIA

"Ecologia" tem a mesma raiz da palavra "economia", o que mostra que a palavra grega *oikos* [= eco] tem um significado que, diríamos hoje, se aproxima de algo como "espaço compartilhado", ou até, ironicamente, "espaço dominado". É que, como sabemos, ecologia é o estudo das relações entre os seres vivos e seu ambiente, de onde retiram seus meios de sobrevivência (sua energia) num processo de *feedback* negativo, dando e recebendo em iguais proporções. A ecologia se decompõe espacialmente em "nichos ecológicos", cada qual com seu sistema de *feedback* negativo, porém aberto e conectado uns com os demais.

Na Antropologia, a ligação entre economia e ecologia se dá tanto num plano de análise, quanto no plano teórico. Os limites da produção econômica, pelo menos em sociedades de economia simples, se dão pelos limites dos recursos ecológicos existentes. Assim, pode-se entender porque os Esquimós nunca produziram uma horticultura, ou porque, pela abundância de pescado (especialmente salmão) e frutas silvestres, os povos da costa oeste canadense também não se sentiram compelidos a plantar. Por outro lado, a principal interpretação do surgimento prístino da agricultura é de que ocorreu em regiões onde uma prévia situação de abundância alimentar foi drasticamente modificada pela mudança climática e ecológica, forçando os habitantes dessas regiões a se condicionarem a perder algum tempo com o plantio, a espera pela maturação, a colheita, a estocagem, etc. Tal teria acontecido nas regiões dos vales dos rios Tigre e Eufrates, no rio Amarelo, no planalto mexicano e na costa peruana.

A correspondência necessária entre nível econômico de uma sociedade e recursos ecológicos tem sido uma atração teórica muito forte, primeiro na geografia, desde Condorcet, no século iluminista, quando propôs que as culturas e as raças se diferenciam e evoluem de acordo com o meio ambiente em que vivem; depois, com os deterministas geográficos do final do século XIX, como Ratzel, que, considerando os povos e as raças como organismos, teriam que se submeter às leis da evolução, especialmente ao processo de adaptação ecológica.

Na Antropologia formulada desde o início do século XX, o determinismo geográfico foi rejeitado em relação a uma suposta causalidade entre aspectos geográficos (como existência de rios e montanha, mais frio ou menos calor) e os níveis evolutivos de cultura, mas não deixou de estar presente, de um modo não determinista, mas limitativo, na formulação dos antropólogos quando analisavam as diferenças entre culturas como sendo resultado parcial de adaptações específicas ao meio ambiente circundante. Posteriormente, já na década de 1960, penetrou na Antropologia com muita força, mas já na forma do conceito de *ecologia*, tal como formulado pelos proponentes da Ecologia, como ciência biológica por seus próprios méritos. Conhecida como Ecologia Cultural, esta é uma corrente teórica que atribui ao processo de adaptação ecológica de uma cultura a maior influência no seu formato geral e na sua estruturação interna. Subentende essa corrente que a função fundamental de sobrevivência da cultura a leva a buscar maximizar as potencialidades que há em seu meio ambiente envolvente, e essa maximização se dá pela criação de instituições e hábitos culturais. O principal proponente dessa corrente foi o antropólogo americano Marvin Harris (1928-2001), que, em diversos livros científicos e de apelo popular, tenta demonstrar como costumes aparentemente bizarros, como rituais de consumo desbragado ou de destruição de bens econômicos, conhecidos na literatura antropológica como *potlatch*, as proibições ou tabus de alimentação, correspondem ou são determinados pelas escolhas adaptativas feitas pelas culturas. Assim, argumenta Harris, árabes e judeus se proibiram de comer carne de porco porque esses animais eram deletérios para as regiões agrestes, de água escassa, em que viviam; que os hindus se proibiram a carne de vaca porque elas contribuem com o esterco para as plantações e com combustível (na escassez relativa de lenha) para cozinhar. Melhor seria adorar, isto é, supervalorizar a vaquinha pelo seu leite e sua bosta do que por sua carne. E muitos exemplos a mais. A ideia é de que a ecologia é um sistema que impõe restrições à cultura, e esta tem que se adaptar porque a cultura é, sobretudo, um organismo vivo e, portanto, tem que passar pelo crivo do mesmo processo que passam os outros organismos, isto é, pelo processo de adaptação.

Para os ecologistas culturais, a economia é simplesmente uma função adaptativa, e a cultura deve ser interpretada como a elaboração de hábitos e instituições dirigidas a essa função. O sucesso dos ecologistas culturais foi bastante grande nas décadas de 1970 e 1980, quando a consciência científica e popular sobre os efeitos deletérios da industrialização desenfreada sobre o meio ambiente global começou a tomar cobro sobre o bem-estar da humanidade e a exigir um posicionamento das pessoas. Muitos trabalhos foram realizados em sociedades igualitárias para demonstrar como suas culturas eram o que eram por estarem adaptadas ao meio ambiente circundante: os recursos naturais e, especialmente, o modo como esses recursos eram explorados aquém de sua capacidade de sustentabilidade.

O limite de valor etnográfico desses estudos foi, aos poucos, sendo evidenciado, sobretudo depois que a corrente conhecida como sociobiologia passou a usar dos mesmos argumentos de adaptação, só que para definir padrões de comportamento. Assim, tentou-se demonstrar que as sociedades que permitiam a poliginia para guerreiros e líderes o faziam para maximizar a transmissão de genes dominantes, dos machos dominantes que seriam. Ficou notório nos meios acadêmicos, ultimamente, o quanto arriscado e antiético foram as pesquisas realizadas sob o controle do antropólogo Napoleon Chagnon com os índios Yanomami da Venezuela (e do Brasil), pesquisas que pretendiam provar que os Yanomami guerreiam entre si com o fito consciente e inconsciente de controlar as melhores terras agriculturáveis e o maior número de mulheres para reproduzir. Nessas pesquisas, o antropólogo teria até incentivado, pela doação de armas de fogo, os Yanomami a entrar em escaramuças uns com os outros; seu companheiro biólogo de pesquisa teria até testado certos tipos de vacina nesse povo indígena para ver como seria sua reação fisiológica.

É claro que não se pode culpar a Ecologia Cultural pela existência de tais pesquisas e atitudes (se é que esse caso citado se deu tal como foi veiculado em 2000, a partir dos Estados Unidos, com repercussão no mundo inteiro), tampouco que ela estimula tais possibilidades. O que a Ecologia Cultural faz, não importa o quanto se queira relativizar, é construir uma visão do homem e da cultura na qual eles não passam de organismos, portanto acessíveis unicamente ao conhecimento pelo método científico do tipo biológico. Os estudos descritivos de Ecologia Cultural produziram uma gama enorme de hipóteses sobre o comportamento humano, mais ou menos nos termos do determinismo ecológico, mas trouxeram também muitas descrições de costumes e atributos culturais, muitos dos quais eram frequentemente ignorados e relegados ao olvido. Entre esses atributos, podemos citar o conhecimento detalhado da natureza e da relação entre animais, plantas e meio ambiente, os modos próprios dos povos igualitários de classificação da espécies da natureza, incluindo noções com valores científicos sobre espécies, gêneros e famílias, índices de nutrição, mortalidade infantil e morbidade geral, crescimento infantil e relação com nutrição, depleção de animais e plantas por caça, pesca, coleta e métodos deletérios de fazer roça, e assim por diante. Esse legado da Ecologia Cultural é possível de ser incorporado aos estudos da Antropologia Econômica.

DOIS EXEMPLOS DE ECONOMIAS NÃO CAPITALISTAS

O registro etnográfico mundial de economias não capitalistas é bastante extenso e bem qualificado. Abrange desde as sociedades indígenas das Américas, dos Esquimós aos impérios asteca e inca, a povos caçadores e coletores da África, Ásia e Oceania, passando pelas economias de horticultura, agricultura, pastoreio, de pesca e mariscagem, até, enfim, a reconstrução dos passados feudal, campesino e tribal das economias atualmente capitalistas mundo afora. Há também estudos de segmentos econômicos que sobreviveram nas margens ou em bolsões do sistema capitalista, tais como os antigos quilombos do Brasil, as comunidades *quakers* dos Estados Unidos, ou ainda as subeconomias protegidas por subvenções estatais, tais como as pequenas granjas de queijos especializados da França, os leiteiros da Suíça ou os *farmers* do meio-oeste americano. Todos esses assuntos são tratados pela Antropologia Econômica precisamente porque a questão cultural aí presente incide com mais veemência do que o fator econômico propriamente dito. Eis aí talvez a principal especificidade da Antropologia Econômica no bojo dos estudos econômicos em geral.

Aqui daremos apenas dois exemplos de economias não capitalistas para servir de ilustração ao escopo da Antropologia Econômica. Esses exemplos vêm sendo tratados pelo presente autor em algumas publicações específicas, uma das quais são três capítulos exclusivos à economia no livro *O índio na história* (2002).

Guajá

O primeiro exemplo é o dos Guajá, um povo indígena que vive no Maranhão, nas franjas orientais da floresta amazônica, nos vales dos rios Gurupi, Turiaçu e Pindaré. Somam, atualmente, cerca de trezentos indivíduos vivendo em sete ou oito grupos autônomos, em três terras indígenas demarcadas pela Fundação Nacional do Índio (Funai). Há ainda alguns grupos Guajá que permanecem arredios ao contato com a Funai ou com quaisquer outros segmentos da sociedade brasileira. Os Guajá falam uma língua da família tupi-guarani, a mesma que era falada pelos antigos Tupinambá da costa brasileira. Muito provavelmente eram horticultores, pois sua língua retém palavras cognatas de plantas cultivadas como milho, amendoim, algodão, batatas, cará, inhame, abacaxi, etc. Entretanto, desde meados do século XIX, quando passaram a migrar do baixo Tocantins para leste, em direção ao Maranhão, deixaram de praticar horticultura e passaram a viver uma vida de caçadores e coletores exclusivamente. Perderam a memória de que um dia foram horticultores. Os atuais grupos Guajá, que são assistidos por postos indígenas da Funai, começam a se sedentarizar, vivendo em aldeias perto desses postos, incentivados a plantar cultígenos regionais, como mandioca, para fazer farinha, feijões, arroz, milho, abóboras e vários tipos de fruteiras. Tal passagem de uma vida de caçadores/coletores ainda não se completou pois a força cultural ainda é viva e os leva a fazer excursões periódicas mata a dentro.

Apresentaremos em breves palavras o modelo sintético e o alcance do modo de produção de caça e coleta, para depois analisarmos o que há de específico na economia do povo Guajá.

Na África, os Bosquímanos do deserto do Kalahari e os Pigmeus da Floresta do Congo, na Austrália, os diversificados grupos de aborígines, e no Ártico e Leste da Sibéria, os Esquimós, são os exemplos mais conhecidos de povos que chegaram aos tempos atuais como praticantes do modo de produção de caça, coleta e pesca. Esse modo de produção é, até por uma ordem lógica, o primeiro usado pelo *Homo sapiens* já em sua completa integridade, cujos registros arqueológicos existem espalhados por todos os continentes. Em certa literatura evolucionista é conhecido como "economia da pedra polida", quando já são fabricadas armas sofisticadas como o bumerangue, o arco e a flecha, com pontas de osso ou de pedra burilada, machados de pedra, habitações de todos os tipos, além de uma sofisticada capacidade artística, tal como pode ser vista em pinturas em cavernas e lajedos de pedra, e fabricação de objetos em argila e madeira. Socialmente, caracteriza-se, em geral, pela composição de grupos pequenos, entre duas ou três famílias até um máximo de 80 ou 100 pessoas, que se conhecem entre si num determinado território, que, pelo uso e conhecimento que dele se tem, torna-se tradicional e reconhecido pelos demais grupos e outros povos. Suas religiões se baseiam na crença em entidades representativas de forças e seres da natureza e se desdobram numa ligação com teorias de doenças e sistemas de cura.

Quando se fala em caçadores e coletores, há que se compreender que essas duas atividades são essenciais e complementares. A caça resulta na obtenção de proteínas, a coleta, em geral, em carboidratos e vitaminas. As estratégias dessas duas atividades também têm que ser complementares e um equilíbrio sustentado é imprescindível para a continuidade de um grupo em determinado território. Em lugares desérticos, a presença de fontes de água serve de referencial para demarcar território controlado por grupos.

Os Guajá são caçadores/coletores que vivem na floresta tropical. A água não é problema, mas o pequeno adensamento e a dispersão típica de espécies vegetais e animais exigem o reconhecimento de uma certa territorialidade. Assim, cada grupo tem um território próprio, que chamam de *hakwá*, com limites que se entrecruzam com outros territórios. Para ser eficaz, cada território tem que ter bosques da palmeira babaçu, que serve como insumo básico de carboidratos, e em torno dos quais adensam-se animais de rebanho, como porcos queixadas e caititus, e outras espécies. Os macacos, especialmente os vagarosos e vegetarianos guaribas, constituem a principal presa de caça. Os grupos Guajá são formados por duas ou mais famílias – de seis pessoas até um máximo de trinta ou quarenta – que precisam estar em contato uns com os outros para que haja troca de jovens para o casamento.

Podemos caracterizar como o modo de produção de caça e coleta específica aos Guajá da seguinte maneira:

1. Grupos de produção e consumo são o mesmo na maior parte do tempo. Ocasionalmente, são formados grupos maiores em que se solidarizam socialmente para fins religiosos e sociais (obtenção de parceiros matrimoniais).

2. A troca interna é do tipo generalizada.

3. As relações de produção são baseadas no parentesco.

4. Os fatores de produção incluem território, instrumentos e técnicas de caça e coleta, o que, necessariamente, exige um conhecimento refinado do meio ambiente, o qual é partilhado entre todos por uma pedagogia de compartilhamento de conhecimento e uma sociabilidade intensa.

5. A divisão social do trabalho é mínima, obedecendo a diferenças entre homens e mulheres, adultos e jovens. Até a capacidade de cura se distribui igualmente por todos os homens.

6. Às mulheres cabe o maior esforço de cuidar dos filhos, acompanhar os maridos nas caçadas e coletas e ajudá-los nesses misteres. Entretanto, se necessário, a mulher saberá se virar na mata, inclusive caçando.

7. A caça é a atividade mais valorizada, que dá suporte ao poder masculino, permitindo a poliginia.

8. A liderança se apresenta por características psicológicas individuais que exigem capacidade de dissuasão de conflitos, generosidade e dedicação. O poder é exercido por líderes, sancionados por consenso grupal.

9. Diferenças de personalidades e capacidades individuais não resultam em privilégios. O bom caçador não é superior socialmente ao bom coletor ou pescador, ou ao bom cantador. Prevalece uma ideologia de igualitarismo social como regulador das relações sociais.

10. As rivalidades surgem em função da competição por mulheres, mais escassas demograficamente do que rapazes, ou intergrupal por recursos escassos.

Tenetehara-Guajajara

Este também é um povo de fala tupi-guarani que vive no Maranhão e hoje soma mais de quinze mil pessoas vivendo em oito terras indígenas demarcadas. Sua cultura se apresenta em toda sua complexidade de horticultores tradicionais dos trópicos sul-americanos. A caça continua a ser importante na dieta e no prestígio social, mas a coleta se torna subsidiária, restringindo-se a frutas, não mais direcionada à obtenção de carboidratos, que, naturalmente, são dados pelos produtos da roça: mandioca, milho, batatas, carás, inhames, abóboras, feijões, amendoim, algodão, abacaxi e tabaco, sendo este último um produto usado tanto para lazer como para atividades religiosas de cura e pajelança. A *cannabis sativa*, trazida da África por escravos em fins do século xviii, faz parte da cultura tenetehara da atualidade, inclusive como valioso e perigoso objeto de troca (venda a compradores brasileiros).

A horticultura é realizada em forma de roças feitas em clareiras abertas na floresta através do método de derrubada e queima, com encoivaramento de restos de troncos e galhos mal queimados para posterior queima. Antigamente, essas clareiras eram abertas a machado de pedra, o que demorava bastante tempo e requeria a presença de grupos maiores de trabalho que iam além dos grupos familiares. Desde a chegada dos portugueses, o machado de aço tornou o trabalho mais rápido e diminuiu a necessidade de grupos comunais de trabalho. As aldeias, por conseguinte, puderam ser menores do que a média dos tempos coloniais, que era de duzentas a trezentas pessoas.

O trabalho de derrubada e a caça são de exclusividade masculina, mas o plantio e a colheita são tarefas compartilhadas com as mulheres, assim como a pesca coletiva que ocorre em tempos de vazante dos rios. A coleta é atividade subsidiária, mas rende frutas, ervas e animais como o jaboti. A cozinha diária é tarefa feminina, mas os homens fazem as grandes moqueadas de animais e peixes. O cuidado dos filhos é das mulheres, mas os homens têm responsabilidade complementar em muitas atividades, especialmente depois que os meninos começam a seguir os pais em caçadas e no serviço das roças.

O trabalho de roças é feito por grupos de famílias extensas, com arranjos interfamiliares de troca de serviço, ou adjutório, como é chamado regionalmente. "Trabalhe hoje comigo em minha roça que amanhã eu o ajudo na sua." O produto da colheita é familiar, sendo também sua responsabilidade na estocagem de sementes para plantio vindouro. Na eventualidade de uma roça de alguém não ter produzido, a família é socorrida por parentes, na expectativa de eventual retribuição futura. Assim, a troca se dá, no seio de uma aldeia, pelo modo generalizado. Entre aldeias diversas, a troca tende a ser equilibrada, com o reconhecimento mais explícito de uma certa contabilidade de valores.

Existe uma grande quantidade de instrumentos de trabalho, desde armadilhas para animais e peixes, arco e flecha (depois armas de fogo), cestaria para carregar e estocar alimentos, cerâmica para cozinha e coletor de água, cuias para estocagem e utensílio de comida, além de técnicas próprias para todas essas atividades econômicas.

Tudo isso constitui as características de um modelo econômico tradicional, do qual outros povos indígenas brasileiros partilham. Acontece que os Tenetehara-Guajajara estão em relacionamento próximo e permanente com a sociedade regional maranhense desde os tempos dos franceses no Maranhão (1612-1615). Já foram escravizados, servilizados, missionizados, tratados como clientes no sistema patronal, tratados como tutelados pelo órgão indigenista e, enfim, inseridos na economia regional envolvente como fornecedores de mão de obra em certas atividades (vaqueiro, peão de roça, trabalhador braçal), como produtores de bens (farinha, algodão, madeira) para as pequenas vilas ao redor ou como coletores de produtos da floresta em demanda no mercado nacional e internacional. Assim, a economia tenetehara-guajajara produziu em si o que chamamos de "economia de troca" para dar conta desse relacionamento e ao mesmo tempo não perder as características econômicas tradicionais que lhe dão suporte cultural. Eis que, numa análise histórico-estrutural da economia tenetehara, as seguintes novas características (economia de troca) foram desenvolvidas:

1. Formação de um espírito de *entrepreneur* (empresário) entre lideranças de grupos de produção familiares para arregimentar o trabalho difuso de produtores de bens para a economia de troca.

2. Conhecimento progressivo das leis de oferta e procura e de preços, portanto do papel do dinheiro na economia de troca.

3. Trabalho individual masculino, cuja finalidade é a obtenção de dinheiro para comprar produtos manufaturados.

4. Diferenciação entre famílias e entre indivíduos em função da aquisição de dinheiro ou de bens de troca (gado, birosca ou armazém vendendo produtos manufaturados na aldeia) que produziram desigualdade social temporária.

5. Surgimento de jovens letrados em oposição aos iletrados, com ambição política dos primeiros, que é reforçada pela atenção dada pela Funai na obtenção de empregos, portanto de renda fixa salarial.

6. Combalida pelo surgimento do dinheiro, que cria meios de desigualdade social, reage à ideologia do igualitarismo social com ímpetos que levam o grosso da população a boicotar os "novos-ricos" através do calote no pagamento de dívidas (nas biroscas) ou em façanhas de matar o gado nos pastos fingindo que foram mortos por picadas de cobra ou outras doenças.

Resulta de tudo isso que a economia tenetehara funciona com características duplas. Internamente, como uma economia tribal, isto é, com um modo de produção horticultor baseado numa ideologia igualitarista, mas com um anexo ou apenso dirigido para fora, uma economia de troca que se assemelha à economia camponesa, nos moldes de pequenos produtores rurais independentes. Os produtores Tenetehara não têm um patrão dono de terras, não são agregados, nem submissos, mas estão inseridos numa economia de troca desigualitária da qual dependem e contra a qual lutam para equilibrar seu balanço econômico e, consequentemente, seu cacife político. O certo é que a economia tenetehara vem ganhando sustentabilidade política desde o século XIX, quando seus produtos valiam, na troca com comerciantes brasileiros, menos do que um décimo do valor de troca por produtos manufaturados brasileiros. Passado um século, esse valor subiu para cerca de 80% a 90%, indicando um aprendizado significativo das leis do mercado e uma asserção de ordem política que indubitavelmente lastreia o valor de troca de seus produtos. Enfim, o exemplo da economia tenetehara ilustra o relacionamento intrínseco entre economia, política e cultura, em que a economia é um fator de peso, mas não uma variável independente. Representa, outrossim, uma possibilidade de entrosamento entre economias igualitaristas e economias capitalistas, sem que as primeiras se curvem ao ponto de deixarem de existir, com isso oferecendo ao mundo uma alternativa à hegemonia avassaladora do capitalismo.

Enfim, a Antropologia Econômica tem algo a dizer sobre a Economia e sobre as economias variadas que há pelo mundo. No Brasil, pode muito bem dizer sobre as centenas de economias indígenas que buscam um lugar ao sol sem descaracterizar suas sociedades; pode também contribuir para se entender como o valor econômico é determinado pela troca e como essa troca tem uma função de equilíbrio social para a busca de igualdade social.

Antropologia Política

Política e poder

A política diz respeito ao poder e sua distribuição desigual entre os homens. O que é o poder, quem tem poder, onde está o poder e para que serve o poder são questões básicas que muitas especialidades das ciências humanas, jurídicas e da filosofia buscam responder, ora pondo ênfase nos aspectos institucionais, ora nos econômicos, ora nos psicológicos, ora nos morais. A Antropologia tem sua contribuição a dar por três vertentes: a primeira é descrevendo e analisando como o poder se opera em sociedades em que a desigualdade social é mínima ou sem grande importância. Nesse ponto, a Antropologia contribui também para definir o que é poder e como ele se exerce minimamente. O segundo é como esse poder muda em suas representações e institucionalidade de acordo com as mudanças sociais que se operam em sociedades. O poder em sociedades igualitárias se exerce de um modo, em sociedades desigualitárias, de outro modo bastante diferente. Uma terceira contribuição, mas esta também está presente na Filosofia Política, especialmente depois do aporte teórico trazido pelo filósofo Michel Foucault, diz respeito ao reconhecimento do poder como uma dimensão que atravessa todas as relações humanas, bem como suas instituições. Para usar uma dessas frases que alimentam a visão cínica do mundo, "tudo é poder", exceto, naturalmente, o que é amor.

Por sua vez, há que se fazer desde já uma distinção entre o diferente e o mesmo, e entre o diferente e o desigual. Na vida empírica, tudo é diferente, nada é igual, desde uma célula em comparação com outra, até entre indivíduos de uma mesma espécie, entre homens e mulheres, entre homens entre si, entre familiares e entre sociedades. O homem vive num mundo de diferentes coisas, percebe as diferenças mas, ao mesmo tempo, é compelido a aceitar algumas e subsumir outras numa conceituação superior. Vê um cavalo branco, que é diferente de um cavalo castanho, os distingue, mas, ao comparar com vacas pardas e rajadas, termina apreendendo que é necessário entender as semelhanças entre os cavalos empiricamente diferentes e abstrair as suas diferenças para daí poder produzir o conceito de "cavalo", diferente de "vaca". Platão nos ensinou esse processo mental há 2.400 anos e chamou-o de "ideia" e a sua lógica de "dialética". Assim, nós, de cara, percebemos o mundo através da realidade empírica, eternamente diferente e mutável (como dizia Heráclito, outro filósofo grego que antecedeu a Platão), mas, logo depois, por comparação, vemos as suas similitudes e as classificamos em categorias de coisas semelhantes, e assim vemos os diferentes como o mesmo.

Esse processo se dá, *mutatis mutandis*, na relação entre o que é diferente e o que é desigual. As sociedades percebem as diferenças entre os homens (e mulheres) através de suas visíveis características pessoais, entre posições sociais através de suas diferentes funções, ou entre estágios de vida, mas só as classificam como desiguais por um processo de abstração em que determinadas características das diferenças são realçadas positiva ou negativamente. Assim, a desigualdade é sempre um processo a mais no reconhecimento das diferenças. Essa distinção é muito importante para entender como o poder age em sociedades igualitárias e entre as desiguais.

O PODER EM SOCIEDADES IGUALITÁRIAS

Durante muito tempo a temática política na Antropologia e em outras ciências humanas estava relacionada à instituição chamada *Estado*. As sociedades eram divididas politicamente de acordo com a presença ou ausência do estado e do tipo existente. As sociedades igualitárias, chamadas primitivas, eram simplesmente "sociedades sem Estado". Em consequência, portanto, sem poder ou quase, pois sempre havia evidências de mando, de obediência e de representações formais de poder que delatavam a existência de poder. Mas onde estaria esse mínimo de poder, se não havia Estado? Em que instituição, em que *locus* político? Por outra, havia a pergunta: o que fazia as sociedades sem poder se agregarem, que tipo de amálgama unia seus segmentos constitutivos? A resposta mais frequente é que a forma de poder em tais sociedades estava relacionada com o parentesco. É essa instituição que agrega famílias, clãs, classes etárias, aldeias e povos inteiros, dando-lhes suporte para a sociedade funcionar e sobreviver em sua competição com as demais. Assim, o estudo do parentesco era, como ainda o é, visto como essencial para se entender como o poder se opera em sociedades sem Estado.

Verificava-se, outrossim, que, mesmo nas sociedades mais simples, havia pessoas que se sobressaíam e demonstravam algum tipo de mando, senão de comando, sobre outras. Havia os guerreiros e havia, em menor número, os grandes guerreiros. Estes tomavam a frente das batalhas ou das decisões sobre a guerra. Os demais seguiam, baseados numa estratégia previamente acordada, mas sem muita disciplina, meio "anarquicamente". Havia ainda o religioso, o xamã ou pajé, que conclamava os espíritos da natureza e comovia os espíritos dos homens, levando-os a adoecer ou a se curar. Portanto, algum tipo de poder estava entre essas pessoas.

Na imaginação vulgar, as sociedades sem Estado são dominadas por umas espécies de chefetes e chefões. Gente com comando inquestionável sobre outras, exercendo um poder um tanto egoico. No Brasil, uma das palavras mais usadas para caracterizar essas pessoas tem sido "*cacique*", termo das línguas Aruak que designava os chefes dos povos que viviam nas grandes ilhas do Caribe, no tempo da descoberta da América, e que os espanhóis generalizaram para outras formas de chefia que foram encontrando no período das conquistas. É provável que os caciques caribenhos não tivessem um poder tão propalado, mas os chefes das tribos que viviam em regime de dependência ou conflito com o império asteca, no México e na América Central, tinham poderes mais abrangentes, em virtude da hierarquização social dessas sociedades e da sacralização do cargo da chefia. Outro termo conhecido na literatura antropológica vem do inglês falado nas ilhas do Pacífico Sul, "*big man*" ou "grande homem", "homem poderoso", usado para representar a chefia em sociedades que arregimentam o trabalho coletivo para produzir e acumular bens, mas não os estocam como valor de troca, e sim distribuem-nos em grandes festanças de consumo, que os antropólogos chamam de *"potlatch"* (conforme vimos no Capítulo "Antropologia Econômica"). Tais festanças servem para realçar o prestígio político do *big man* e o prestígio social de sua linhagem. O fato é que os ditos caciques e os *big men* tinham um certo comando sobre suas aldeias, especialmente nas decisões sobre a guerra e na organização econômica. Nada absoluto nem normatizado, evidentemente, mas que impressionava os espanhóis e os ingleses quando estes exigiam a obediência desses povos sob pena de severos castigos. Essas já eram sociedades com populações relativamente densas e em competição ferrenha com outras sobre territórios e recursos naturais. Ainda não constituíam sociedades com estados, estavam em posições intermediárias, em que o parentesco continuava a exercer grande poder organizativo.

Porém, nas sociedades igualitárias, as lideranças chamadas de caciques (no Brasil se usou também o termo *capitão*, bem como *tuxaua*, especialmente na região amazônica) nunca tiveram poder de mando, nem de comando arbitrário, que impusesse obediência e sujeição. Portanto, caracterizar as lideranças das tribos brasileiras pelo popular termo "cacique" é um equívoco e tem muito a ver com um preconceito gozador, bem como com a tendência de substituir a ausência de instituições de poder por uma suposta presença de poder pessoal arbitrário. No fundo, classificar o tipo de lideranças em tais sociedades como caciques (com poder pessoal arbitrário) equivalia a julgá-las como se fossem dominadas por forças do egoísmo humano, do oportunismo pessoal e da irracionalidade política.

A principal contribuição que clareou essa nuvem de más interpretações foi dada na década de 1970 pelo antropólogo francês Pierre Clastres. Aluno de Lévi-Strauss, Clastres passou alguns meses na década de 1960 entre os índios Guarani e Aché, do Paraguai, de onde obteve os fundamentos empíricos de seu conhecimento antropológico pela vivência com esses índios e pela observação participante. Publicou alguns artigos e livros sobre esses dois povos aparentados cultural e linguisticamente, sendo que os Aché teriam se tornado caçadores e coletores e abandonado a agricultura uns dois séculos atrás (caso muito parecido com o dos índios Guajá, do Maranhão, sobre quem o presente autor tem feito estudos desde a década de 1980; ver a descrição de sua economia no capítulo "Antropologia Econômica"). Elaborando esse conhecimento empírico pelo viés de sua tendência teórica estruturalista, Clastres publicou alguns artigos que tiveram muita influência na Antropologia Política.

O primeiro deles, "Poder coercitivo e poder não coercitivo", versa sobre como o poder se exerce nas sociedades sem estado. Clastres se dá conta de que há *poder* entre os homens e procura estruturar sua atividade. Inspirando-se na análise feita por Lévi-Strauss sobre a chefia entre os índios Nambiquara, que vivem no vale do Guaporé, Rondônia, e cotejando-o com as três esferas de reciprocidade propostas pelo mesmo Lévi-Strauss (visto no capítulo "O social"), Clastres propõe que o poder pode ser *coercitivo*, isto é, baseado em instituições próprias, como o estado, que coagem os indivíduos à obediência; e *não coercitivo*, isto é, socializante, persuasório e exemplar, sem instituição própria, o qual se exerce em sociedades igualitárias pela associação de três características essenciais:

- A primeira advém do papel social e organizativo do parentesco. O poder é exercido por alguém, o líder, que é quase sempre aquele que tem mais parentes para o apoiar. Os parentes mais próximos, além dos irmãos, são os genros e cunhados, isto é, pessoas casadas com as irmãs e filhas do líder. Mas pode também, em algumas sociedades, ser os membros de sua linhagem ou de seu clã. Para o líder ter muitos parentes, ele precisa, por princípio, ter muitas irmãs e filhas. E como alguém pode obter muitas irmãs e muitas filhas? Ou tendo pais procriadores ou procriando e favorecendo a sobrevivência das filhas. O diferencial na procriação pródiga, entretanto, estaria naquilo que seria, digamos, um atributo compensatório da liderança nessas sociedades, que é a prioridade dada ao líder para o exercício da poliginia, isto é, de ter o privilégio de casar-se com várias mulheres, mulheres estas de grupos diversos, que lhe dariam mais filhos e filhas que o sujeito comum dificilmente poderia vir a ter. Em muitas sociedades sem Estado, a poliginia é permitida para todos os homens, sem dúvida, mas ao líder é conferida a possibilidade de ter mais mulheres. (Evidentemente a poliginia também ocorre em sociedades hierarquizadas, como a árabe e a chinesa.)
- A segunda característica é a exigência social do líder ser generoso com os bens que venha a possuir e saber doá-los magnanimamente para os seus liderados. Como vimos no capítulo "Antropologia Econômica", dar bens significa, socialmente, pôr o recebedor na posição de devedor. O doador torna-se sempre um credor. Assim, a obrigatoriedade de dar é parte essencial do poder nessas sociedades. O líder deve ser um trabalhador infatigável para obter mais bens e ter o desprendimento de doá-los, na expectativa de retribuição futura, retribuição que pode ser simplesmente o apoio em suas ações. Em certas sociedades,

muitas vezes o líder é aquela pessoa que menos bens tem em sua posse, porque todos os bens que lhe chegam às mãos tendem a ser repassados. Por isso, ironicamente, a máxima franciscana, tão mal usada e vilipendiada na crítica à política brasileira, "é dando que se recebe", tem valor antropológico irretorquível.

- A terceira característica é o dom da palavra. Dom no sentido de capacidade inata e também no sentido de doação. O líder é aquele que melhor fala, que é capaz de persuadir pela palavra, seja como orador, conselheiro ou guardador da memória cultural. Ele é líder porque é sábio e é sábio porque tem a capacidade de dizer coisas que todos querem e precisam ouvir. O líder reverbera a palavra de comando persuasório e espera, em troca, a aquiescência, ou ao menos o respeito e a promessa de ser obedecido.

Um segundo artigo importante de Clastres, "A sociedade contra o estado", publicado em seu livro homônimo, sugere que as sociedades igualitárias não são propriamente "sem poder", pois que nelas funciona o poder não coercitivo, o qual efetivamente se exerce a favor de sua continuada existência igualitária, recusando-se a adotar como fonte do poder político a instituição do estado. Elas são verdadeiramente sociedades *contra* o Estado, afirma Clastres, isto é, contra a instituição que concentra o poder em algumas poucas mãos, digamos, originalmente, em linhagens de guerreiros ou na classe de sacerdotes, ou ainda em controladores da economia. Movidas pelo sentimento de igualitarismo social, as sociedades contra o Estado fazem o possível para não entrar na roda viva da desigualdade social, cujo suporte necessário é efetivamente a instituição do Estado. Sempre se pode objetar que uma sociedade não pode ser contra aquilo que não sabe ainda o que é. Mas o contra-argumento de Clastres é de que ela é por princípio a favor do que é, e, por motivos vários, desconfia dos mecanismos sociais e das figuras políticas que de algum modo fomentam o surgimento da desigualdade social e do estado.

Clastres tenta provar essa argumentação analisando a relação que parecia existir entre o guerreiro, por um lado, e o pajé ou karaíba, por outro, do povo Guarani (e também dos Tupinambá da costa brasileira) na época colonial. Para Clastres, o guerreiro na sociedade guarani/ tupinambá almejava organizar a sociedade em moldes hierárquicos, antecipando o Estado; mas o karaíba, o grande pajé que queria conduzir seu povo para a Terra sem Males, vinha com toda sua fúria de profeta e persuadia, pela força da palavra sagrada, a sociedade a se manter igualitária, não hierarquizada, a não obedecer aos ditames do guerreiro e às consequências da guerra. Embora tal proposição tenha seus problemas, a ideia de que há mecanismos sociais que almejam a preservação do *status quo* da igualdade social é muito interessante de ser pesquisada em outras sociedades.

A terceira contribuição de Pierre Clastres à Antropologia Política está contida em seu livro *Arqueologia da violência*, no qual propõe que as sociedades igualitárias vivem guerreando entre si, vivem em estado de guerra, porque se recusam a ter uma instituição que promova a concórdia entre as partes, porque o preço dessa concórdia seria a hierarquização social e, portanto, o surgimento do Estado. Essa é uma afirmação que valoriza o papel do guerreiro, ao contrário da análise anterior, mas só na medida do espírito do guerreiro, não de sua possível capacidade política. É uma afirmação deveras cruel, tendo base na famosa ideia do filósofo político inglês Thomas Hobbes (1588-1679), segundo a qual os homens são maus por natureza, competem entre si para benefícios individuais, são os lobos de si mesmos, e que precisam abrir mão dessa impetuosidade egoísta para criar a instituição do Estado que paire sobre eles e possa promover a concórdia entre eles.

Clastres utiliza diversos exemplos etnográficos do espírito guerreiro que instila o *ethos* das sociedades igualitárias para consolidar sua visão hobbesiana do poder em sociedades igualitárias. Com efeito, exemplos de sociedades igualitárias sem *ethos* guerreiro são raríssimos, embora haja diversos referentes a sociedades que enfatizavam a cooperação intragrupal e buscam o relacionamento amistoso entre grupos distintos. Por exemplo, os Bosquímanos, que são caçadores e coletores do deserto do Kalahari, os Pigmeus, da floresta do Congo, e os Esquimós, da Groelândia e da região ártica circumpolar buscam em sua etiqueta social formas de relacionamento o mais amistoso possível, evitando dissabores pessoais que levem à hostilidade e ao conflito. Entre esses povos o poder não coercitivo dos líderes, mais ou menos nos moldes estruturados por Clastres, parece ser a principal força política.

Há, entretanto, alguns raríssimos exemplos de povos igualitários que, ao invés da rivalidade permanente, se uniram e estabeleceram um acordo de paz entre eles, trocando a guerra pelo intercâmbio ritual de bens, pelo casamento entre si e pela unificação de suas culturas, especialmente pela adoção de instituições e costumes comuns. Tal é o caso dos povos indígenas que tradicionalmente vivem nas terras banhadas pelo curso alto do rio Xingu, no Mato Grosso. Ali, cerca de 12 povos, falantes de línguas muito diversas entre si e vindos de tradições culturais igualmente variadas, uniram-se pelos laços acima mencionados e criaram uma cultura de paz, a *pax xinguana*, como a denominou o antropólogo brasileiro Eduardo Galvão, que escreveu vários artigos sobre os povos xinguanos, reunidos no livro *Encontro de sociedades* (1979). A raridade dessa exceção talvez, como na matemática, só sirva para confirmar a regra proposta por Pierre Clastres. Porém, de qualquer modo, sua excepcionalidade augura a possibilidade real, portanto o potencial, de formas pacíficas de relacionamento entre povos igualitários que não a rivalidade extremada e a guerra.

ALGUNS EXEMPLOS DE PODER EM SOCIEDADES IGUALITÁRIAS

A Antropologia tem registrado inúmeros exemplos de como o poder se realiza nas sociedades igualitárias, bem como na passagem destas para sociedades desigualitárias, ainda antes de se chegar àquilo que propriamente pode ser chamado de Estado. Se a caracterização feita por Clastres nos fornece um modelo teórico, a realidade empírica é muito diversa. O que não varia em sociedades de caçadores e coletores é que o homem se apresenta com um poder não coercitivo e um poder simbólico de representante da sociedade muito maior do que aquele que é exercido pela mulher. Esta está quase sempre presa a suas tarefas de cuidar de filhos, coletar e cozinhar. O homem defende a família, o grupo, a sociedade, expondo-se na linha de frente. O homem cria e recria os mitos, até aqueles que falam que um dia a mulher teria tido o poder político sobre os homens, e exerce o poder simbólico em rituais de confirmação e em ritos de religação com o poder espiritual. Todavia, em algumas sociedades, a liderança política é exercida por grupos de irmãos e parentes pelo lado paterno, isto é, pelo que se chama no jargão antropológico de patrilinhagens. Já outros se organizam por homens que ganham a liderança mantendo suas irmãs e filhas perto de si e assim alinhando-se com seus cunhados e genros, formando matrilinhagens. Mesmo nesse caso de matrilinhagens, a liderança é de um homem com seus parentes ligados matrilateralmente. Há também sociedades de caçadores e coletores que não exercitam nenhuma regra explícita de alinhamento político, podendo ora ser grupos de irmãos, ora de irmãs e seus maridos sob a liderança de um parente mais velho. Não constituem linhagens, mas sim grupos que se identificam por parentes de ambos os lados, bilaterais.

Nessas sociedades frequentemente todos os homens têm igual acesso ao conhecimento mágico-religioso e medicinal. Portanto, a religião não constitui fulcro de poder real, diferencial. Em outras, começa a haver uma especialização na capacidade de se comunicar com espíritos e os controlar, bem como no conhecimento esotérico de ervas medicinais e formas de cura. Esse diferencial é compensado pela valorização de outras características sociais, como a capacidade de caçar, de guerrear ou até de cantar e dançar bem. Assim, a divisão social do trabalho não implica poder diferencial. Isso se deve a um entendimento geral de valorização da igualdade social, daí o termo de igualitarismo social.

Nas sociedades mais conhecidas de caçadores e coletores, como os Esquimós, os Bosquímanos do Kalahari, os Pigmeus do Congo, os Ona da Terra do Fogo e tantos outros, inclusive os Guajá, já mencionados algumas vezes, a liderança masculina não prescinde do aconselhamento feminino, especialmente das velhas. Aliás, embora a velhice possa se tornar um estorvo para a sobrevivência do grupo, ela é respeitada pelo equilíbrio emocional, pela memória cultural e pela sabedoria conferida pela palavra.

A questão fundamental do poder em tais sociedades é: o que se faz com quem comete o delito do incesto ou com quem mata alguém – sendo implícito que os demais delitos interpessoais são negociáveis pela liderança persuasória. No caso do incesto, o castigo é coletivo, sem decisão individual. Em geral cabe a morte ao transgressor, na melhor das hipóteses sua proscrição do grupo. Efetivamente, o crime do incesto é o crime primeiro e máximo do homem contra sua humanidade, é um crime de lesa-humanidade. Cometer incesto é como voltar à animalidade ancestral! Quanto ao matador de alguém do grupo, a questão cai para o domínio do poder de vingança dos parentes do morto. Dificilmente é possível e factível a intermediação de líderes, a não ser para favorecer a fuga do assassino para outro grupo, portanto, seu banimento. De qualquer modo, a morte é algo que demanda reparação e expiação. A morte matada exige expiação por parte do matador, que é levado a praticar rituais para se livrar do peso da morte e liberar a sociedade de uma perda humana brutal. Por outro lado, a família do morto exige reparação, que pode ser vingança (em geral contra algum parente do grupo do matador), ou compensação, em geral material e certamente simbólica.

Enfim, em sociedades igualitárias, a organização política, isto é, a distribuição do poder e as instituições que dão coesão social, se realiza primariamente pelo parentesco que exerce funções sociais, econômicas, religiosas e propriamente políticas. Acompanhando Clastres, o poder está presente nos líderes, mas de forma não coercitiva, pelo apoio dado pelos parentes, pela capacidade de ser generoso e se fazer credor entre os seguidores, e, enfim, pela persuasão e pelo exemplo pessoal.

O PODER NA PASSAGEM DO IGUALITARISMO
PARA A HIERARQUIA SOCIAL

Vimos que a Antropologia Econômica reconhece a passagem de uma sociedade igualitária para uma desigualitária pelo surgimento e consolidação de valores de troca separados de valores de uso. Para a Antropologia Política, essa mesma passagem se dá pelo surgimento de instituições que medeiam os conflitos de interesse. O principal deles é, naturalmente, a questão da reparação de mortes.

O acerto socialmente reconhecido da reparação é, com efeito, o primeiro passo para o surgimento de normas, regras e instituições com valor próprio, com poder próprio, que se pode chamar de *justiça*. Mas tal complexo social vai se realizando aos poucos em sociedades com população mais densas e com situações sociais mais intensas e complexas. Do ponto de vista de uma classificação política, tais sociedades se apresentam como intermediárias entre as sociedades igualitárias e as sociedades com estado. Grandes exemplos dessas sociedades foram estudados e elaborados por antropólogos ingleses e franceses entre os povos da África. Entre eles destacam-se, pela descoberta e explanação de interessantes instituições políticas, os estudos do antropólogo inglês E. E. Evans-Pritchard sobre os povos Nuer e Azande, os do sul-africano Max Gluckman sobre os Barotsé e os Zulu, os de Victor Turner sobre os Ndembu, os do inglês Meyer sobre os Ashanti e tantíssimos outros mais. Nesses estudos foram elaboradas detalhadas descrições e explanações de como os conflitos são dirimidos, como se encontra reparação pelos delitos sofridos e as instituições que surgem autonomamente, de fora dos mecanismos de parentesco. Aqui poderemos exemplificar com três ou quatro casos paradigmáticos da literatura etnográfica.

O primeiro exemplo é o de uma instituição intermediária, que foi descrita por Evans-Pritchard em seu livro sobre os Nuer. Esse é um povo do leste africano, que vive nas savanas banhadas pelo alto rio Nilo, no Quênia e Sudão, cuja economia se baseia no pastoreio extensivo de gado bovino e numa agricultura de várzea do milhete. Constituem um povo com muitas aldeias independentes, sem um poder central. A sociedade se organiza no topo por clãs, ou grandes linhagens, que se segmentam em linhagens, que, por sua vez, se segmentam em sublinhagens, cada qual delas com autonomia relativa, mas se juntando no caso de rivalidade contra outros tais grupos de linhagens. Evans-Pritchard chamou esse sistema sociopolítico de "linhagens segmentárias". Em meio às naturais rivalidades entre pessoas e linhagens, que até certo ponto são resolvidas pela violência perpetrada por parentes da mesma linhagem, como reparação, surge uma instituição acima do parentesco, o "chefe com a manta de couro de leopardo" (*leopard-skin chief*, em inglês, por ele usar uma manta feita desse material). Este é um homem com poderes de mediar conflitos, capaz de conclamar os contestadores para se encontrarem e dialogarem. É uma instituição de "campo neutro", que exige de antemão a aceitação de sua autoridade conciliatória e o cumprimento dos termos que chegarem a ser acordados entre as partes.

O outro exemplo nos vem do povo Zulu. Esse povo vive hoje em territórios incrustados na África do Sul, mas já foi o grande povo que combateu a invasão inglesa, no começo do século XIX, tendo perdido sua autonomia política desde então. Nessa época, os Zulu formavam um reinado baseado em um sistema de patrilinhagens, sendo algumas nobres, de onde podiam vir os reis, e outras dos homens comuns. A força da ideologia de linhagens igualitárias fazia com que a figura do rei fosse periodicamente submetida a um ritual de humilhação para que ele soubesse onde de fato estava o poder, ou a soberania da nação: no povo organizado em linhagens. Aqui temos um Estado, com uma chefia com poderes sacralizados, porém submetido à ideologia igualitarista.

Os Zulu eram um povo guerreiro e seu reinado precisava de guerras para se manter, pois não tinha bases econômicas para consolidar a divisão entre nobres e comuns. Há que se entender, aqui, que a guerra se exercia muito mais como um ritual, para o qual a vítima também sabia os limites da guerra, do que com as características de uma guerra de conquista ou de destruição de outros povos. Já os reinados da África Ocidental, entre os quais se destaca o mais poderoso deles, o reinado de Daomé, têm suas bases de consolidação numa produção econômica que é controlada pelo rei. Essa base pode ser agrícola, na qual o excedente de produção é armazenado em silos para ser redistribuído pelas vilas do reinado, de acordo com a necessidade de cada uma, ou em produtos de exportação, como ouro, marfim e escravos. Aqui a figura do rei é sacralizada, portanto, reverenciada pelos súditos. Seu corpo ganha o significado de corpo social, representando toda a nação. Todo o reino é, na verdade, patrimônio do rei. Destacam-se regras e normas cujo cumprimento é sancionado por instituições quase policiais, embora sejam controladas pelas linhagens nobres.

Esses tipos de reinados, que, em menor escala, existiram em outras partes da África, são exemplos de variações do poder em sociedades que já passaram do limiar do igualitarismo social para a hierarquia. Entretanto, em muitos casos, a força do sentimento de igualdade entre linhagens permanece desafiando a hierarquia que se quer impor, causando conflitos e rebeliões de todas as sortes.

Alguns reinados chegaram a durar muitos anos, com reis e regime autocráticos. Diversos antropólogos americanos, ingleses e franceses, como Melville Herskovitz, Meyer Fortes, Jack Goody e Claude Meillassoux, descreveram esses reinados e demonstraram que seu poder acima das linhagens se devia tanto à sua capacidade de organizar a economia – fazendo com que as aldeias produzissem excedentes que podiam ser guardados em silos palacianos para depois serem redistribuídos entre aqueles necessitados – quanto à formulação de uma ideologia político-religiosa que eleva os reis e sua família e as linhagens respectivas a um patamar superior de prestígio, quase religioso, sobre as demais linhagens. Em alguns casos, o controle do tráfico de escravos também dava poder acima das querelas internas, direcionando o espírito guerreiro e espoliativo das lideranças a interesses econômicos e prestígio social.

Assim, o poder surge e se consolida por vias ideológicas (poderíamos até dizer religiosas) e econômicas. O Estado existe, mas não totalmente separado da sociedade, como algo que tem seu próprio sentido. Tal só vai acontecer com um passo adiante, provavelmente com a elaboração de um sistema religioso forte que exige a obediência cega dos seus súditos. Tal estado surgiu originalmente nas regiões onde era preciso organizar a economia agrícola de regadio (controle de águas para plantio), tais como no Egito, na Mesopotâmia, no vale do Ganges, no vale do Yangtsé, no planalto mexicano e na costa peruana. Essa é, de qualquer modo, a teoria mais qualificada sobre o surgimento do estado como instituição própria, incontestável na sua necessidade para os homens viverem em paz (até o surgimento da ideologia anarquista e do marxismo utópico), que paira por seu próprio valor acima da sociedade, mesmo que a ela, nos regimes democráticos, tenha que se reportar.

O PODER AQUÉM E ALÉM DO ESTADO

O estudo do poder no e a partir do Estado é mais corriqueiro na Ciência Política e na Sociologia. Definir e descrever o Estado, em todo seu aparato institucional, ideológico, policial, de defesa, incluindo a luta pelo poder através de partidos políticos e movimentos de toda espécie, tem sido a grande preocupação dessas disciplinas. Aqui a Antropologia Política contribui com sua visão da formação do estado, tal como delineamos na seção anterior. Tanto o livro de Lewis Henry Morgan, *A sociedade antiga*, quanto o livro de Marx e Engels, *A origem da família, da propriedade privada e do Estado*, são contribuições essenciais da Antropologia Política. Arqueólogos de diversas tendências também fizeram contribuições a esse tema.

Porém, a permanente contribuição da Antropologia Política ao entendimento sobre o poder e sobre sua distribuição entre os homens e as instituições, isto é, a organização ou o sistema político, existe ainda em dois aspectos de grande importância. O primeiro é a percepção de que o estado nunca se desprega totalmente da sociedade, mesmo nos sistemas políticos mais modernos, mais burocratizados e meritocráticos, como, por exemplo, nos Estados Unidos e em países europeus. O segundo é que o poder se realiza na convivência social e tem por base o próprio sentido original da troca social, do dar e receber. Qualquer tipo de relacionamento, seja entre homem e mulher, adulto e jovem, entre amigos e companheiros, quiçá entre amantes (a não ser que o amor seja transcendental) é perpassado por um quociente de poder. De certo modo, esse aspecto equivale ao que argumentou em vários livros o filósofo francês Michel Foucault.

A CONTINUIDADE DO PARENTESCO

Embora possamos dizer, seguindo o pensamento marxista, que o Estado é a instituição das classes dominantes, e estas o são em virtude de seu poder econômico, ou, seguindo o pensamento liberal, que o Estado é a arena de lutas pelo poder a partir de interesses de grupos, classes ou segmentos sociais, ele, o Estado, continua a sofrer as injunções anteriores do parentesco. Em sociedades modernas, especialmente as capitalistas, os homens se agrupam por interesses, mormente econômicos. Entretanto, o exercício do poder nunca se dá, na prática, como se fora uma máquina impessoal e por normas rígidas. Ao contrário, exige uma série de instituições permeáveis e pessoas confiáveis. Ora, existe algo mais confiável do que membros da família, do clã, ou da tribo? São inumeráveis os exemplos de ditadores, mas também os há de democratas eleitos pelo voto universal, que impõem familiares em posições de mando ou de controle político e econômico nas instituições que fazem parte do Estado. Muitos Estados modernos tentam arrefecer esse ímpeto criando leis e normas contra o chamado *nepotismo*, ou favorecimento de parentes (*nepote* é uma palavra de origem latina que quer dizer "sobrinho"), mas os modos de se driblar tais leis são motes da imaginação e da criatividade dos povos. Nas assembleias legislativas pelo Brasil afora, por exemplo, em que parlamentares se sentem constrangidos por contratar parentes como assessores, frequentemente disfarçam o nepotismo contratando parentes de outros parlamentares para que estes, por sua vez, contratem seus parentes.

Entretanto, mais importante na vida política de uma nação é o modo como se formam e se perpetuam linhagens de políticos, de pai para filho, de geração a geração. Pode-se sempre argumentar que os filhos de políticos buscam se orientar pelos seus pais, como tendência pessoal e psicológica, daí a inclinação maior de um filho de político vir a ser político também. Acontece, porém, que a influência mais forte vem da convivência entre pessoas do mesmo grupo e da mesma classe social, desde os bancos escolares até as situações profissionalizantes. A Antropologia Política percebe nessas conexões e nas variantes culturais de comportamento e interesse compartilhados a permanência do fator parentesco na formação de classes sociais e na distribuição do poder.

De outro lado, a Antropologia Política reconhece que o poder também se exerce pela amizade, algo que está além do parentesco e é constituído entre pessoas de mesma classe social, ou de mesmas regiões (em outros países, de mesma origem étnica), ou de interesses compartilhados. Por trás de um ancho discurso de valores e intenções nobres está, muitas vezes, a realidade de interesses de amizade e companheirismo, senão de parentesco e lealdade étnica. Demonstrar essa continuidade tem sido uma tarefa imanente à Antropologia, que não se recusa a apontá-la como resultado da continuidade do sentimento de lealdade de parentesco e da amizade que prevalece entre os homens.

A DIMENSÃO POLÍTICA NO RELACIONAMENTO SOCIAL

Importante também é considerar o poder como aspecto da sociabilidade humana, uma dimensão que está presente no relacionamento social, em quase todos os níveis. Existe poder nas relações entre pai e filho, marido e mulher, patrão e empregado, professor e aluno, enfim, entre amigos. Toda relação, se seguirmos a teoria da reciprocidade, implica um dar e receber constante, e entre um dar e um receber está um hiato de tempo em que quem deu virou credor de quem recebeu. Crédito a cobrar que implica poder. De certo modo, a moral dessa afirmação deixa a Antropologia Política numa posição bastante incômoda. Nesse sentido, ela seria, como já afirmamos antes sobre a Economia, uma ciência infeliz, pois reafirma em seus estudos a permanente desigualdade entre os homens, desta vez não por causa da escassez de bens, tampouco devido às diferenças entre as pessoas e as categorias sociais, mas por causa do desequilíbrio inelutável do poder.

O PODER COMO LINGUAGEM E COMO RITUAL

O poder pode ser sutil, quase invisível, mas é o mais das vezes ostensivo. Quem tem poder gosta de exibi-lo aos outros. Aliás, a exibição do poder é uma das formas de exercer poder. Toda instituição de poder tem seus meios de exibir-se como poder. Pode ser o linguajar empolado dos juristas, a arquitetura dos prédios públicos, a ostentação de armas dos policiais e até a terminologia hermética dos cientistas. O reconhecimento e a descrição da linguagem do poder é um dos pontos mais evidentes na Antropologia Política. Tendo conhecimento dessas linguagens na diversidade das culturas, a Antropologia Política sabe que, em muitos casos, a ostentação se basta no exercício do poder. Sabe também que o poder, mesmo o mais sutil de todos, requer uma linguagem de comunicação. O poder é, portanto, também uma linguagem.

Outra descoberta interessante que a Antropologia Política tem trazido é a de que o poder tem que ser lembrado de que é poder. E isso se dá pela sua ritualização. Da votação cíclica em sociedades democráticas à afirmação da autoridade central nas ditaduras, o poder é envolvido por processos ritualísticos de tempos em tempos, como se fosse para ser renovado, relembrado. Com efeito, toda mudança de poder requer uma ritualização que indique não só a passagem de cargos e ofícios, como a lembrança de sua permanência e imanência. O poder, para ser acreditado e legitimado pelos que não o têm, precisa ser considerado "natural" e incontestável. Caso seja considerado uma coisa fabricada, artificial, corre o risco de ser desafiado. Isso foi o que aconteceu no Iluminismo, quando os filósofos contestaram a legitimidade do poder real, o que resultou na Revolução Francesa. E isso é o que acontece toda vez que um povo se sente capaz de mudar radicalmente de rumo.

O PODER DAS CLASSES SOCIAIS

Ninguém duvida que as diferenças entre classes sociais nas sociedades modernas significam, entre outras coisas, diferenças de poder. O sistema de desigualdade entre as pessoas nasce não necessariamente do reconhecimento das diferenças pessoais, como acontece nas sociedades igualitárias, mas de pertencimento a categorias sociais que têm diferentes e desiguais acessos aos bens e serviços – e ao poder – nessas sociedades. Aqui o poder aparece em todos os aspectos da vida social, desde a presença de mais indivíduos de classe superiores no Estado, o que significa no Executivo, no Legislativo e no Judiciário, oferecendo melhores condições de vida – e até privilégios – para seus membros, na propriedade e no controle dos meios de produção, na distribuição espacial dos bairros, no tamanho das casas, no melhor ou pior acesso à educação (no caso brasileiro, à educação de qualidade), até na discriminação social, racial ou étnica que os "poderosos" cometem sobre os sem-poder.

A Sociologia e a Ciência Política tratam com mais afinco da questão das classes sociais e como o poder se movimenta entre elas. Às vezes até parece que a Antropologia negligencia o estudo do comportamento das classes sociais, ou da sua influência sobre a vida das pessoas, ou de como suas características influenciam o *modus vivendi* e a cultura de uma sociedade ou de uma nação. Seus estudos se localizam mais na Antropologia Urbana, como veremos mais adiante, mas há muito espaço de pesquisa nessa área para o qual a Antropologia poderia contribuir.

O PODER NOS MOVIMENTOS SOCIAIS

A Ciência Política faz uma diferenciação tipológica entre movimentos políticos e movimentos sociais. O primeiro se refere especificamente à luta pelo poder estatal e é exercido por partidos políticos ou por lideranças carismáticas que visam ao controle propriamente político da sociedade, ou ainda, no caso das nações colonizadas, à busca de independência e soberania. Nas sociedades atuais, como o Brasil, os movimentos políticos têm como sustentáculo e objetivo nem sempre inconfesso os interesses econômicos e sua distribuição entre classes sociais. Assim, economia e política são pares gêmeos na motivação dos movimentos políticos.

Já movimentos sociais são aqueles que funcionam pelos interstícios da sociedade e visam à mudança de posições e comportamentos sociais. Entre os grandes movimentos sociais recentes, ou dos últimos dois séculos, estão o feminismo, os de minorias étnicas, o homossexualismo e a defesa do meio ambiente. Esses movimentos são motivados por ideias que resultam dos processos sociais e culturais que afetam as sociedades. Os sociólogos os interpretam como resultado das transformações econômicas pelas quais a sociedade hodierna vem passando como consequência original da revolução industrial e dos seus desdobramentos tecnológicos. Pode ser. Mas também é certo que muitos ganham sua própria dinâmica e especificidade, como os movimentos de minorias étnicas que buscam um espaço de atuação nos panoramas políticos e sociais das nações onde estão inseridos. Outros têm características mais gerais e atravessam nações e fronteiras geográficas, como o ambientalismo, que, no caso, carrega em si visões culturais de maior profundidade.

Os antropólogos têm sido muito importantes na análise dessas situações que engendram movimentos sociais mundo afora. Por exemplo, o feminismo, um fenômeno moderno, ganhou mais força de legitimidade pelos estudos comparativos da relação homem/mulher feitos por antropólogos em muitas sociedades e culturas mundo afora. Os movimentos étnicos têm sido estudados prioritariamente por antropólogos, não só na formação das nações, mas dentro das nações que apresentam minorias em conflito. Aqui esses movimentos visam ao reconhecimento de suas culturas e sociedades por parte da maioria (às vezes visam à tomada do poder nacional) e, por consequência, um equilíbrio de seu relacionamento social com a maioria. O movimento ambientalista, que afeta a economia tal como se desenvolveu nos últimos dois séculos, implica mudanças de mentalidade, de modo de viver, de filosofia e posicionamento perante a humanidade.

A Antropologia Política tem muito a contribuir para a compreensão desses movimentos sociais. Ela reconhece as dimensões de poder presentes em todos eles, não só como ideologias, mas como práticas sociais, que resultam em interesses e ações políticos. Por sua vez, reconhece a tessitura social e cultural que está presente nesses movimentos sociais, e como estão conectados a questões políticas maiores, de disputas sobre nacionalidade, de influência econômica e de poder entre nações. Nesse sentido, a noção de globalização, que hoje em dia favorece a crença de que os movimentos sociais estão acima dos movimentos políticos, por atravessarem fronteiras nacionais, é desafiada pela Antropologia Política, que a submete aos contornos da ação dos poderes nacionais, dos interesses de classes sociais, da dimensão humana corriqueira e imediata que, afinal, não deixa de dar sustentação e intencionalidade a todo movimento.

Religião, rituais e mitos

Antropologia e religião

Se Deus existe ou não é questão que a Antropologia não ousa enfrentar, quanto mais responder. É que são tantas as culturas e tantas as formas de reconhecer a divindade, o Absoluto, o transhumano, aquilo que está além da vida cotidiana, que a Antropologia se sente como uma grande mãe que acolhe todos, acata os sentimentos e as visões de todas as religiões. Um deus, um panteão de deuses, espíritos da água e do fogo, da onça e da hiena, tudo, enfim, tem sua vivência e consistência e estimula crença e fé. Como já disse Durkheim, o sociólogo francês que tanto contribuiu para os estudos sobre a religião, "toda religião é verdadeira".

A Antropologia da Religião é uma especialidade da Antropologia que trata dessa grande questão. De reboque, trata de assuntos como rituais, mesmo quando não sejam necessariamente de ordem religiosa, e do relacionamento da religião com as outras dimensões da cultura, da identidade das pessoas aos interesses econômicos. É uma tarefa de largo espectro, que se torna mais realizável em virtude de ser complementada por outras grandes disciplinas, como a Sociologia da Religião, a Filosofia e a própria Teologia.

A palavra *religião*, como lembram os teólogos, vem do latim *re-ligare*, que quer dizer mais ou menos o sentimento de voltar a algo inerente ao homem, o qual o homem teria perdido. Talvez tenha sido sua essência primordial ou sua finalidade última. O paraíso perdido ou o tempo em que seu pensamento coincidia com sua vivência – mal comparando, tal qual os animais e seus instintos, ou tal qual imaginou o filósofo grego Parmênides quando disse que "ser e pensar são o mesmo". Os teólogos cristãos interpretam essa etimologia dizendo que a religião é a busca do reencontro do homem com seu criador, que estaria antes dele, que seria a origem de tudo e a essência do todo universal.

Os teólogos cristãos, bem como os judeus e os muçulmanos, pensam dessa forma sobre Deus (palavra que iniciam com letra maiúscula) e sobre suas qualidades e atributos, que são tudo aquilo que deve ser considerado divino. De certa forma, de modo semelhante acontece com os teólogos das religiões das grandes civilizações, como o hinduísmo e o budismo, surgidos na Índia, o confucionismo e o taoismo, da China, e o xintoísmo, do Japão, que almejam a incorporação do sentimento de religação com um Ser supremo, ou com a totalidade unívoca da existência, ou a vivência em uma realidade ulterior, sagrada, por estar além da realidade empírica, considerada temporária e inferior, além de sofrida ou trágica.

Para a Antropologia essa é uma visão importante, mas, na verdade, restrita a umas poucas culturas, não obstante as mais influentes. Com efeito, a realidade cultural das religiões é bem mais vasta e diversificada. A grande maioria das religiões não tem especialistas, teólogos, para interpretar seus sentidos, mas dependem do conhecimento tradicional e da crença de todos. O importante é que em todas as culturas existe um sentimento que reconhece algo que está além da materialidade dela própria, além da vida como é vivida. Talvez possamos chamar o objeto desse sentimento de Absoluto ou Transcendental, o além do humano, reconhecendo desde já que tal sentimento não deixa de ser humano, por ser próprio das culturas.

A Antropologia, por modesta que queira ser, sem almejar decifrar o mistério religioso, não pode se omitir sobre a realidade desse sentimento, da realidade sobre o sagrado, presente em todas as culturas. Parte da visão de que a religião está em todas as culturas, sendo, portanto, um fundamento essencial do homem. Pouco discute sobre o que é o sagrado em si, a não ser em contraste com o profano, mas busca descrever e explanar as variantes multifárias dessa manifestação e constituir um significado que demonstre a sua efetividade nas culturas.

O SAGRADO E O PROFANO

Qualquer pessoa sabe que, ao entrar numa igreja, experimenta algo que pode ser chamado de *sagrado*, enquanto entrar num bar tem algo de *profano*. A igreja diz respeito a coisas religiosas e o bar a coisas mundanas, e para cada uma dessas situações a pessoa se comporta diferentemente. Ao sagrado cabe o silêncio, o respeito e a reverência; ao profano cabe a balbúrdia, a descontração e a irreverência.

Todavia há algo mais que cabe no sentido do sagrado que incute respeito, mas não diz respeito visivelmente à religião. Não está nos Dez Mandamentos, mas está na Bíblia e em outros livros sagrados, que um homem não pode se casar com sua irmã. No entanto, não se concebe tal ato em nossas sociedades, nem em nenhuma sociedade humana, como vimos no capítulo "Cultura e seus significados". A Antropologia usa o termo "tabu" para exemplificar essa atitude de recusa ao incesto. Tabu quer dizer, em língua originária das ilhas do Pacífico Sul, "proibição", "interdição", "exclusão". Isto é, significa o mesmo que "pecado", e pecado significa uma transgressão a algo ditado por Deus, isto é, pelo sagrado. Assim, a proibição do incesto pode ser considerada um ato sagrado, mesmo que não esteja claramente explicitado como tal.

Outro exemplo. Ao observar com intensidade algo que existe na natureza, como um rio caudaloso, um tufão devastador, um vulcão em explosão ou um pôr do sol esplendoroso, a pessoa pode se sentir tomada de um sentimento absorvente e grandioso, que pode ser definido ou como poético ou como religioso. Pode-se dizer que em tal momento a pessoa, ao se entregar àquela visão, experimenta algo sagrado, cheio de mistério, que seria, transpondo para uma linguagem antropológica, uma identificação ou incorporação da natureza.

Muitas experiências humanas têm algo de sagrado. O nascimento de um filho ou a morte de um pai transporta a pessoa a essa vivência. Frequentemente a vivência sagrada é aquela que se dá com uma coletividade, na qual o indivíduo "se perde", isto é, perde um tanto de sua consciência, e se integra na totalidade arrebatadora do coletivo. Grandes oradores, especialmente os religiosos, mas também os laicos, são capazes de fazer as pessoas viverem um sentimento muito intenso, "comungarem" uns com os outros desse sentimento de integração coletiva. Isso também é sagrado. As religiões constituídas buscam manter o espírito de união entre os seus membros até em ações mundanas, como a ajuda financeira, ou a solidariedade em tempos difíceis, mas o que mais querem é fazer os fiéis vivenciarem o sentimento do sagrado nos seus rituais religiosos. Algumas o conseguem, através de rituais de possessões, como veremos adiante, e outras se mantêm mais discretas e deixam que cada um sinta o que puder sentir de sagrado na sua concentração consigo mesmo, ou na sua entrega a um todo misterioso.

Durkheim foi dos primeiros antropólogos a analisar e sistematizar a distinção que todas as culturas fazem entre coisas consideradas *sagradas* e coisas consideradas *profanas*. Para ele o sagrado é tudo aquilo que está colocado à parte das coisas mundanas, que são o profano. O sagrado, no fundo, origina-se do sentimento que junta as pessoas e as faz sentir como se pertencessem umas às outras, em uma comunhão de identidade coletiva, que está acima de cada indivíduo. O profano é aquilo corriqueiro que pode ser compreendido e calculado pelo interesse individual. O sagrado é aquilo que a cultura, como coletividade, reconhece como merecedor de respeito e reverência porque toca a todos. Durkheim viu nisso a origem social do sentimento religioso. Assim, a religião derivaria, antes de tudo, do sentimento de pertencimento do indivíduo ao coletivo.

Exemplos dessa proposição de Durkheim estão em todas as religiões, desde as que se baseiam na crença em espíritos que representam as coisas da natureza, até em religiões que pregam sentimentos extremamente abstratos, como a integração do indivíduo no todo que aparece como o nada, conforme existe no zen-budismo. A sacralização da sociedade, ou do coletivo, é sempre uma abstração. O que acontece com mais frequência é a sacralização de alguma coisa, sejam deuses ou espíritos, seja uma pessoa, como símbolo da sociedade. Por exemplo, certos povos africanos, que estavam no processo de constituir o estado como instituição política à parte da sociedade, elevaram a figura do rei, e especificamente seu corpo, à própria representação do estado e da sociedade, tornando-a livre do contato com o profano, impoluta, portanto, sagrada. É nesse sentido também que os antigos egípcios elevaram o faraó à condição de um deus vivo, um ser sagrado, por representar a união indissolúvel de todo o povo.

E o povo que partilha dessas culturas efetivamente vê, pela fé, pessoas como seres sagrados. Algumas religiões, como a modalidade católica do cristianismo, transferem o objeto sagrado para figuras, imagens e ícones, que representariam materialmente espíritos que estariam vivos ou existentes em outra dimensão, fora da vida. Escapulários, imagens e santinhos tornam-se sagrados, tocados com cuidado e beijados com reverência, como se deles emanasse uma aura sagrada.

Religião como instituição

Além de derivar do sentimento do sagrado, além de ser uma dimensão presente em todas as culturas e além de servir como identidade mítica que agrega pessoas em torno de uma origem transcendental e de uma finalidade última da existência, a religião é mais frequentemente focalizada como uma instituição cultural. Uma instituição cultural é algo que se apresenta nitidamente na sociedade com três atributos: 1. um discurso, isto é, uma justificativa que lhe dá sentido e finalidade; 2. participantes ou membros que se agregam; e 3. comportamentos específicos, incluindo rituais. Toda instituição cultural está conectada com outras instituições, as quais são reconhecidas em suas especificidades e funções. Todavia, em muitos casos é difícil analisar uma instituição cultural *de per si*, pois ela está imbricada em outras instituições. Isso pode acontecer com a instituição religião ou com a instituição educação, ou com qualquer outra. De modo que, ao tratarmos de religião, como instituição, necessariamente trataremos de aspectos de outras instituições culturais que lhe estão imbricadas, como a política, a economia, a moral, etc.

A religião, como instituição, quer dizer um conjunto de crenças em torno do sagrado, um modo de realizar essas crenças, isto é, rituais próprios, instrumentos e/ou locais próprios, e, na grande maioria dos casos, especialistas que se comunicam com os entes religiosos e os participantes, que se juntam pela motivação da crença comum. Um ponto extra que se apresenta como fundamental na religião é que ela tenha *eficácia*, isto é, que ela seja capaz não só de dar sentido (emocional e racional) às crenças, mas também de provar que é "verdadeira", o que significa também que produza resultados. Isso é particularmente importante nas questões de pedidos e intercessões em geral, e também em questões de magia, feitiçaria e curas.

É certo que muitos autores fazem uma distinção clara entre magia e religião, sendo a primeira considerada algo mais instrumental e mais dirigida a certos objetivos. Entretanto, magia ou feitiçaria são também modos de comunicação e intermediação entre as coisas sagradas e os participantes, tal como a religião. Nesse sentido, a compreensão de um ou de um outro requer metodologias semelhantes, como instituições culturais.

Religião e magia

Se entendermos magia como a aplicação ritualística de invocações e encantações de espíritos que possam intervir em certos aspectos da vida social, ela é algo que tem bases comuns com a religião. A Antropologia tem tradicionalmente tratado desses dois assuntos como uma rubrica dupla. Como a religião, a magia requer um sistema de crenças, que inclui espíritos e sentimentos, um corpo de crentes e mediadores entre esses espíritos e os crentes. A magia é propositadamente um sistema de intervenção na ordem das coisas. Os mediadores são capazes de manipular esses espíritos para o bem (digamos, curas de doenças provocadas por intervenções de mediadores maus, como feiticeiros) ou para o mal. Além de feiticeiros, xamãs e pajés, há os adivinhos e seus sistemas de adivinhação, sejam tripas de galinha, seja cera de velas em copos de água nas festas de São João, seja leitura de mão, e dezenas de outros tipos de adivinhação.

Durante muitos anos foi motivo de muita discussão entre antropólogos os pontos em que religião, magia e ciência se distinguiam e aqueles que os aproximavam. No mundo moderno, a religião sempre tem sido vista com respeito, mesmo com a predominância do espírito científico, enquanto magia guarda um ar de fancaria e irracionalismo. Na melhor das hipóteses, magia tem sido considerada, desde Durkheim e John Frazer (1854-1941), a vontade humana de fazer intervenções sobre um determinado estado das coisas, baseado numa visão de mundo em que os seres da natureza são acessíveis a mudanças e ingerências. Na religião, ingerência só é possível por parte de divindades, ou, com uma certa benevolência, por interventores que medeiam as relações entre o sagrado e o profano. Esses mesmos antropólogos e seus seguidores falam que a magia depende de um sistema de classificação do mundo, o qual antecede a um sistema mais científico de classificação, sendo, portanto, a origem primeva da ciência. Já a religião, que também se posiciona com um sistema de classificação, diz respeito a um sentimento superior de relacionamento com o divino.

Classificação de religiões

Nos primeiros tempos da Antropologia, quando prevalecia a forte corrente evolucionista de analisar as culturas por suas posições numa escala evolucionária, havia concomitantemente uma determinação em explicar os fenômenos religiosos como se estivessem também numa escala correspondente de evolução. Tanto Morgan quanto Tylor, os dois antropólogos mais criativos da época, escreveram sobre religião como um sentimento e uma instituição cultural que vai "se aperfeiçoando", tornando-se menos emocional e irracional e mais moral e racional. Embora com diferenças entre si, pode-se dizer que os antropólogos evolucionistas do século XIX baseavam suas análises e interpretações de fenômenos religiosos numa concepção colocada ainda nos anos 1830 pelo sociólogo francês Auguste Comte (1789-1857) em passagens de seus livros sobre a chamada ciência positiva, que deu origem ao termo "positivismo".

Propunha Comte que as religiões eram manifestações dos limites do conhecimento do homem diante dos fenômenos da natureza; portanto, na medida em que o homem ia entendendo esses fenômenos por um prisma racional, baseado na lógica de causa e efeito e na sistematicidade, a religião iria perdendo suas características emocionais e se reduzindo a contornos morais, para, enfim, dar lugar à ciência e à centralidade do homem no universo. Havia três grandes estágios de evolução das sociedades, a que correspondiam formas de religião, cada qual com concepções próprias da natureza e com características gerais de instituição cultural.

O primeiro estágio religioso seria aquele em que o homem, sem um conceito claro sobre a natureza, projetava em cada fenômeno natural a presença de um ente espiritual, um espírito, uma *anima* (alma, em latim). Daí esse estágio ter sido chamado por Tylor de *animismo*, embora Comte o chamasse *teológico*. Seriam religiões que, a partir da crença fundamental em espíritos presentes na natureza – espírito da água, do vento, da terra, das árvores, dos animais, etc. – tinham suas formas adequadas de identificação, mediação e intercessão entre eles e os homens. Nas sociedades ditas animistas, os homens pensam que os animais não só têm espíritos como também têm características humanas, podem pensar como são os homens. Na Antropologia brasileira atual há uma corrente de pensamento chamada perspectivismo que enfatiza esse relacionamento entre homens e animais como sendo próprio das religiões dos povos indígenas brasileiros. Já em outras religiões animistas criava-se uma identificação entre classes de pessoas (linhagens, clãs ou aldeias) com certos animais, que seriam reverenciados de variados modos por essas classes. O termo *totem*, que vem de línguas dos índios norte-americanos, representava os animais reverenciados e a instituição religiosa ficou conhecida como *totemismo*.

Há religiões em que a mediação entre os espíritos e as pessoas é realizada por especialistas, que têm conhecimento desses espíritos, sabem se comunicar e controlá-los. Esses "sacerdotes", num sentido amplo, passaram a ser conhecidos como *xamãs*, uma palavra vinda de línguas

140 ANTROPOLOGIA

da Sibéria, onde tais religiões assim se caracterizavam. No Brasil, entre os índios Tupinambá e Guarani, a palavra *pajé* se consolidou como o equivalente a xamã, e o termo *pajelança* passou a ser usado para representar todo o complexo ritualístico que envolve o pajé: danças, chamamento e possessão de espíritos, o uso de tabaco para se inebriar e entrar em transe, assim como o uso de massagens, sopros e sucções para realizar a cura dos doentes. A variação de religiões ditas animistas é muito grande, indo desde sociedades de caçadores e coletores, passando pelas sociedades de horticultura das Américas e África, até os pastores e os protorreinados da África.

Nessas últimas religiões estaria se operando uma passagem para o segundo estágio, o *metafísico*, em que o culto aos ancestrais das linhagens iria terminar estabelecendo a crença em deuses antropomórficos, organizados em panteões hierarquizados. O estágio metafísico compreenderia todas as religiões dos primeiros estados civilizados, como o egípcio, o grego, os reinados mesopotâmicos e indianos, e os impérios da Pérsia e da China. Culminaria com a crença em um deus único, com características sobre-humanas e capacidades onipotentes, tal como se desenvolveria no Egito e, finalmente, entre os hebreus ao se libertarem do cativeiro. Em prosseguimento, o cristianismo estaria nesse grande estágio, mas já ia se encaminhando para uma religião de moral superior, embora ainda presa a incompreensões do papel do homem na sua elaboração.

A passagem para o terceiro estágio seria caracterizada pela entrada da ciência no pensamento moderno, ao lado do desenvolvimento da filosofia e dos conceitos científicos sobre a existência do homem.

O terceiro estágio, para Comte, estava para se realizar no seu tempo. Fruto do desenvolvimento da ciência e da indústria, o estágio *positivo* iria libertar o homem das crenças metafísicas, do seu passado de alienação e de projeção em outrem da capacidade do homem. A religião e a filosofia dariam vez à ciência, pois o homem já não teria razão para ter medo e tinha as bases para ampliar seu conhecimento do mundo. A religião seria não mais que um sistema moral de comportamento racional, de tolerância entre os homens, que seriam guiados pelos exemplos que o passado lhes havia trazido. No limite de sua visão, já quando seu trabalho dito científico tinha sido reconhecido por seus contemporâneos, na década de 1850, Comte projetou uma religião da humanidade em que o panteão de "demiurgos" seriam os grandes homens do passado que haviam contribuído para o conhecimento e, portanto, para a liberdade dos homens. Entre esses novos "demiurgos" estariam figuras como Sócrates,

Platão, Aristóteles, Santo Agostinho, São Tomás de Aquino, Galileu, Newton e outros mais.

Dá para entender por que esse esquema foi rejeitado pelo cristianismo e, mais tarde, por teólogos em geral. Os antropólogos que passaram a fazer a crítica ao evolucionismo rejeitaram a ideia de que a religião era um substituto para a ciência, ou até, como propunha já tardiamente Frazer, que continha as bases distorcidas e primitivas da ciência, bem como a ideia de classificação hierárquica de religiões. A ideia do monoteísmo, por exemplo, que iria influenciar toda a civilização ocidental e o Oriente Próximo, embora criada por um faraó egípcio, Amenophis IV (1375 a.C.), foi realizada e consagrada por um povo de pastores e horticultores, os hebreus, antecessores dos modernos judeus, que constituíam uma sociedade que passava da igualdade social para um sistema de hierarquia social, com a presença de figuras reais. Assim, não poderia haver exemplo mais eloquente que esse para se demonstrar que uma crença em si advém necessariamente de um tipo específico de sociedade, como subproduto de um sistema econômico.

Por sua vez, para os críticos do positivismo comteano e do evolucionismo, a continuada presença hodierna de atitudes, crenças e rituais religiosos, que pareciam próprios de religiões ditas animistas, nas sociedades baseadas em religiões monoteístas, ou em religiões, como o budismo e o taoismo, que prescindem da ideia de deus (no sentido de um espírito uno no universo), demonstrava o quanto de básica e fundamental era a necessidade do homem de manter o espírito do religioso e do sagrado e de guardar rituais de fé, propiciação e reverência. A classificação de religiões pelo viés evolucionista terminou desacreditada na Antropologia, não tanto, por suposto, pelas falhas de classificação, mas porque, nas sociedades modernas, todos os tipos de religiões se acham presentes, encontrando abrigo nos corações e sentido nas mentes dos homens.

O ESTUDO DE RELIGIÕES NO BRASIL

O interesse de antropólogos pela religião no Brasil tem origem no interesse pelas religiões que estavam à margem da dominante religião católica. Têm sido objetos de especial estudo o candomblé, o espiritismo, a umbanda e as variações evangélicas do protestantismo. Entretanto, há estudos antropológicos sobre as demais religiões que se encontram no Brasil, inclusive o budismo, o xintoísmo, o islamismo, o hare-krishna, bem como dezenas de religiões de povos indígenas.

Candomblé

O candomblé é a religião que os escravos negros trouxeram para o Brasil e conseguiram preservar e cultuar em "terreiros", isto é, em casas religiosas, em igrejas, em diversas cidades brasileiras, especialmente na Bahia, no Recife, em São Luís, no Rio de Janeiro, em São Paulo e em Porto Alegre. O candomblé é uma religião formada pela crença em um panteão de espíritos-deuses, cada qual com seus atributos de caráter humano e com identificação com forças da natureza. São os *orixás*, em que se destacam Xangô, Oxóssi e Olum. Esses espíritos podem ser invocados nos rituais religiosos, sendo propiciados a "baixar" sobre os crentes que estão aptos a recebê-los, por já terem sido "iniciados" no culto. Cada terreiro tem seu "pai de santo", *babalorixá*, ou "mãe de santo", *ialorixá*, que são encarregados do bem-estar espiritual de todos os participantes. O culto principal é realizado em cerimônias integradas por dança (à base de tambores de variados tamanhos e sonoridades), bebida (especialmente cachaça) e fumo (em forma de charutos), que facilitam a entrada em transe dos participantes e sua consequente recepção do orixá próprio de cada pessoa. A iniciação dos crentes se dá por uma série de rituais, variando de acordo com a preferência do pai ou mãe de santo ou com a tradição do terreiro. O uso de sacrifício de animais, especialmente de bodes, galinhas e galinhas-d'angola, é parte desses cultos de iniciação de crentes, mas também de propiciação aos orixás e agradecimento por graças alcançadas.

É uma religião de grande carisma na cultura popular brasileira urbana, inclusive por seus aspectos de magia e intervenção sobre as coisas mundanas. É comum encontrar oferendas de alimentos e bebida a orixás nas encruzilhadas e esquinas de ruas, bem como nas matas urbanas, nas nascentes e nos veios de água. Ultimamente tem havido reclamações, por parte das autoridades públicas e dos movimentos ecologistas, sobre a poluição de águas correntes devido a essas oferendas. Variações do candomblé são praticadas em modalidades próprias em muitas cidades interioranas, especialmente as que tiveram influência substantiva de ex-escravos, como nos estados do Maranhão e no Recôncavo bahiano.

Alguns aspectos do candomblé têm ultimamente se tornado de grande importância para a cultura brasileira em geral. O mais notável vem acontecendo em cidades litorâneas, onde tem se espalhado um culto religioso originário do candomblé, o culto à orixá Yemanjá, a deusa das águas, cuja data de comemoração no calendário religioso é, tradicionalmente, o dia 2 de fevereiro (conforme ainda o é em Salvador, na Bahia). Já em cidades como Rio de Janeiro, Yemanjá é reverenciada na passagem do Ano Novo como culto que toma uma forma semirreligiosa, ou com religiosidade difusa, ou até como um ritual laico. As pessoas que vão às praias no Ano Novo procuram se vestir de branco, trazem lírios e flores e as jogam no mar com pedidos a Yemanjá, não em prol de curas de doenças, mas por desejos de bem-estar, por um amor fugidio ou pela paz na família. Muitas delas nem são religiosas, muito menos do candomblé. Para alguns antropólogos, é como se estivesse criando um culto pararreligioso, se for permitida a expressão, de cunho festivo, dentro do calendário cultural brasileiro.

Espiritismo

O espiritismo é uma religião derivada da revelação de um homem, Alan Kardec, em meados do século XIX. Kardec deixou uma vasta obra escrita sobre a vida dos espíritos e com ensinamentos sobre como contatá-los, bem como sobre como levar uma vida digna. Postula, com base nas crenças gerais do cristianismo, a existência além da vida de um mundo de espíritos, cuja finalidade é seu aperfeiçoamento até o encontro final com Deus. Nessa trajetória, os espíritos vão se encarnando nas pessoas, que, por sua vez, devem ter consciência de seus limites materiais, como meros corpos que servem de abrigo temporário aos espíritos. O espiritismo estabelece uma moral pela qual as pessoas devem ter bom comportamento para que seus espíritos "evoluam" ou se aperfeiçoem.

Nos seus cultos, o espiritismo propõe um relacionamento entre os dois mundos através de sessões religiosas em que os espíritos podem "baixar" e conversar com as pessoas, ou, ao menos, com mediadores mais capazes. Os espíritos também podem "incorporar-se" em homens e mulheres já espiritualmente superiores, os médiuns ou até de curadores extravagantes (que são rejeitados pelas ciências, bem como pela medicina), e deles servirem de porta-vozes.

O espiritismo é uma religião de grande aceitação entre pessoas de classe média e média baixa nas grandes cidades brasileiras. Mais do que isso, a noção generalizada de espiritismo é um sentimento muito comum entre brasileiros, já que se baseia em princípios do cristianismo, enfatizando aspectos de grande interesse de brasileiros, como a mediunidade, a intervenção mágico-religiosa em curas e a emulação de uma ética de vida.

Umbanda

A umbanda é uma religião tipicamente brasileira pois nasceu de uma síntese consciente, criada por volta da primeira década do século xx, entre aspectos doutrinários e ritualísticos do catolicismo, do espiritismo e do candomblé. Ela se desenvolveu sobretudo nas grandes cidades e atraiu pessoas de origem católica que tinham tendência ou aceitação tanto pelos aspectos mediúnicos quanto pela presença de espíritos africanos e indígenas, e ainda pelos rituais e expressões de dança africana.

A umbanda se apresenta em rituais de dança em que se manifestam os eguns e os orixás através dos médiuns, tal qual no candomblé, mas sua função básica é de ensinar as pessoas a se aperfeiçoarem como seres humanos, a evoluírem, tal como no espiritismo. Nos cultos prevalece a presença dominadora do babalorixá ou da ialorixá, que comandam os médiuns, recebe o seu orixá pessoal, dá "passes" e "descarregos", que são atos mágico-religiosos de retirar forças negativas das pessoas e jogar para lugares neutros.

Como no espiritismo, requer-se de seus adeptos uma moral rígida e um comportamento caridoso para com os demais. Só assim eles poderão evoluir como espíritos.

Até a década de 1970, essas religiões de origem africana tinham muita aceitação entre as camadas urbanas pobres no Brasil. Porém, aos poucos foi dando espaço às religiões de cunho cristã, que trouxeram aspectos de participação mágico-religiosas e de alívio espiritual muito fortes, como veremos a seguir.

Cristianismo protestante

São muitas as variações do cristianismo protestante no Brasil, especialmente aquelas criadas originalmente nos Estados Unidos, que ficaram conhecidas como "evangélicas", por enfatizar a presença de Cristo na vida corriqueira, bem como pela leitura ao pé da letra da Bíblia em relação aos seus relatos históricos e aos seus ensinamentos éticos. Entre as principais igrejas evangélicas estão a Igreja Batista, a Adventista do Sétimo Dia e, como criação própria do Brasil, a Igreja Universal do Reino de Deus. Os evangélicos procuram pautar sua vida pelas admoestações dos livros bíblicos, especialmente sobre a necessidade de estarem todos preparados para o dia do Juízo Final, a saberem suportar as agruras da vida ou os seus benefícios, respectivamente como castigo ou como graça divina, o comprometimento de vida com a comunidade de crentes e o comportamento social à altura das expectativas da ortodoxia de crenças e da aceitabilidade por parte dos pastores.

Os cultos evangélicos mantêm a grande influência original trazida dos estados sulinos americanos, com cantorias em coral, denominadas em inglês *gospel music*, que são acompanhadas com palmas pela assembleia de participantes, a oratória emocional do pastor, o transe maléfico (diabo que encarna nas pessoas) dos participantes e a cura ou intervenção benéfica dos pastores e ministros. Em algumas seitas, os pastores são creditados com a capacidade de cura pela intervenção divina, que é por eles invocada. Isso, naturalmente, faz parte do comportamento que a Antropologia chama de magia.

A importância dessas igrejas evangélicas tem aumentado no Brasil nos últimos quarenta anos, tendo se espalhado por todos os estados brasileiros, em cidades grandes, médias e pequenas, mas com muito mais público entre as camadas sociais mais pobres e carentes economicamente. Pelo Censo do IBGE de 2000, o Brasil comporta cerca de 16,5% de sua população como protestantes, sendo a grande maioria de evangélicos. Um dos estados com maior porcentagem é o Rio de Janeiro, com cerca de 23%, sendo os estados nordestinos os que têm menor porcentagem de evangélicos.

Muitos pesquisadores do evangelismo atribuem o crescimento dessas igrejas a diversos fatores que sucederam no Brasil nesse meio século de mudanças sociais e econômicas. O principal tem sido a rápida passagem da vida rural para a vida urbana (*grosso modo*, 80% dos brasileiros vivem hoje em cidades, quando cinquenta anos atrás eram apenas 30%), que desagregou a cultura rural de origem colonial, baseada num catolicismo tradicional, híbrido, por aceitar tendências religiosas indígenas e africanas, com a veneração de santos dentro de um calendário sociorreligioso, e com fundado respeito ao *status quo* social. O processo desenfreado de urbanização levou a população rural brasileira a migrar para as cidades médias e grandes e a viver em condições de penúria e carência, não só material, como espiritual, sem um substituto cultural e espiritual à altura dos sofrimentos e desalentos passados. Ademais, um novo *ethos* urbano surgiu e espalhou mesmo pela vivência rural, sem uma concomitante ética e sentimento religioso vindo da tradicional religião católica. O evangelismo, por vários motivos, inclusive a abertura à participação dos crentes em culto, o ortodoxismo bíblico e a exigência comportamental, parece ter aliviado essa carência espiritual para uma parte dos pobres do Brasil.

146 ANTROPOLOGIA

Por sua vez, dado a tendência à cissiparidade, isto é, à criação de novas igrejas, cada qual com certo grau de autonomia, por pastores capazes de fundar suas próprias assembleias de crentes, o evangelismo tem procurado estabelecer uma hierarquia no seu corpo de sacerdotes que, de algum modo, termina parecendo com a forma tradicional da Igreja Católica Romana, à exceção da figura máxima de um pontífice. Grandes seitas agora são controladas por cúrias de bispos que estabelecem contato com seus fiéis através dos meios de comunicação mais atuais e mais populares, como a rádio e a televisão. Muitos desses bispos e líderes religiosos têm optado pelo trabalho político, numa estratégia de ganhar alavancagem política com a disseminação de suas crenças. Por tudo isso, embora não haja uma desavença assumida, a Igreja Católica e as Igrejas Evangélicas têm se mostrado mais reticentes umas com as outras do que o eram há uns vinte anos.

As outras religiões existentes no Brasil têm sido estudadas pelo interesse espiritual que elas evocam, muito mais do que por suas respectivas popularidades. O próprio protestantismo clássico, das igrejas luterana, calvinista, anglicana, presbiteriana e metodista, parece não estar crescendo. Há missionários de outras seitas protestantes, em geral vindos dos Estados Unidos, como os mórmons e os quakers, mas sua existência ainda está restrita à influência direta dos missionários e de suas capacidades de agregar fiéis. A presença ainda marcante do catolicismo, em cerca de 70% da população brasileira, em grande medida, ainda barra o crescimento de outras religiões que trazem uma visão espiritual mais abstrata, como o budismo.

ATEÍSMO

Por sua vez, há que lembrar a existência de certa parcela da população brasileira que professa a descrença em religiões de qualquer natureza, chamando-se ateus. O ateísmo é uma reação ocidental ao cristianismo que surgiu a partir da Revolução Francesa e da ideia positivista de que o homem guarda sentimentos religiosos por falta de conhecimento dos princípios da natureza. Por esse raciocínio, quando o homem descobrisse os "segredos" da natureza, não precisaria mais de religião para se completar. Numa versão mais branda, há aqueles que se dizem agnósticos, isto é, que não se importam quanto à verdade ou não das religiões, ou que não vale a pena perder tempo com a dúvida sobre a existência ou não de Deus.

Para a Antropologia, vale o ateísmo tanto quanto vale o teísmo. Importa saber como se dá a forma de crença ou de descrença, de que modo e o quanto uma ou outra afeta a vida social dos homens.

RITUAIS

O modo como as pessoas se relacionam com o sagrado é marcado por um espírito de reverência e por uma atitude própria, não corriqueira, que se chama de ritualístico. Toda religião tem rituais, seja no modo de se comunicar e propiciar os deuses, seja na atitude para com o sagrado, seja nos seus eventos coletivos.

Um ritual é composto de um conjunto de comportamentos padronizados, com começo, meio e fim. Esses comportamentos se diferenciam, do comportamento corriqueiro, embora este também possa ser visto como padronizado, por fazer parte de uma rotina, de uma repetição de mesmos comportamentos. A diferença entre ritual e rotina, do ponto de vista comportamental, é equivalente à diferença entre o sagrado e o profano.

Os eventos religiosos são sempre rituais. Todavia, nem todo ritual é religioso ou diz respeito ao sagrado. Toda sociedade tem momentos em que os acontecimentos se dão de um modo ritualístico. Por exemplo, na cultura brasileira, o Carnaval é um ritual, em que o comportamento das pessoas se distingue do comportamento corriqueiro. A Semana Santa, no calendário católico, compreende um conjunto de rituais religiosos. Já as festas juninas, embora católicas na origem, constituem um conjunto de rituais profanos.

Um etnólogo francês Arnold Van Gennep, que fazia parte do grupo de sociólogos em torno de Émile Durkheim, foi quem elaborou as principais ideias sobre o que constitui um ritual e sobre como um ritual se organiza para dar sentido ao seu conteúdo social. Ao comparar rituais em diversas sociedades, das mais simples às de sua época (início do século XX), Van Gennep viu que havia uma estrutura que se repetia em todos os rituais, em especial naqueles que ele chamou de "ritos de passagem". Assim, em seu magistral livro *Ritos de passagem* (orig. 1906), propôs que todo ritual se dá numa sequência com começo, meio e fim e que cada etapa tem suas próprias características. *Grosso modo*, eis como se estruturam essas partes:

- Todo ritual se inicia impondo um corte nos eventos anteriores, mostrando que algo especial está para acontecer, que requer um novo tipo de atitudes e comportamento. Convém chamar essa fase de afastamento. É a fase inicial, que pode se dar quase sem se perceber, ou pode já exigir rituais próprios. Em qualquer caso, é um corte em relação ao que estava acontecendo antes.
- Em seguida, o ritual passa pela fase intermediária, em que fica evidente que algo diferente está acontecendo e que não está clara a sua natureza. Essa fase se evidencia pelo contraste com os eventos corriqueiros. O acontecimento parece muito diferente do corriqueiro, muitas vezes parece até ser o contrário, o inesperado. Para muitos, essa fase é que mais chama à vista a natureza do ritual. Como a situação pode ser muito diferente e inesperada, ela foi conceituada por Van Gennep com sendo *liminar*, isto é, entre uma coisa e outra. Em geral, os eventos que ocorrem nessa fase demonstram uma grande diferença sobre o que é corriqueiro e anterior, e ainda não vislumbram o que ocorrerá ao final. Tudo parece estar indefinido, suspenso das regras sociais normais. Nesse caso, em muitos rituais, a liminaridade suscita ações fora do padrão, ações perigosas e inesperadas. E essa só aceita de bom grado a indefinição no sentido ritualístico, como uma questão liminar, intermediária. Vale a pena notar que a fase de liminaridade, como foi observado por Van Gennep, sugere uma forte associação do indefinido com o perigoso. O indivíduo que está vivendo essa fase, na qual sua condição normal está suspensa, está em perigo social. O final do ritual é que vai recuperar sua condição. Assim, por extensão, a Antropologia tem observado que, na sociedade, quase tudo que é indefinido carrega um ar de perigo.
- Por fim, chega-se à fase final em que o ritual é concluído. Tal conclusão parece ser a resolução da fase anterior, isto é, a definição da condição esperada por todos que participam do ritual. A conclusão dá aos participantes um novo *status* social – se o ritual for um rito de passagem – ou permite a volta segura ao *status* anterior dos participantes, bem como dos eventos corriqueiros. Por isso, essa fase é chamada de *reincorporação*.

Qualquer ritual pode ser analisado como tendo esse tipo de estrutura. O que parece mais evidente é a fase liminar ou de liminaridade, em que os acontecimentos são tão diferentes daqueles que se dão na fase que a precede e na que a conclui.

Vejamos alguns exemplos para esclarecer essa explicação.

O Carnaval é um ritual com começo, meio e fim. É cíclico, pois ocorre todo ano, em determinada época. Inicia-se com o afastamento do comportamento corriqueiro: a saída do trabalho, a mudança de vestuário e de comportamento, a chegada em locais sociais, mas específicos para a ocasião. De acordo com o local da festa, diferentes formas de início ritualístico ocorrem.

A fase intermediária ou liminar se caracteriza por uma série de eventos extraordinários e contrastantes com o corriqueiro. Por exemplo, o uso de fantasia faz com que a pessoa social deixe de existir e passe a ser uma pessoa de brincadeira, capaz de atuar de modos inesperados e até contrários ao normal. Como um homem vestir-se de mulher e se rebolar pelas calçadas à frente de todos, sem pudor ou vergonha. Ou como embriagar-se e dizer besteiras. Ou ainda, nos locais mais ousados, como fazer coisas que na vida normal não são aceitáveis. Na fase liminar muita coisa é permitida exatamente porque se reconhece essa fase como sendo indefinida. Esse é o ponto alto do Carnaval, às vezes, aquilo que se identifica como Carnaval.

Por fim, a conclusão compreende uma série de atos e atitudes que indicam a finalização dos eventos liminares e a volta ao estado anterior, corriqueiro. Para o católico praticante, por exemplo, a sua reincorporação se realiza com a participação na missa da quarta-feira de cinzas, quando é reintegrado ao seu sentido religioso. Para outros, como nas folias da Bahia, o fecho do Carnaval vai se dar no congraçamento dos trios elétricos na Praça Castro Alves e nos acordes finais de músicas já não mais carnavalescas.

Na cultura brasileira existem muitos rituais que se apresentam como ritos de passagem. Esses rituais indicam, para o indivíduo envolvido e para a sociedade que o cerca, a passagem de um estado de vida para outro. Ou uma renovação do seu *status*, como nos ritos que ocorrem periodicamente. Entre tantos rituais, podemos lembrar os ritos religiosos, como o batismo, a crisma, o *bar mitzva*, a iniciação no candomblé, bem como as festas de santos, a Páscoa, etc. São rituais em que os praticantes entram numa condição sociorreligiosa, passam por uma fase intermediária e saem rejuvenescidos ou transformados em pessoas com novo *status* sociorreligioso.

Há também os ritos de passagem laicos. A cultura brasileira seleciona uma série de momentos na vida do indivíduo em que se realça a sua passagem de uma condição ou posição social para outra. O mais frequente e corriqueiro são, sem dúvida, as festas de aniversário. Todo brasileiro reconhece seu dia de nascimento e comemora com algum tipo de ritual festivo. No aniversário, por mais simples que seja sua comemoração, podemos discernir as fases de afastamento, liminaridade e reincorporação. A preparação da festa e da recepção, a chegada dos convidados, a recepção dos presentes, enfim, o esperado canto de parabéns e corte do bolo, até o alívio da saída de todos e a avaliação sobre todo o ritual e seus participantes.

O casamento é um ritual de passagem da condição de solteiro para casado. Pode ser visto como um ritual em si, ou como parte de um ritual mais longo, que começa com o namoro, passa pelo noivado, que é a fase de liminaridade, em que não se é mais propriamente solteiro, mas também não se é casado, até a conclusão de todo o ritual do casamento e a incorporação dos recém-casados à sua nova condição social.

O trote que acontece nas universidades com os calouros é um ritual em si, mas também é parte de um ritual maior, que é a passagem do estado de estudante de ensino médio para aluno de faculdade. Nesse caso, o trote é a fase liminar desse ritual maior, aquele em que o calouro não é nada ainda, é um não sujeito, por isso pode ser "humilhado" e levado a fazer coisas que normalmente não faz. É uma fase de indefinição, portanto, perigosa. E alguns trotes chegam literalmente a ser perigosos!

MITOS

Se alguém perguntar a um índio Guajá como o mundo foi feito, ele vai discorrer sobre uma estória que ouviu de seus pais e avós, ou de algum homem velho e sábio, a qual responde sobre alguns aspectos da existência da humanidade e da natureza que são importantes para a sua cultura. Algo assim resumido:

> No princípio, os animais eram iguais aos seres humanos, falavam e se comportavam iguais. Um dia, uma mulher viu um homem muito bonito, se apaixonou por ele e eles se amaram. Era Maíra, o encantado, o demiurgo. Em seguida Maíra foi embora e a mulher ficou com um filho no ventre, o filho de Maíra, Maíra-yra. Logo essa criatura começou a falar e pedir para ir ao encontro do pai, mostrando o caminho. A mãe estranhou o pedido e o desembaraço da criança, mas acatou-o. A criança foi indicando o caminho, e não parava de falar e pedir: "Mãe, eu quero cheirar essa flor, pegue-a para eu cheirar!" A mãe pegava a flor e a levava até sua barriga para Maíra-yra cheirar, até que uma vez a flor veio com um marimbondo

que picou a barriga da mãe. Ela se zangou, bateu na barriga e o filho parou de falar. Numa encruzilhada perguntou ao filho por onde ir, ele não respondeu. Ela pegou a vereda que foi dar na casa do Gambá, o Mykura. Quando chegou, estava chovendo e o Gambá ofereceu abrigo e uma rede para ela. Daí dormiu com ela e lhe fez outro filho, Mykura-yra, o filho do Gambá. A mãe continua seu caminho até dar na aldeia das Onças, as Iawaruhu. Mas elas estavam caçando e a mãe foi abrigada por uma velha, uma avó, Iari, que a recomendou se esconder para as Onças não a virem quando voltassem. Quando as Onças chegaram, sentiram o cheiro diferente, a mãe se espantou, virou uma veada e saiu correndo, mas as Onças a pegaram e a mataram. Ao esquartejá-la para assá-la, viram que havia um casal de gêmeos vivos e os deram para Iari comer, porque só os velhos comem fetos. Iari tentou assá-los no espeto, cozinhá-los na panela ou moqueá-los no jirau, mas os gêmeos se mexiam, pulavam fora e ela não conseguiu. Aí resolveu guardá-los num cofo até decidir o que fazer. No dia seguinte, os dois veadinhos tinham se transformado em duas paquinhas. Aí ela resolveu criá-los e não matá-los. Nos dias seguintes, os gêmeos foram se transformando em diversos bichinhos, até que um dia, já grandinhos viraram meninos. O filho de Maíra era poderoso como seu pai e costumava brincar com a avó, retirando sua cabeça e jogando-a no chão e depois recolocando-a na velha. Um dia foram caçar passarinhos e um deles lhes contou o que eles eram e como as Onças haviam comido sua mãe. Aí eles resolveram se vingar e matar todas as Onças. Maíra-yra criou um brejo com todas as palmeiras e frutas, e com partes das palmeiras fez jacarés e piranhas e os jogou no rio. Aí convidou as Onças para ver as maravilhas que havia no brejo. Tramou com seu irmão fazer uma ponte de pau e quando todas as Onças estavam passando pelo pau, virou-o e elas caíram no rio onde foram trucidadas pelos jacarés e piranhas. Aí resolveram seguir caminho à procura do pai, Maíra. Finalmente, depois de muitas aventuras chegaram ao pai, que não os reconheceu e lhes deu várias tarefas para cumprir, até Maíra-yra ser reconhecido como filho. Nessas tarefas muitas coisas foram criadas e transformadas de outras, como a cobra que se faz de um cipó, etc., etc.

O mito de Maíra, ou melhor, de Maíra-yra e seu irmão gêmeo Mykura-yra, prossegue por muitos temas e aventuras. Além dos Guajá, vários povos indígenas da cultura tupi-guarani guardam esse mito, com variações

152 ANTROPOLOGIA

aqui e acolá. Ele parece ser a base da compreensão que esses povos fazem da natureza e de sua relação com a humanidade. Explica nessa linguagem fantástica aquilo que os antropólogos procuram demonstrar por sinais mais evidentes e com linguagem mais comum.

Mas, o que é o mito?

No sentido mais tradicional, que vem dos gregos antigos, *mito* é uma estória contada em uma atitude de respeito sobre acontecimentos passados que de alguma forma contribuíram para a formação de uma sociedade ou de uma cultura. Em muitos casos, esses acontecimentos podem ser fantásticos e inverossímeis, misturando seres humanos com animais ou deuses. É nesse sentido que os gregos contavam as origens de sua formação, antes do advento do pensamento racional, da filosofia e do discurso histórico propriamente dito. É também nesse sentido que os antropólogos coletam e analisam as estórias contadas pelos sábios e memorialistas das sociedades igualitárias mundo afora; ou os recuperaram das sociedades ocidentais em tempos anteriores à conquista romana e suas passagens da condição tribal para a de província do Império Romano.

Nas sociedades modernas, mitos são confundidos com lendas. Estas são também estórias fantásticas, mas, em geral, mais simples e com um propósito mais claramente pedagógico ou moralista. Seu conteúdo é mais fácil de ser entendido por todos. Por isso, elas são contadas com despojamento e sobretudo para as crianças. Já o mito tem um caráter mais reverenciado, e aqueles que os sabem contar são reconhecidos pelos demais membros da sociedade. O conteúdo dos mitos é difícil de ser entendido não só para os que contam e os que escutam, mas também para os antropólogos que os estudam e os tentam interpretar.

Num sentido analítico, mitos se parecem com sonhos. Eles misturam objetos fabulosos com objetos corriqueiros sem levar em conta nem a temporalidade, nem a espacialidade, nem a lógica de causa e efeito, nem a lógica de estruturas. Eis porque Freud, o pai da psicanálise, usou tanto um como o outro para criar sua teoria psicanalítica e também para tentar dar a essa teoria uma ampliação explicativa ao todo social. Num livro instigante, que ajudou a fundar sua teoria, e que também é merecedor da leitura de antropólogos, *Totem e tabu* (1917), Freud analisou o mito grego de Édipo para demonstrar o quanto um mito pode representar a estrutura psíquica do homem, em sua formação pessoal, ou ontogênese, bem assim, sua evolução cultural, ou sociogênese. Para Freud, o que se passa na formação do homem, qualquer homem, como criança, se passou um dia, no passado remoto, na sua formação como ser cultural. O mito de Édipo é, por essa razão, um dos mitos mais conhecidos e comentados no mundo. A análise que Freud lhe proporcionou enriqueceu a civilização ocidental, mesmo que, para muitos cientistas, não seja considerada passível de demonstração científica.

Para a Antropologia, o mito tem sido um objeto de grande interesse e encantamento, se não de pasmo. Ele tem sido interpretado de muitas formas e por muitas vertentes, desde a evolucionista, em que o mito seria um relato histórico de uma fase da humanidade que ainda não havia chegado à lógica racional de explicações; a de que é uma metáfora de uma história formativa, portanto, pode fornecer dados reais, de valor histórico, se bem interpretado, de um passado da sociedade que o tem em conta; a de que representa alegoricamente uma visão ética da sociedade, uma espécie de *carta moral*, que provê princípios de emulação e conduta para os seus membros; até a visão estruturalista de Lévi-Strauss, de que o mito é uma linguagem básica universal compartilhada por todos os povos, que não tem nenhuma função moral ou pedagógica, mas tão somente o sentido de codificar as estruturas inconscientes de pensamento do homem como reflexo de suas sociedades e suas culturas. Lévi-Strauss, que dedicou quatro importantes volumes sobre essa teoria, chamados de *Mitológicas* (1964-1971), conclui ao final que os mitos não servem como conteúdos de mensagens inconscientes do social, mas como estruturas de linguagem inconsciente que são reflexos das formas possíveis de comportamento humano, portanto, não estariam restritos às sociedades que os produzem, mas se comunicam entre si, falam entre si, se modificam entre si.

Só lendo esses quatro volumes para crer que tal teoria seja possível de ser aplicada por alguém que não o autor original. De qualquer modo, fica o desafio de que o mito é ainda um mistério para a Antropologia, mesmo em seu ramo que se inclina para a Filosofia e para a Linguística, em que parecem estar os melhores caminhos de compreensão.

Por tudo isso, a palavra mito tem outras acepções na linguagem comum. Serve para significar histórias fantásticas, enredos labirínticos, até ideologias, que condicionam visões e comportamentos humanos. Não é que se valem de fatos irreais ou argumentos duvidosos, mas projetam um sentido aos fatos, antes de serem testados num contexto mais amplo. É nesse sentido que a filósofa brasileira Marilena Chauí chama a história brasileira, tal como contada pelos livros acadêmicos ou analisada no dia a dia da política, de mito! Onde, pois, estaria a história verdadeira?

Antropologia Urbana e além

Campos de ação

Por um longo tempo a Antropologia parecia se orientar por um acordo implícito mas nebuloso com a Sociologia, segundo o qual caberia a esta o estudo das sociedades de classe e, portanto, das civilizações e da modernidade, enquanto a Antropologia teria como sua incumbência os estudos dos povos igualitários mundo afora, especialmente fora da Europa, na África, nas Américas pré-colombianas, na Oceania e na Ásia, bem como do mundo rural, em oposição ao urbano. Pelo menos era assim que se distinguia quem se considerava sociólogo e quem era antropólogo até praticamente a década de 1950. Do ponto de vista teórico, o sociólogo estudaria as sociedades com estado e com história, abertas e dinâmicas, bem caracterizadas pelos conceitos de *civitas* (cidade), *gesellschaft* (sociedade) e solidariedade orgânica (própria de sociedades complexas, com especialização social do trabalho), respectivamente produzidos por Morgan, Ferdinand Tönnies (1855-1936) e Durkheim. O antropólogo abarcaria as sociedades sem estado e a-históricas, fechadas e estáticas, primitivas e rurais, caracterizadas pelos conceitos de *societas* (associação), *gemeinschaft* (comunidade) e solidariedade mecânica (presente nas sociedades simples, onde a troca de bens é tão somente simbólica do relacionamento social, sem valor econômico, pois cada pessoa produz seu próprio sustento, podendo realizar todas as tarefas econômicas).

Entretanto, essa divisão do trabalho disciplinar foi aos poucos perdendo sentido, sobretudo depois que a Antropologia incursionou por áreas reconhecidamente civilizadas, como as culturas chinesa e japonesa e diversas outras culturas asiáticas que eram, obviamente, constituídas em sociedades de classe e com historicidade própria, mesmo que sofrendo ou tendo sofrido a opressão reducionista da colonização europeia. Durante a Segunda Guerra Mundial, por exemplo, a antropóloga americana Ruth Benedict, usando de seu modelo conceitual de "padrão de cultura", cuja aplicação na análise de culturas de povos indígenas americanos tinha causado bastante interesse também em áreas além da Antropologia da época, tentou aplicá-lo em seu livro *O crisântemo e a espada* (1946), para compreender a cultura japonesa em sua formalidade, em seu sentimento ético e em sua disciplina social. Para Benedict, toda a cultura japonesa podia ser ilustrada simbolicamente pela "cerimônia do chá", que é uma cerimônia criada há mais de 500 anos em que se oferece um tipo especial de chá com uma formalidade ímpar de movimentos que representariam cortesia, honradez, modéstia e simplicidade. Podia-se, assim, entender culturas civilizadas, hierarquizadas, por conceitos e esquemas teóricos advindos de estudos sobre culturas igualitárias.

Embora ainda majoritariamente dedicada a estudos sobre povos não ocidentais ou sobre o mundo rural das culturas e sociedades complexas, o interesse de antropólogos pela própria cultura ocidental, em suas variações nacionais e regionais, começou a produzir efeitos em pesquisas e em publicações. Tal interesse se pontuou timidamente por estudos sobre alguns aspectos da vida urbana que já haviam sido analisados no mundo rural. Não interessava à Antropologia discutir temas como classe social e sua relação com a economia, nem tampouco as organizações de classe, partidos políticos, burocracia e quejandos, assuntos já pautados pelos sociólogos e politicólogos. Havia realidades sociais que pareciam ser uma continuidade do mundo rural, como as manifestações urbanas do sagrado, a ritualização dos ciclos de vida, a permanência de uma certa validade social do parentesco, o sentido de comunitarismo em segmentos sociais, enfim, os aspectos ritualísticos que estavam presentes nas atividades que pareciam aos membros da sociedade urbana ocidental como corriqueiros – e que só os antropólogos podiam ver!

O passo metodológico fundamental que abriu o "urbano" para a Antropologia foi a formulação de um método de pesquisa, elaborado por antropólogos ingleses, que ficou conhecido como "rede social" (em inglês, *social network*). Interessados pelo modo como a classe trabalhadora inglesa vivia, não só pela sua luta contra patrões, estudiosos ingleses entenderam que as pessoas em situações urbanas, em que o papel da família e do parentesco em geral diminuem em importância social, se relacionam através de um complexo de relações com pessoas de todo calibre, de situações sociais e políticas várias, que vão além do parentesco, da vizinhança e do trabalho. Essas redes seriam individuais, se entrecruzando umas com as outras, e não constituiriam nem um grupo nem propriamente uma variante cultural, porque só existiam em função de uma ou poucas pessoas. Mas elas davam sentido social e psicológico às pessoas e assim constituíam um aspecto que ia além das relações secundárias de sociabilidade, como a vizinhança, e também aquém da identidade de classe, como o trabalho sindicalizado. Por isso, chamava a atenção como algo verdadeiramente "antropológico", isto é, por contraste, não sociológico.

Muitos estudos de Antropologia Urbana foram feitos utilizando como base metodológica a rede social. Desde a religião, nos seus aspectos sociais, até estudos sobre marginalidade social, uso de drogas, delinquência e violência, até as formas urbanas de fatos sociais já estudados, como casamento, comunitarismo e associações solidárias podiam ser analisados a partir da metodologia de rede social.

Talvez como ampliação daquele método, que também foi aplicado em situações rurais ou tribais, especialmente pelos ingleses nas sociedades africanas ainda durante o período colonial (isto é, até início da década de 1960), surgiu um outro método de pesquisa que estendeu a envergadura da Antropologia na vida urbana: o chamado "método de caso ampliado" (*extended case method*). A ideia, que foi muito bem trabalhada por Victor Turner, autor do livro *O processo ritual* e outros, era de que toda e qualquer situação ou evento social está imbricado com outras situações, formando uma rede de relacionamentos e intercomunicações em que os participantes nem sempre estão cientes de tudo que está acontecendo, mas participam vivamente daquilo que lhes é dado conhecer. Turner usou a metáfora teatral do *drama* (tal como Shakespeare usou *teatro* para representar o mundo) para caracterizar tais situações de intensa convivência como "dramas sociais". Todo evento social, digamos um casamento ou uma disputa entre vizinhos, engendra um enredamento de tramas e relacionamentos entre pessoas em torno de aspectos centrais do evento, mas também a propósito de outros temas e aspectos que apenas tocam no evento original.

Então, o método de estudar situações de caso através de redes sociais a partir de um determinado informante ou entrevistado foi um dos primeiros passos dados pelos antropólogos para consolidar uma visão urbana da Antropologia. Assim sendo, a ideia de uma Antropologia Urbana surgiu, de início, com a tarefa de definir e estudar melhor nem tanto a identidade das pessoas por sua integração em classes sociais, nem a relação de classes com a economia, ou as instituições sociais mais evidentes, mas como os assuntos e eventos corriqueiros se integram dentro das classes sociais e das instituições, dando aos seus participantes um sentido psicológico, político e cultural-existencial mais intenso do que a Sociologia era capaz de analisar. A Sociologia, aliás, já firmara uma tradição de estudos urbanos desde a chamada "Escola de Chicago" (grupo de pesquisadores oriundos da Universidade de Chicago que, desde finais da década de 1920, foram influenciados por autores como Max Weber e Pitirim Sorokin (1899-1962) e pela temática da urbanidade como modo próprio de ser da modernidade), no qual foram desenvolvidos os grandes temas de seu interesse: a marginalização social, incluindo a delinquência e o uso de drogas, a distribuição espacial de classes sociais em bairros, as relações intra e interclasses sociais, etc. Já a Antropologia estava ingressando nesse mundo com cautela, porém assegurada agora por um método próprio e por um objeto mais ou menos delineado que lhe conferiam espaço próprio.

Vale a pena citar aqui a imensa e abrangente influência do antropólogo americano Clifford Geertz (1926-2006) sobre os estudos de eventos culturais como parte da Antropologia Urbana. Em seu artigo sobre "descrição densa" [*thick description*] publicado no seu livro mais conhecido, *A interpretação da cultura* (1973), Geertz defende a posição de que todo ato simbólico humano só faz sentido dentro de um contexto social, o qual também é simbólico, isto é, é constituído de fatos que se explicam por outros fatos, numa sucessão de encadeamentos sem fim, tanto no sentido social quanto no histórico. Assim, a descrição densa é uma ferramenta antropológica necessária para se interpretar com profundidade o sentido de todo e qualquer evento cultural, seja um ritual, seja um acontecimento público. Dar ênfase aos detalhes dos eventos, entrelaçá-los com outras informações, estabelecer a ideia de redes de símbolos interligados, ver o evento como se fosse um "texto", lê-lo ao invés de descrevê-lo" – eis o propósito da descrição densa.

A CONTINUIDADE DO RURAL NO URBANO

A Antropologia reconhece que há diferenças enormes entre o mundo rural e o urbano, entre a vida em aldeias indígenas e a vida nas cidades, entre o tradicionalismo e a modernidade. Mas as primeiras constatações que os antropólogos urbanos fizeram foram os aspectos que demonstravam uma continuidade entre esses dois mundos.

Em primeiro lugar, fica evidente a permanência da instituição do parentesco funcionando mesmo em um mundo onde as relações sociais mais fortes advêm da inserção da pessoa no trabalho, onde o estado (moderno, ao menos) deve se pautar por critérios de mérito pessoal e valor reconhecido por todos, ou pela lei. O ironicamente chamado QI, isto é, o "quem indica", a aceitação do "jeitinho" para burlar as regras, o jeitão impositivo de pessoas sobre instituições, o uso de bens públicos para proveitos pessoais são todos derivados da capacidade ampliada do parentesco. Tal se dá não só no Brasil – embora aqui seja mais evidente, e há estudos bastante extensos sobre temas como "o jeitinho brasileiro", o nepotismo e o desrespeito às coisas públicas, que se incluem no panorama mais amplo do patrimonialismo, como um modo cultural e político de ser que ainda prevalece em muitos setores sociais brasileiros – mas também em outros países desenvolvidos, inclusive nos Estados Unidos, na Inglaterra e na França. Aí talvez nos escalões sociais médios predomine um espírito de competição individual baseado no mérito, mas, um pouco acima, o parentesco e sua extensão social mais ou menos informal, que é o conhecimento entre amigos que vieram da mesma classe social (colégio, bairro, cidade), têm grande influência (na inserção ao trabalho) no acesso a postos de trabalho, nas oportunidades culturais e no posicionamento social das pessoas. Em muitos países multiétnicos, a variante étnica, isto é, a identidade do indivíduo a partir de sua origem, também direciona as possibilidades de inserção das pessoas na vida social.

Outro aspecto da continuidade rural-urbano é o comunitarismo, que pode ser definido como a qualidade de vivência em comunidade. O conceito de *comunidade* (em alemão, *gemeinschaft*) se contrapõe ao de *sociedade* (*gesellschaft*) ao dar relevo a relações próximas entre pessoas e a agregação por amplos interesses comuns. Entretanto, é frequentemente usado de uma forma atabalhoada. Por exemplo, um grupo corporativo, com regras próprias, mas não familiar, nem de vizinhança, nem de interesses genéricos, que pertence a uma instituição é, às vezes, chamado de comunidade, como em "comunidade de informação", expressão que representava os membros da instituição estatal que agregava informações sobre as pessoas subversivas à época da ditadura militar, o Serviço Nacional de Informações. É evidente que tal uso quer dar um valor de intimidade e bom relacionamento que não condiz com a realidade social mencionada, nem com outras a que o termo é estendido.

Uma comunidade se constitui de relações sociais próximas, primárias, de parentesco e vizinhança, que têm coesão de sentimentos e de interesses gerais. É próprio de culturas igualitárias, de vida rural entre camponeses, ou até de vida rural entre senhores de terra e seus agregados ou trabalhadores permanentes. Havia comunitarismo nos castelos e feudos da Idade Média, mesmo sob um regime desigualitário de senhores e servos. Em contraste, a vida urbana desagrega esses laços e cria relacionamentos secundários, próprios da convivência pelo trabalho, pelo lazer e, especialmente, por inclinações e injunções de pertencerem à mesma classe social. Essa é a sociologia geral da diferença entre rural e urbano. Porém, em muitos setores da vivência urbana, sobretudo em bairros pobres, favelas, cortiços, ou em antigos conjuntos residenciais de trabalhadores, a vivência comum, o relacionamento entre famílias que se ajudam mutuamente, o compartilhamento das dificuldades comuns advindas de sua situação de classe, das carências urbanistas, do descaso dos poderes políticos, terminam desenvolvendo nesses setores tanto uma (nova) identidade comum como produzindo um espírito de comunidade.

Grande parte dos estudos urbanos sobre bairros pobres reconhece *a priori* uma vivência comunitária. Nas cidades de países multiétnicos, especialmente na África, mas também nos Estados Unidos e no Canadá, essa vivência comunitária se dá sob a égide da identidade étnica. Bairros de negros, de hispânicos, diferenciados pela origem de seus países (México, El Salvador, Jamaica, Cuba, República Dominicana, para citar só os mais populosos) são muito comuns nos Estados Unidos. Nos países latino-americanos, em especial o Brasil, os bairros pobres agregam gentes de procedências diversas e de matizes raciais os mais mistos. Não há bairros exclusivos de negros ou de migrantes nordestinos, mineiros ou paranaenses, no Rio de Janeiro ou em São Paulo, embora aqui e acolá haja preponderância de um ou outro desses segmentos populacionais brasileiros. Negros cariocas sabem-se diferentes de nordestinos, os "paraíbas", mas em sua vivência comum uma cultura subjacente os conecta. Seus descendentes já não se distinguem entre si. Eis porque, tanto no trabalho, como no divertimento (escola de samba), como ainda no tráfico de drogas, as lideranças podem ser tanto negros e mulatos cariocas quanto descendentes de nordestinos, indiscriminadamente.

Entrementes, o comunitarismo presente em setores urbanos é, frequentemente, destacado pelos projetos políticos e administrativos que visam à aplicação de medidas assistencialistas ou compensatórias de caráter econômico e social. Os governos preferem trabalhar com as associações de moradores de bairros, na expectativa de que elas representam o todo da comunidade. Os políticos carreiam recursos para essas organizações como promessa ou retribuição ao voto eleitoral supostamente vindo de toda a comunidade. Todavia, como os estudos antropológicos têm demonstrado, tais associações quase sempre são controladas por grupos específicos, isto é, por parcialidades que, de uma maneira ou de outra, pela natureza da disputa pelo parco poder que elas contêm, alijam outros grupos da sua administração. Estes, os derrotados, reiniciam o processo de conquista do poder pelas campanhas de difamação, de não participação e até de boicote às atividades criadas pela associação. Com menor frequência, consegue-se equilibrar os interesses de grupos diversos dentro dos interesses do grupo controlador, ou até dos interesses gerais da associação, ou estabelece-se uma trégua mais ou menos diplomática, até que algum acontecimento desencadeie novo ciclo de disputas.

Comunidade implica identidade cultural, objetivos comuns e interesses compartilhados; disputa política implica diferenças de identidade e de interesses. O comunitarismo urbano carrega em si essa contradição essencial.

TEMAS DA ANTROPOLOGIA URBANA

URBANIZAÇÃO

Talvez o principal tema da Antropologia Urbana tenha sido até recentemente a questão da urbanização, isto é, mais do que a formação de cidades, as mudanças das paisagens das cidades nos últimos dois séculos. No Brasil, a predominância das cidades no panorama demográfico brasileiro é um fenômeno recente, talvez menos de cinquenta anos, quando a nossa população urbana passou de 20% para 80%, e a rural, o inverso. Com isso foram surgindo os grandes problemas urbanos, desde aqueles de infraestrutura e serviços até os de desajustamento psicológico, discriminação e violência.

Como a Sociologia, a Antropologia padece do mau sentimento de que a vida urbana desagrega as instituições que compõem a vida rural, tais como o parentesco, a família, o comunitarismo, a solidariedade, etc., impondo um ritmo social baseado na desigualdade, na competição e no individualismo. Um derivativo dessa desagregação resulta em indivíduos se colocarem, ou serem colocados, à margem da aceitabilidade social, seja por atitudes estranhas, comportamento violento e ações criminosas e ainda diversas formas de desequilíbrio social e emocional. Ou seja, simplesmente por serem de classe social baixa, por não terem tido educação formal desenvolvida, ou ainda, por serem negros, mulatos, mestiços, ou até nordestinos pobres. Os psicólogos têm muito trabalho tentando achar as raízes desses comportamentos, mesmo porque eles também acontecem na vida rural, embora com intensidade e frequência inferiores. Já os sociólogos se utilizam de um arcabouço teórico em que quase tudo se encaixa como consequência da luta de classes, na herança de eras pré-capitalistas, ou no descontrole social causado pelas drásticas mudanças socioeconômicas. E os antropólogos buscam explicações entre as frestas do político, do psicológico e do cultural.

Até a década de 1980 trabalhava-se todos esses temas sob a noção de marginalidade social, que se entendia como derivada primordialmente da desigualdade social representada pelo sistema hierárquico de classes sociais. Era o grande prato cheio da Antropologia e da Sociologia brasileiras. A marginalidade se apresentava na configuração urbana de bairros ricos e bairros pobres, sendo os pobres de forma geral precários (embora alguns com vista para o mar); nas díspares facilidades urbanas de transporte e serviços de infraestrutura; na diferenciação de escolaridade e na baixa qualidade das escolas públicas; nas inferiores oportunidades de trabalho e ascensão social; no modo e nas atitudes religiosas; enfim, no jeito próprio de ser e de se comportar.

Os antropólogos têm estudado muitos aspectos urbanos que fazem parte da temática da marginalidade. Mas essa noção foi abandonada quase de todo, numa prova de que a ciência social muda conforme os tempos. Diversas outras noções surgiram para preencher esse vácuo teórico, como discriminação social e racial, respeito às diferenças e direitos humanos. Até pouco tempo atrás importava muito saber sobre a questão da integração de migrantes rurais com o mundo urbano; a permanência do rural – em festas, rituais, comportamento; a perda do rural – na quebra da estrutura familiar, no comportamento rebelde dos filhos; as religiões e seus cultos, inclusive o sentido de busca de uma nova identidade social; a organização social de bairros e comunidades. Hoje o assunto principal dessa temática se foca na violência e suas múltiplas faces: pelas drogas, pelo desespero pessoal, pela bandidagem propriamente dita.

Etnias urbanas

Na Europa, na África e nos Estados Unidos há uma proliferação de estudos sobre o relacionamento entre diferentes etnias no mundo urbano. Cada um desses casos é específico: na Europa, o problema está em conciliar os nacionais e os imigrantes recentes, sobretudo os vindos da África, Índia, Ásia e dos países do Leste europeu. A motivação desses estudos advém da preocupação dos governos em harmonizar esses relacionamentos, em não permitir que haja conflitos violentos por razões de rivalidade étnica. Entende-se em geral que tal rivalidade antecede à rivalidade de classe, e é considerada mais intensa e mais difícil de ser superada. Noções como xenofobia, racismo, preconceito racial e outras equivalentes são os fulcros estimulantes desses estudos.

Na África pesquisas equivalentes tentam compreender como os estados e as nações que surgiram após o fim do colonialismo europeu (que só acabou efetivamente na década de 1980 com a autolibertação do Zimbábue e da África do Sul) podem dar conta da enorme quantidade de etnias e culturas diferenciadas que existem nos seus territórios. Antes do colonialismo, tais etnias tinham seus modos próprios de relacionamento, que podiam até ser conflituosos e hierárquicos, em muitos casos, mas que, em geral, conviviam em certo equilíbrio político-cultural. Umas etnias mais poderosas submetiam as menos poderosas, e estas aceitavam esse domínio. Agora, superados os tempos do colonialismo e regidos por normas internacionais ditadas pela Organização das Nações Unidas, as novas nações buscam realizar um novo equilíbrio social, a duras penas. Mesmo nos países onde há um predomínio político de uma etnia, ou de umas poucas, as demais etnias, que formam minorias ou até maiorias, não dão trégua e só são dominadas pela repressão explícita. Para piorar, sobre essas rivalidades étnicas se entrecruzam as rivalidades religiosas, que aí ganham mais agressividade. O noticiário mundial não deixa de repercutir os casos mais escabrosos, como os genocídios e etnocídios (mortandades em massa de pessoas de uma mesma etnia e motivados exclusivamente pelo ódio étnico), como se fosse para indicar a irrealidade e impossibilidade dessas nações se firmarem no panorama mundial. Esse entrecruzamento de etnia, classe, nacionalismo e religião tem sido grande e problemático demais para os antropólogos e outros cientistas sociais darem conta dele, e os políticos experimentam o que podem, na esperança de que as coisas não se desabem para um mal maior, como o nazismo ou o fundamentalismo étnico-religoso.

Nos Estados Unidos, a preocupação essencial reside no relacionamento entre brancos e negros. Na busca pelo conhecimento científico que leve à superação da formação cultural segregacionista americana, onde houve muito pouca miscigenação e muita justificativa racial da escravidão, e na busca por meios socioculturais que levem a um entendimento entre essas duas categorias raciais, os antropólogos americanos já estudaram muitas facetas de sua questão racial. O mundo da escravidão rural, o mundo do trabalho industrial, a imigração dos ex-escravos do sul para o norte, a inserção dos negros na classe média, a importância de sua influência na cultura americana, especialmente nos esportes e na música. Enfim, pouco tem escapado da análise antropológica, muito menos a perplexidade diante de um inefável sentimento de segregação entre brancos e negros, mesmo a contragosto da ideologia democrática, do espírito cristão, do humanismo que motiva a cultura americana e das políticas públicas de compensação socioeconômica, lá chamadas de "ação afirmativa".

Essas políticas, iniciadas em fins da década de 1960, numa época de efervescência cultural americana, de cunho liberalizante e até radical, foram desenhadas como uma resposta oficial do Estado americano à segregação racial que assolava a sociedade e chagava a cultura americana. Era uma resposta também à demanda do movimento político dos negros americanos para ultrapassar as barreiras culturais, sociais e econômicas que os impediam de ascender na sociedade americana. As determinações mais importantes dessa política eram aquelas que incentivavam as empresas, as escolas públicas e privadas e as universidades a se abrirem para a contratação e a aceitação de negros em seus quadros, inclusive favorecendo-os através do estabelecimento de cotas de entrada, que eram proporcionais à porcentagem de negros na sociedade americana como um todo. As chamadas cotas raciais ainda estão em vigor na sociedade americana e são defendidas pela maioria dos antropólogos, que acham que uma tal discriminação positiva aos negros tem sido de grande importância para a diminuição da desigualdade sociorracial e, portanto, para um melhor equilíbrio cultural nos Estados Unidos.

Todavia, a questão étnica, que nos Estados Unidos se apresenta como racial, é ainda mais complexa e intensa por causa da presença de numerosos contingentes latino-americanos que lá vivem ainda com uma pecha de imigrantes e provocam um certo ar de estranheza. Muitos, principalmente os *chicanos* (que são descendentes de mexicanos), lá chegaram há muito tempo; na verdade, muitos lá estão desde sempre, porque os estados onde vivem eram originalmente estados mexicanos (tendo sido usurpados do México pelos Estados Unidos na Guerra de 1849). Ao longo dos anos, novas levas continuaram a atravessar a fronteira e hoje os chicanos, somados aos demais latinos ou *hispanos* (como são categorizados pelo censo americano), perfazem o segundo maior contingente étnico-racial dos Estados Unidos, ultrapassando os negros e atrás apenas dos brancos europeus. Entre os hispanos estão os porto-riquenhos e dominicanos, que migraram para Nova York a partir da década de 1930, e largos contingentes dos demais países ao "sul do rio Grande", como se diz por lá: são salvadorenhos, guatemaltecos, hondurenhos, costa-riquenhos, colombianos, peruanos, enfim, até brasileiros (uns 700.000, segundo estimativas de alguns antropólogos que os têm estudado), a grande maioria vivendo precariamente, em clandestinidade, e trabalhando nos serviços mais meniais e sem futuro previsíveis. Além deles, há os cubanos que fugiram ou emigraram de Cuba desde 1960, e que se localizam maciçamente no estado da Flórida, exercendo uma pressão substancial na política americana para os países latino-americanos.

A noção de multiculturalismo é uma tentativa da Antropologia americana de dar conta, de um modo propositivo, dos problemas sociais e culturais dessa variedade de imigrantes que, ao contrário das gerações anteriores de imigrantes majoritariamente europeus, parecem se recusar a se incorporar totalmente no caldo mais grosso e mais dominante da cultura americana, de origem anglo-saxônica. São inúmeros os estudos sobre as variantes dessas culturas, que têm origem nos países de onde vieram, e um pouco nas etnias que as compõem, como negros jamaicanos, índios maias ou mestiços mexicanos. Tais estudos ora englobam as tradições nacionais como se fizessem parte de um todo compreensível, por exemplo, os centro-americanos, ou os caribenhos; ora enfatizam os pormenores diferenciais de cada uma, por exemplo, os salvadorenhos, em oposição aos hondurenhos. Em tantos casos, as diferenças são de fato étnicas, como entre os mexicanos que compreendem desde citadinos até imigrantes indígenas do estado de Oaxaca, no sul do México, que, por sua vez, se diferenciam ainda mais entre etnias tradicionais.

Objetiva o multiculturalismo construir uma visão teórica e ideológica de que a cultura americana deve respeitar as diferenças e exultar em sua multiplicidade. Nesse sentido, inclusive, os departamentos de Antropologia americanos procuram contratar antropólogos das principais etnias para pesquisar e dar aulas sobre essas culturas ou ao menos sobre seus aspectos nucleares e distintivos e suas influências sobre as variantes culturais regionais americanas. Um dos derivados da noção de multiculturalismo, tal como aplicado em conjunto com a política de ação afirmativa, é que, no caso do mundo dos imigrantes mexicanos, só quem é chicano tem moral e conhecimento para explanar sobre o mundo dos chicanos, especialmente sobre seu relacionamento desigual com a sociedade branca (e, às vezes, negra) dominante. Tal privilegiamento não é estendido para todas as etnias, pois que, sendo os chicanos o maior e mais tradicional contingente de hispanos, sua posição social na sociedade americana se dá com mais firmeza e desenvoltura do que a dos demais latino-americanos.

De todo modo, a complexidade e o potencial conflitivo de etnias e raças na sociedade americana é motivo de interesse por parte da Antropologia acadêmica. Mas é também foco de atenção de sociólogos e cientistas políticos, sem falar das instituições estratégicas de controle social do poder estatal americano.

No Brasil, a questão étnica tem estado circunscrita à presença dos povos indígenas ao menos até recentemente, visto que a ideia de multiculturalismo tem penetrado nos meios intelectuais e políticos e tem influenciado muita gente que, por características físicas e sociais, buscam recuperar suas identidades tradicionais, ou ao menos parte delas. Tal vem acontecendo com militantes do movimento negro, como veremos mais adiante, e com os descendentes de imigrantes relativamente recentes, que ainda guardam um relacionamento comunitário, como os judeus e japoneses em São Paulo e os alemães em Santa Catarina. Tais movimentos batem de frente com tendência cultural brasileira de assimilar imigrantes, reduzir suas diferenças, incorporar novos elementos e estar sempre produzindo um tipo único de brasileiro. Enfim, uma cultura brasileira aglutinante, ou, antropofágica, como pensou e elaborou Oswald de Andrade (1890-1954), um dos grandes ideólogos do movimento modernista brasileiro (1922-1945).

Do ponto de vista urbano, os índios brasileiros, que vêm, desde a década de 1970, crescendo em população, somando hoje cerca de 500.000 (o último censo de 2000, do IBGE, entretanto, reporta que 771.000 brasileiros se identificaram como indígenas), não significam mais que um traço no panorama urbano. Sua presença, ainda que não invisível, tem provocado alguma preocupação por parte das autoridades governamentais, que os vêm como os mais pobres e miseráveis urbanos, e com certa desabilidade para o trabalho formal, haja vista o baixo nível de educação escolar que a maioria possui. Não há, apesar de algumas demonstrações de preconceito étnico por parte de vizinhos e de patrões, conflito étnico nas cidades brasileiras. Os antropólogos, que têm feito estudos sobre eles nas cidades, se interessam em saber sobre a preservação ou não de suas identidades étnicas, o quanto eles estão ou não inseridos na vida urbana de gente pobre, e o quanto isso representa o mesmo processo histórico que levou tantos povos indígenas a serem incorporados como brasileiros ao longo dos últimos quatrocentos anos de urbanidade brasileira.

Há índios em diversas cidades brasileiras, especialmente nas capitais amazônicas, como Boa Vista (RR), Manaus (AM) e Rio Branco (AC), mas também em cidades pequenas e médias, como Altamira (PA), Barra do Corda (MA), Barreirinha (AM), Aquidauana e Miranda, além da capital Campo Grande (MS), e até em Porto Alegre (RS). Vivem em famílias, ainda em contato com suas comunidades originais nas terras indígenas, alguns poucos com empregos fixos, os mais velhos com aposentadorias, a maioria fazendo trabalhos temporários, sobrevivendo com alguma dignidade social e poucos recursos econômicos.

Na cidade de São Paulo vivem há mais de quarenta anos alguns milhares de índios Pankararu, vindos do sertão de Pernambuco, morando numa favela junto com outros migrantes nordestinos e sulistas, e sobrevivendo de trabalhos temporários de construção e biscates. Mantêm um certo espírito de comunidade, vão e voltam à(da) sua terra natal – no fluxo migratório parecido com o que acomete outros nordestinos moradores da grande capital –, trazem novos companheiros, abrigam-nos, inserem-nos em suas redes sociais. Seus filhos se educam, fazem faculdade, se formam. Alguns desejam voltar, outros se engajam na vida urbana. Nos arredores da cidade vivem outras pequenas comunidades indígenas, em Parelheiros, na beira da represa Billings, no Pico do Jaraguá. São os índios Guarani que para aí migraram nos anos 1960. Procuram manter sua cultura tradicional, falam sua língua, têm suas casas de reza (*opy*), plantam bananas e mandioca, fazem artesanatos para vender nas feiras e nas beiras de estrada. Seus filhos começam a frequentar o mundo mais amplo, se educando, se modernizando, consumindo bens e ideias. Engajam-se em movimentos sociais e culturais, buscando seus direitos humanos e sociais.

É preciso reconhecer que a urbanidade brasileira, por mais que seja impiedosa para com os pobres e desvalidos, bem como estressante para a classe média, atrai os índios. O reboliço das ruas, a azáfama novidadeira, os aparelhos tecnológicos, a intensidade da socialização, enfim, a circulação de um suposto mundo de prestígio social e de riquezas desejadas chamam e prendem a atenção dos índios que visitam as cidades. Alguns, talvez entediados pela vida comunitária, talvez em conflito temporário com seus patrícios nas aldeias, talvez desalojados por conflitos com a sociedade envolvente, resolvem mudar para a cidade e lá viver, enquanto der. A motivação mais falada é "educar os filhos" para uma vida melhor, algo que também surge nas falas da gente rural. No entanto, os filhos dos índios urbanos, em geral, vão ser criados, viver e se acostumar com a vida dos bairros pobres. Alguns conseguem ultrapassar os gargalos da educação, se formam, até obtêm uma profissão de classe média e se inserem numa vivência urbana mais consistente, menos miserável, às vezes, porém, mais estressante. Desses bem-sucedidos é que frequentemente vão surgir lideranças que, hoje, buscam espaço político próprio, em que podem, até mesmo, incluir as demandas coletivas de seus patrícios na cidade e nas terras indígenas. Assim, uma nova dinâmica social pode estar acontecendo no Brasil, com índios urbanos assimilados ao processo social, sem perderem de todo suas identidades étnicas.

Tanta é a diversidade de situações que os estudos antropológicos poderão um dia criar um novo modelo de multietnicidade no Brasil que contemple tanto os fatores aglutinantes – a tendência histórica nacional de amalgamar as diferenças étnicas e culturais na formação da grande identidade cultural brasileira – quanto os fatores centrífugos – a nova tendência cultural, aparentemente de cunho mundial de preservação das identidades étnicas.

RACISMO NO BRASIL

Se há uma coisa que brasileiro tem vergonha de coração é de ser acusado de ser racista. Ter preconceito por causa de cor da pele ou do formato do cabelo, discriminar por causa de diferença de aparência racial – não está com nada na mentalidade brasileira. Certa vez uma professora de Antropologia da Universidade de São Paulo fez uma pesquisa entre seus alunos sobre a autoimagem deles no que se refere à questão racial. Noventa e cinco por cento responderam que não eram racistas. Entretanto, numa pergunta seguinte, igual porcentagem respondeu que conhecia pessoas que eram racistas, inclusive próximas, como irmãos e tios. Isto é, eu não sou racista, mas *meu irmão* é. Se perguntado, a pessoa vai dizer que não é, mas que seu parente ou alguém que conhece pode até ser. Esse sentimento embute o grande problema atual do racismo no Brasil, que é o modo como ele se realiza, sem que ninguém queira se dar conta.

Há muitas razões sociais e históricas para o brasileiro não se sentir racista e, ao mesmo tempo, praticar uma forma aparentemente branda, mas perniciosa, de racismo. Quando nos comparamos com os Estados Unidos ou com a África do Sul dos tempos do *apartheid* (quando os brancos dominavam e excluíam os negros e indianos das principais esferas políticas, sociais e econômicas do país), exultamos a nossa bonomia inter-racial, nosso afável e amigável entrosamento entre brancos e negros, entre mestiços de vários matizes, nossa institucionalização de direitos para todos e nosso espírito de estar de braços abertos para acolher quaisquer tipos de pessoas. Talvez a ideologia da democracia racial seja a mais consistente e festejada no Brasil. Tirar esse sentimento do brasileiro e substituí-lo por um equivalente ao americano também não parece ser razoável. Assim, o estudo do racismo e a busca de sua superação no Brasil são de extrema importância no país. A Antropologia tem sua contribuição efetiva a dar sobre esse assunto e o tem feito desde a década de 1930, senão antes.

Os longos anos da escravidão institucionalizada no Brasil (só terminada com a Lei Áurea, em 1888) deixaram marcas ainda indeléveis no nosso relacionamento inter-racial. Essa herança piorou ainda mais durante uns bons anos após a Abolição, quando quase todos os seus pensadores estiveram sob o domínio intelectual de uma corrente cientificista, o chamado *darwinismo social*. Sob o manto protetor da teoria da evolução, acatada por todos os cientistas desde a publicação do livro *Origem das espécies* (1859), de Charles Darwin, o darwinismo social era a sua aplicação ao tema das diferenças raciais e culturais da humanidade. Arguia que havia uma hierarquia de inteligência entre as chamadas raças, a partir de uma posição superior, que seria a raça branca, ou caucasoide, ou ainda ariana, passando pelos amarelos, ou mongoloides, ou asiáticos, para chegar aos negros, ou negroides, que estariam no degrau inferior desse escalonamento. Centenas de estudos foram feitos no Brasil e em outros países para tentar provar a tese da superioridade racial. Uma pretensa ciência, a *frenologia*, estudava não somente os tamanhos e formatos dos crânios de diferentes raças, como também os sulcos internos das abóbadas cranianas, na tentativa de descobrir padrões de formação desses sulcos que indicassem possíveis correlações com as diferentes raças. Queriam porque queriam achar provas de que a celebrada superioridade da raça branca sobre as demais estaria ou no tamanho dos cérebros ou na sua conformação na caixa craniana! Eis porque, nos antigos museus e institutos de pesquisa em Antropologia Biológica, ainda se encontram guardados milhares de crânios, como se estivessem à espera de uma descoberta que os justificasse.

Uma variação ainda mais cruel da influência da ideia da desigualdade de raças foi a de que o mestiço, isto é, o descendente genético de duas raças diferentes, era um ser inferior aos seus respectivos pais. Um cientista italiano, Alberto Lambrusco, foi o responsável pela divulgação dessa ideia, a qual encontrou guarida no Brasil na pessoa do médico e pesquisador Nina Rodrigues (1826-1906), professor da Faculdade de Medicina da Bahia e principal inspirador da criação dos institutos médico-legais pelo Brasil afora. Nessa teoria da chamada "degenerescência do mestiço", o mulato, por exemplo, seria inferior tanto ao branco quanto ao negro que o constituíram; o mameluco, ao índio e ao branco; o cafuzo, ao negro e ao índio. Para um país como o Brasil, cujo índice de mestiçagem é altíssimo, isso constituía uma condenação inelutável e irrecuperável. Os grandes autores brasileiros da época, como o historiador Capistrano de Abreu, o escritor Euclides da Cunha e o crítico literário Sílvio Romero tentaram, de vários modos, contornar essa teoria, mas a ela sucumbiram, pois, afinal, era uma teoria consagrada pela ciência biológica, defendida pelos grandes sábios europeus, e "não podia estar errada". Apenas Manoel Bonfim (1868-1932), médico sergipano que viraria educador, no seu livro *América Latina: males de origem*, escrito em 1903, logrou formular explicações sociológicas para elucidar os fenômenos da pobreza e da desigualdade social dos países da América Latina, especialmente do Brasil. Para ele, os males da América Latina não estavam nas raças, na presença maciça de negros e índios, na mestiçagem, tampouco no clima, ou na religião católica – como alegavam os propugnadores de nossa "inferioridade" – e sim na situação de colonização a que haviam sido submetidas essas populações. Tal proposição pareceu tão despropositada à época, diante da força do darwinismo social e também do determinismo geográfico, que o livro de Bonfim foi combatido e ridicularizado, em especial por Sílvio Romero, e praticamente relegado ao esquecimento até ser redescoberto na década de 1980 e republicado com prefácio de Darcy Ribeiro.

Com o darwinismo social, o Brasil virou racista na marra, por necessidade, pela palavra científica. Ainda hoje ecoam no pensamento brasileiro a ideia de que há raças distintas que correspondem a níveis de inteligência e de formação cultural. Isso é herança desse período. Só a partir do movimento cultural que nasceu com a Semana de Arte Moderna, realizada em 1922, representado inicialmente por figuras como Mário e Oswald de Andrade, e mais tarde por escritores como Graciliano Ramos, Jorge Amado e, especialmente, por Gilberto Freyre, é que o racismo perdeu força como argumento científico e como ideologia da sociedade brasileira.

Os modernistas, e acima de todos Gilberto Freyre, em seu livro *Casa-grande e senzala* (1933), foram fundamentais para o Brasil repensar sua herança racial. O livro trouxe à tona, pela primeira vez com uma voz de autoridade, uma série de argumentos que demonstraram tanto que não há diferenças de inteligência entre raças, como não há correlação entre raça e cultura. Isto é, que o branco não é superior ao índio em inteligência, nem há qualquer correlação necessária entre uma determinada raça com uma correspondente cultura. Qualquer ser humano, seja ele de que procedência racial for, será aquilo que a cultura onde vive o condicionar a ser. Qualquer cultura, seja que conteúdo e que contornos tenha, tem o potencial de produzir homens e mulheres tão inteligentes quanto os de qualquer outra cultura. Por fim, a miscigenação entre raças não produz seres melhores nem piores do que seus genitores, apenas seres de potenciais genéticos mais amplos. Isto é, o mulato nem é pior nem melhor do que o branco ou o negro.

Em todas essas questões, a Antropologia teve papel fundamental. Os estudos sobre cultura, raças e mudanças culturais, que os antropólogos americanos e ingleses vinham fazendo desde o fim do século xix, e mais consistentemente desde a década de 1910, demonstraram o quanto é maleável o ser humano, seja em que cultura estiver, e o quanto são complexas e variáveis as diferenças entre pessoas em uma determinada cultura ou em determinada raça. Por fim, ao cabo de muitas reflexões, e com a ajuda da Biologia, a Antropologia chegou ao ponto de duvidar se existem raças de fato; isto é, se existem conjuntos genéticos (em inglês, *genetic pools*) distintos uns dos outros. Nesse sentido, o que tem sido comprovado é que os conjuntos genéticos compreendem tantas variações internas que se sobrepõem uns aos outros. Assim, mesmo um conjunto genético tão isolado quanto o dos Pigmeus da Floresta do Congo tem características que se aproximam do conjunto genético de povos Bantu (negros) que por lá vivem. A noção de raça se reduziria, pois, a um termo, um *slogan*, que serviria mais para dar sentido a um preconceito social do que a uma realidade biológica. Ainda mais que também não faz sentido como correlação com cultura.

Nem por isso devemos fugir à realidade social de que existe preconceito de raça no Brasil e alhures. Entre nós o preconceito é disfarçado, envergonhado, não se reportando a uma questão de origem, mas a uma questão de marca social. Essa pertinente observação foi feita por um antropólogo brasileiro ainda na década de 1950, Oracy Nogueira, em famoso artigo intitulado "Preconceito de marca e preconceito de cor". Diz Nogueira que, nos Estados Unidos, por exemplo, a discriminação se dá no plano biológico. Discrimina-se o negro porque ele tem sangue diferente do branco, e pronto, é razão suficiente. Que seus antepassados tenham vindo um dia da África, como escravos, também não ajuda. No Brasil, discrimina-se porque alguém tem mais aparência (marca) de negro e se aproxima da condição de ter sido escravo; e discrimina-se cada vez menos aqueles cujas fisionomias ou cor da pele vão se aproximando do ideal da branquitude, dos que nunca foram escravos. Daí a aceitação do mulato e a festejada glorificação da mulata, a valorização dos tons semiescuros da pele e das fisionomias morenas e trigueiras.

Seja como for, tal tipo de discriminação não ajuda em nada o relacionamento inter-racial no Brasil. Há gente de pele escura, de fisionomias negroides, bem como há gente morena, mulata e cafuza, e todos são iguais como homens e mulheres, embora diferenciados e hierarquizados por classe social. O racismo que sofremos requer uma compreensão própria, e muitos antropólogos brasileiros vêm fazendo ingentes esforços para entender esse fenômeno social, os níveis e os espaços de discriminação, bem como os modos possíveis de superação. Muitos propõem a educação pública de qualidade para todos, reforçando, em especial, a inclusão daqueles que sempre foram relegados ao descaso, negros e mulatos em maioria, brancos e mamelucos em grande quantidade também, para encaminhar a solução da discriminação racial.

Outros, cansados da promessa não realizada, pois a escola pública não melhora e a disparidade de oportunidades socioeconômicas entre brancos e negros permanece com o mesmo grau de iniquidade há muitos anos, aspiram por novos métodos, inclusive a aplicação de políticas públicas de compensação, semelhantes às políticas públicas praticadas nos Estados Unidos, tais como as chamadas "cotas raciais" para a entrada em universidades e para o emprego público. Nisso são contestados pelo que acreditam que o sistema de cotas resultaria, contrariamente, em um aumento da discriminação racial, ou baixaria o nível acadêmico da universidade pública ou abriria novas controvérsias pelas dificuldades em definir quem é negro e quem não é. É uma polêmica rica e interessante que o Brasil vem experimentando e que está longe de ser resolvida.

A GLOBALIZAÇÃO URBANA

Um dos aspectos mais visíveis dos tempos em que vivemos é que as cidades cada vez mais se parecem umas com as outras. É claro que entre Roma, Paris e Londres há grandes diferenças. Ou entre Ouro Preto, São Luís e Natal. Mas, as cidades recentemente construídas, sem lastro histórico, ou as cidades com tendência a serem reformadas a cada *boom* econômico, como São Paulo, por exemplo, vão tomando uma cara muito parecida umas com as outras mundo afora. As cidades americanas do Oeste ou as brasileiras erigidas de supetão na Amazônia ou nas regiões de expansão econômica se parecem demais umas com as outras tanto em *layout* urbano quanto em arquitetura. Tudo isso poderia ser atribuído à lógica moderna da organização urbana, que requer funções infraestruturais gerais, como distribuição de energia elétrica e telefone, rede de água e esgotos, asfaltamento das vias públicas, espaços de divertimento público, valorização do automóvel sobre o pedestre, etc. Entretanto, até as cidades de lastro histórico estão se parecendo umas com as outras, dessa vez por causa das exigências universalizantes, ou globalizantes, que advêm das características do capitalismo dominante da atualidade. A presença de *outdoors*, a arquitetura dos prédios e das lojas, as marcas dos produtos de consumo espalhadas feericamente pelas vias públicas, as vestimentas da moda, enfim, até modos de andar, falar, conversar e, sobretudo, consumir parecem cada vez mais aterradoramente semelhantes.

Os filósofos sociais, os psicólogos e sociólogos vêm elaborando suas ideias para explicar esse fenômeno, que parece estar baseado no fator econômico, precisamente na fase atual do capitalismo, onde o consumo, e não a produção, é que dá o vigor da capacidade de preservação e de reprodução do capital. É a fase em que o *marketing* dos produtos é que é o essencial para o sistema, pois provoca a vontade do consumo daquilo que é ofertado. O *marketing*, por sua vez, é uma tecnologia baseada no princípio do desejo e na prevalência do inconsciente sobre as ações do homem. Desse ponto de vista, o homem "pós-moderno" (como veremos no capítulo "O futuro da Antropologia"), que vive nesse mundo globalizado e pasteurizado, com decrescentes identidades nacionais, tem sido considerado um ser preso às forças internas do seu inconsciente, bem como a uma estrutura ou sistema de controle que passa por cima de sua consciência e que está acima de sua capacidade de relacionamento autônomo. Sem consciência de si, dominado por forças inexoráveis, sem projeto de futuro, tudo se parece o mesmo, até as diferenças, por serem produzidas, e não mais vivenciadas com autenticidade, tal como nas empresas modernas se produzem bens "*costumized*", isto é, produtos cujas partes são arranjadas a gosto de um certo único e determinado freguês, "que é você", para que se sinta satisfeito. Para muitos, estes são tempos de manipulação geral, não só econômica e política, que auguram um sistema social totalizante nunca dantes experimentado na história da humanidade. Para outros, essa é a felicidade virtual ao alcance da mão.

A Antropologia está um tanto pasma e a reboque das considerações dos filósofos e sociólogos da pós-modernidade. Suas contribuições ao fenômeno da globalização têm sido timidamente para dar suporte e fazer coro às elucubrações do destino de perda de historicidade do homem e do sentimento de homogeneização da cultura. Desde que um cientista político do *establishment* estratégico americano, Francis Fukuyama, sentenciou com arrogante solenidade que, com a queda do Muro de Berlim e o projetado fim da via socialista e da luta de classes, "a história acabara", paira sobre a maioria dos estudos sobre cultura atual e pós-moderna o sentimento de que não há mais muito a fazer para mudar as coisas, e que o melhor é mesmo embarcar no consumismo. Com algum trabalho, ou melhor, com algum dispêndio de tempo.

Muitos estudos antropológicos, produzidos principalmente nos Estados Unidos e na Europa, têm abordado o processo de aproximação e assemelhamento das culturas não só nos aspectos que se relacionam com o nível de consumo, sobretudo entre as classes sociais dominantes de todas as nações, o que é mais evidente, mas também nos modos de pensar e sonhar a vida, que percolam pelos meios de comunicação, pela cultura de massas, chegando às classes trabalhadoras e oprimidas. A fortíssima influência da cultura americana, através do cinema, da música, das tecnologias de comunicação e dos comportamentos relacionados tem penetrado insidiosamente pelas culturas mundo afora, criando novos tipos sociais, desfazendo tradições e criando semelhanças, ou talvez ilusões de semelhanças, entre todos.

Em grande parte desses estudos demora uma aceitação passiva não só do aclamado processo de globalização, mas também do discurso que o justifica. O mundo parece estar encaminhando-se para um momento de virtual igualdade, de comunhão de desejos, de objetivos comuns. Nações, para que nações? Identidades? Só a grande identidade universal, as demais são problemáticas. Os conflitos – étnicos, religiosos, de classe, nacionais – são vistos como resquícios de momentos pretéritos de irracionalidade e protestos fúteis a este "admirável mundo novo", para usar uma velha expressão cunhada pelo escritor inglês Aldous Huxley ainda na década de 1950.

Para que fazer a crítica a esse momento se, de algum forma, quem vos escreve e quem está discutindo esses assuntos certamente está envolvido e acumpliciado com esse mundo? Ou não? O certo é que o mundo globalizado, se é que seja, antes de tudo, o desejo legítimo do mundo pela igualdade entre os povos, é, na prática, o mundo do controle único e unilateral de um país e seus aliados sobre os demais países. Um controle que não precisa se expressar, embora de vez em quando o faça, como nas recentes guerras americanas contra o Afeganistão (2001-?) e o Iraque (2003-?), pela força das armas, mas pelo domínio econômico-cultural. Como é um mundo capitalista dominado em seu estágio quase final pelo vetor do consumo, a única resistência a ele são as culturas e seus próprios desejos. Destruir as culturas é o propósito da globalização, tal qual se exerce na atualidade. E o faz penetrando pela vida urbana e pela classe média. Talvez a última resistência cultural venha exatamente da vida rural, se é que ela não vai virar também o produto pós-moderno do grande agronegócio, e daqueles que não estão totalmente inseridos nesse mundo de consumo – os pobres e desvalidos. Com isso, ironicamente, talvez o Brasil, do seu fundo mais recôndito, esteja se protegendo e se preservando para algo que poderá vir a surgir no futuro.

ANTROPOLOGIA TRANSCAPITALISTA

Há muitos anos, a ideologia marxista projetou, e até experimentou, a possibilidade de um mundo além do capitalismo, onde a economia seria mais racional, a sociedade mais solidária, a cultura mais íntegra e autêntica e os homens mais, com licença do pleonasmo, humanos! Diziam até que haveria o surgimento de um "novo homem" quando o socialismo ou o comunismo prevalecesse. Muita gente se sacrificou, matou e morreu por conta dessa visão, assim também por conta de outras visões até menos consistentes. Entretanto, hoje em dia, ninguém, a não ser aparentemente os recalcitrantes e disfuncionais, sonha com o novo ser humano. Contudo, se o mundo está mudando é porque haverá novas formas de ser, de culturas. Poderão ser culturas homogeneizadas, ultracientificistas, como nos textos e filmes de ficção científica. Poderão ser totalitárias, como são as culturas dos inimigos do bem, na versão hollywoodiana do mundo. Seja como for, e o presente autor supõe que poderão surgir culturas mais interessantes em lugares como o Brasil, a Índia ou a África do Sul, e outros países, a Antropologia deve ter a ousadia de pensar as formas putativas, imaginadas ou utópicas de novas culturas, estudá-las em suas formas especulativas ou projetá-las a partir das possibilidades de determinadas culturas atuais. Tal método exige de antemão o comprometimento com o presente, comprometimento não passivo, mas reflexivo, crítico e transcendental. O filósofo brasileiro Luiz Sérgio Coelho de Sampaio, em seu livro *Filosofia da cultura: Brasil, luxo ou originalidade* (2002), propõe uma visão transformacional do mundo, a qual ele cognominou de "hiperdialética", e adverte para que a Antropologia e a Filosofia projetem seus pensares em direção à formulação de uma nova cultura no mundo. Tal desafio é tarefa da nova geração de pensadores brasileiros, geração que começa todo dia e a cada dia que o mundo é refletido pelo olhar crítico e amoroso dos seus pensadores.

O PENSAR ANTROPOLÓGICO SOBRE O BRASIL

A ANTROPOLOGIA BRASILEIRA EM FORMAÇÃO

Não se pode afirmar que existe todavia uma Antropologia brasileira como uma tradição de pensamento, com escolas ou correntes que se reportam a princípios ou teorias fundadores, com objetos claramente delineados, com metodologia, ou, simplesmente, com estilo próprio. Temos, na verdade, antropólogos que, individualmente ou em grupos, se pautam por orientações teóricas de diversos matizes e procedências, onde alguns têm linhas de pesquisa orientadas para problemáticas brasileiras, com antecedentes brasileiros, outros que tratam de temas acadêmicos, próprios de escolas antropológicas advindas de outros países, de outras circunstâncias históricas.

Porquanto, efetivamente, não se pode dizer que aquilo que temos e acumulamos ao longo de mais de cem anos de estudos e pesquisas pode ser chamado de tradição. Muito mais característico desse tempo de estudos foram as mudanças de rumo, as passagens de uma curta tradição para outras, por força de alterações nas instituições de pesquisa e de influências político-intelectuais exógenas.

Entretanto, embora não pareça haver, com toda legitimidade histórica e intelectual, correntes ou grupos de antropólogos a pautar a Antropologia brasileira, sempre tivemos instituições e personalidades de grande peso na formulação de orientações gerais de pesquisa e de tendências temáticas e teóricas. Como em outras épocas, existe na atualidade uma certa predominância de alguns centros universitários e de pesquisa que ganharam uma amplitude político-intelectual no campo antropológico, o que inclui, no presente, uma conquistada facilidade de acesso aos órgãos nacionais e internacionais de fomento à pesquisa. Porém, isso não precluiu tanto a continuidade de interesses de pesquisa que antecederam a essa predominância – como os centros de estudos folclóricos espalhados pelo país, que já deram substancial contribuição ao acervo etnográfico brasileiro – quanto a permanência de etnógrafos amadores e de linhas de pesquisa que não se orientam pelo viés de carreira condicionado pelas correntes universitárias dominantes. O que quer dizer que a Antropologia brasileira é maior do que aquilo que é ensinado nos departamentos de ciências sociais das nossas universidades.

Por sua vez, a Associação Brasileira de Antropologia – ABA –, que é o órgão aglutinador dos antropólogos, criado em 1953, tem tido uma atitude de abertura e de posicionamento político-cultural, que tem ajudado na continuidade da identidade de antropólogos, como profissionais e como intelectuais em geral.

Primórdios da Antropologia brasileira

Se considerarmos que a Antropologia brasileira se constitui como uma reflexão sobre o Brasil, entendido aqui como uma nação em formação, com entidades e dinâmicas étnicas, sociais e culturais tanto em si mesmos como em processo de miscigenação e sínteses, podemos retroceder seu surgimento aos primórdios da colonização portuguesa. Seriam de algum modo precursores da Antropologia os primeiros observadores e escritores, gente que aqui esteve e que aqui viveu o experimento cultural que estava se sucedendo. Cronistas como Hans Staden, um jovem marujo alemão que viveu aprisionado, por alguns meses, em meados do século XVI, entre os índios Tupinambá da costa paulista e sul-fluminense; Jean de Léry, um huguenote francês que esteve com os Tupinambá da Baía de Guanabara nos anos do domínio francês (1555-1565); André de Thevet, grande navegador e aventureiro francês, autor de uma cosmografia mundial, que aqui perambulou pela Serra do Mar com outros Tupinambá, inclusive tendo estado com o famoso Cunhambebe; bem como os padres jesuítas José de Anchieta, que analisou aguda e pioneiramente o sistema de parentesco dos Tupinambá; Fernão Cardim, que descreveu a relação missioneira das primeiras aldeias jesuíticas; o próprio Manuel da Nóbrega, primeiro prior dos jesuítas, amigo dos primeiros governadores-gerais, que escreveu, entre tantas cartas e admoestações, um magistral estudo, em forma de diálogo, sobre os dilemas e as dificuldades do processo de catequização dos índios.

Enfim, só para citar mais um, o franciscano Frei Vicente de Salvador (1564-1635), baiano de nascimento, que, ainda no início do século XVII (*História do Brasil: 1500-1627*), avançou da descrição, meio objetiva, meio fantasiosa, da natureza do território brasileiro para a análise da sociedade em formação e para a interpretação do processo cultural em andamento. Sua célebre sentença: "o Brasil já é um outro Portugal" demonstra o quanto aqui se formava um novo modo de ser no mundo, se não ainda uma nação, ao menos uma cultura.

O pioneirismo desses cronistas se consolidou lentamente pelas reflexões de outros excepcionais observadores ao longo do período colonial. Holandeses, franceses, italianos – quem, por acaso ou por dever de ofício, aqui esteve. Portugueses de toda laia. Acima de todos o padre Antônio Vieira (1609-1690), que tanto lutou para organizar a colônia brasileira com um segmento de gente livre – os índios a serem cristianizados –, e para estabelecer uma política portuguesa moderna, que tolerasse e soubesse aproveitar a presença de judeus e seus capitais (que, por desídia da nobreza retrógrada, terminaram sendo forçados a migrar para a Holanda e Inglaterra, onde ajudaram a formar capitais e projetar um novo modo de produção no mundo). Pode-se até dizer, interpretando o sentido maior das cartas régias, alvarás e leis portuguesas, que muito da política social e econômica da Coroa teria sido feita para barrar o processo cultural novo que aqui se formava. Controlar os colonos rebeldes e ousados, regularizar a presença de índios livres e semilivres que viviam à margem do sistema de exportação, este estruturado pelo regime escravocrata, reprimir quilombos e índios sublevados, enviar autoridades gananciosas, ignóbeis e arbitrárias para se contrapor ao desenvolvimento econômico meio anárquico e sem controle de bandeirantes, mineradores e boiadeiros e, enfim, coibir a indústria e proibir a imprensa e o ensino superior – foram medidas de longo alcance estratégico que visavam à preservação do domínio lusitano sobre sua mais extraordinária colônia.

Entrementes, persistia alguma reflexão sobre o Brasil a partir de brasileiros. De que outro modo se pode explicar o surgimento aparentemente extemporâneo de uma mente já tão sólida e cristalina em sua análise e em seus objetivos sobre o Brasil, como a de José Bonifácio de

Andrade e Silva, o nosso patriarca, que concebeu a independência do país e a constituição de uma nação mestiça, livre da escravidão e integradora das populações indígenas? Com efeito, Bonifácio não pode ser senão a culminância de uma inteligência que percebia algo novo e de uma tradição que abrigava o amadurecimento de um outro Portugal aqui nessas paragens tropicais. O projeto de Bonifácio não logrou êxito, como sabemos; ou melhor, atrasou-se por demasia em sua realização até hoje. Se propunha o fim da escravidão em pouco tempo, este só foi se dar em 1888; se projetava a doação de terras aos libertos, uma reforma agrária a ser realizada com as terras não usadas das grandes propriedades fundiárias, esta ainda está a vir; se desejava a integração harmoniosa dos povos indígenas, tal feito está em processo de realização para algum breve dia.

Outro pioneiro da reflexão antropológica foi o poeta Antônio Gonçalves Dias, antecedido por Domingos Gonçalves de Magalhães. Embora o poema épico deste último, *A Confederação dos Tamoios* (1845), não seja uma obra-prima, despertou a nova nação brasileira, ou ao menos sua ansiosa elite, para encontrar uma justificativa ideológica de sua existência singular. Gonçalves de Magalhães pôs nas bocas dos índios Tamoios uma compreensão do dilema da colonização, ser índio ou ser português, isto é, ser autêntico ou ser vendido, que ainda hoje tem validade político-cultural. Já Gonçalves Dias, tanto em sua poesia de exaltação ao índio quanto em suas pesquisas históricas e etnográficas e suas reflexões ensaísticas, ajudou a estabelecer a necessidade do resgate histórico das raízes do Brasil para que a nação e a cultura brasileiras fizessem jus à sua singularidade e ao seu papel na história da humanidade. Sua poesia altaneira e delirante penetrou no imaginário nacional por várias gerações, consolidando em nossa mentalidade a ideia de que os índios são os verdadeiros brasileiros ou os brasileiros ancestrais da nova nação, sem os quais não teriam se formado um povo e uma cultura. Outros o seguiram, como José de Alencar, ainda em meados do século XIX, e desde então por entre todas as fases formativas do pensamento social brasileiro. Ao mesmo tempo, e contrapondo-se ao poeta indigenista, configurou-se, na pessoa do grande historiador conservador do Império, Francisco Adolpho de Varnhagen, a ideia oposta de que o Brasil não pode ser mais que uma extensão de Portugal, e que índios e negros só atrapalham esse processo de estabelecimento da civilização luso-europeia no mundo tropical.

Precursores são pessoas que projetam ideias aparentemente insólitas, ainda não bem elaboradas, nem sedimentadas para serem aceitas e acatadas. O grande debate da década de 1850 sobre o índio e seu papel na formação da nação brasileira (já que a palavra cultura não era usada em nenhuma acepção antropológica) produziu ideias e sentimentos que ainda hoje persistem entre nós. As ideias contrastivas do índio selvagem *versus* o índio amante da natureza, do indomável *versus* o preguiçoso, do índio empecilho à civilização *versus* o índio raiz do Brasil – convivem lado a lado no nosso imaginário, contraditórias e também complementares, demonstrando destarte o caráter ainda indefinido do nosso pensar sobre nós mesmos. Por tudo que a Antropologia, como pensamento científico, no sentido de classificatório e de adequado a uma realidade, produziu nos últimos cem anos em matéria de estudos e pesquisas, em contato direto com populações indígenas, ainda assim pode-se dizer que aquele confronte de posições de meados do século xix permanece válido e instigante.

Mas, e o negro, onde está? Nem mesmo Gonçalves Dias, filho de uma mulata com um português, notou-o conceitualmente. Ninguém o via, a não ser como mão de obra escrava. Precisou um alemão, Karl Von Martius, que viajara por grande parte do Brasil como naturalista, nos anos que precederam à Independência, para, anos depois, em 1841, caracterizar o Brasil como um grande rio cujos afluentes formadores eram o branco, o negro e o índio. Tal conceituação aforismática do Brasil como síntese de três raças passou despercebida por ignorada. Só quase cinquenta anos depois é que o negro iria aflorar no pensamento antropológico brasileiro, dessa vez mais depreciado do que jamais o fora.

A ANTROPOLOGIA COMO CIÊNCIA POSITIVISTA

A teoria darwinista da evolução, dada a público em 1859, chegara ao Brasil já bem acompanhada da formulação positivista de Auguste Comte, segundo a qual o mundo e o homem, não só as espécies da natureza, estão em transformação permanente rumo a estágios mais avançados. A aplicação dessas ideias, que na verdade vêm de bem mais longe no tempo, ao mecanismo de adaptação, mutação e sobrevivência, próprio da teoria evolucionista, resultou na concepção de que raça corresponderia de algum modo a espécie, e que cultura seria identificável com raça. Por conseguinte, elaborou-se uma classificação hierárquica das variações humanas, vistas e consideradas como raças (branca, negra, asiática, etc.) e das variações culturais, vistas e consideradas como estágios evolutivos (selvageria, barbárie e civilização, ou animismo, teologismo e positivismo), cada uma delas em clara defasagem em relação à anterior. Assim, o silogismo seria: Raças são como espécies: há umas superiores às outras na escala evolutiva. Culturas são como raças: também evoluem por um processo de adaptação e sobrevivência do mais forte. Portanto, raça é igual a cultura.

O estabelecimento desse conjunto mais ou menos coerente de ideias e concepções creditadas como próprias do método científico, agregado a preconcepções, justificativas e projeções ideológicas de preconceitos e realidades vividas, onde todos os povos e culturas estão em processo evolutivo, estando acima de todos os europeus caucasianos, é o que se convém chamar de "paradigma do darwinismo social".

É nesse ponto da história brasileira, quando a monarquia entra em seus últimos anos e o ideal de governo republicano abre a imaginação da classe média e de parte da elite nacional, que o darwinismo social penetra com força total no pensar dos intelectuais brasileiros. Aqui, para o bem ou para o mal, com uma mistura de darwinismo social, de positivismo e de determinismo biológico e geográfico, nasce a primeira sistematização do pensamento antropológico brasileiro.

Terrível caldo de correntes de pensamento para a aplicação de análise sobre o Brasil e seus múltiplos aspectos sociais, históricos, étnicos, políticos e culturais! O resultado é que, entre mais ou menos 1880 e 1930, com poucas exceções, o Brasil viveu seu período de autoestima mais baixa de toda sua história. Como um país com tantos negros e tantos mestiços poderia ter futuro?

Os pensadores brasileiros da época não pareciam ter outra escolha, para se considerar cientistas, que aceitar o paradigma do darwinismo social e acatar suas consequências político-culturais. Alguns totalmente, outros com angústia, um ou outro recusando essa imposição. Assim é que foi surgindo um pensamento antropológico sobre o Brasil.

"Pais" da Antropologia brasileira

Não há um ou alguns "pais" da Antropologia brasileira, mas há algumas figuras que fizeram pesquisa, descreveram singularidades culturais, propuseram questões e respostas para encarar problemas brasileiros por um viés que podemos chamar de antropológico. Sobre populações indígenas o interesse foi mais extenso. Ainda durante o império, Couto de Magalhães, que foi general do Exército e governador de Goiás e de Mato Grosso, esteve por longo período com diversos povos indígenas dos rios Araguaia e Tocantins, descrevendo alguns de seus costumes, revelando o quadro interétnico tão desigual no Brasil oitocentista, ao mesmo tempo em que propunha e implantava políticas de integração do índio à sociedade brasileira. A ideia de civilizar o índio, que vem desde José Bonifácio, é levada ao pé da letra por Couto de Magalhães, sem a ajuda da catequização cristã, conforme fazia parte da política indigenista imperial. João Barbosa Rodrigues, que foi diretor do Museu Nacional, do Rio de Janeiro, pesquisou a situação dos índios chamados Crishanás (talvez os atuais Waimiri-Atroari do rio Jauaperi, afluente do rio Negro, Amazonas), e propôs que esses e outros índios fossem "pacificados" ao invés de serem atacados, como era o costume da época. Mais tarde, com o general Cândido Rondon e a criação do Serviço de Proteção aos Índios (em 1910, que antecedeu a Fundação Nacional do Índio [1967]), essa ideia e sua base filosófica, que é a de que os índios são livres para defender seus territórios, iriam prevalecer como princípio da política indigenista oficial brasileira.

Por sua vez, em 1903 aportava ao Brasil o jovem operário alemão Curt Unkel, que havia se encantado com histórias sobre os índios do Brasil ao ler na biblioteca da fábrica onde trabalhava, em Jena. Ao longo dos quarenta anos seguintes Curt iria fazer pesquisas etnográficas e históricas com dezenas de povos indígenas, legando ao acervo antropológico o maior e mais consistente registro de obras que um antropólogo jamais deixou sobre nossos povos indígenas. Não é demais exaltar essa figura, que, ao viver os primeiros meses de pesquisa com os índios Apapokuva-Guarani, que estavam no estado de São Paulo, por volta de 1907, foi adotado por eles com o nome Nimuendaju, o qual iria registrar como sobrenome ao se naturalizar brasileiro em 1922. Nimuendaju é mais do que pioneiro da Antropologia indígena brasileira, pois, desde o início de suas pesquisas, se pautou por um método de observação participante e atuante que até antecede a pesquisa de campo de Malinowski, que lhe rendeu justa fama. Nimuendaju é, se puder haver alguém assim, o pai da Antropologia brasileira dedicada aos estudos dos povos indígenas nos últimos cem anos.

Capistrano de Abreu (1859-1927), o grande historiador do fim do império e da primeira república, viu o índio como o principal elemento de formação do povo brasileiro, tendo descrito as primeiras relações interétnicas, o papel do mameluco na expansão do território nacional e as qualidades morais que lhe dizem respeito. Além do mais, pesquisou e descreveu uma língua indígena, a do povo Caxinauá, reconhecendo-lhe o valor gramatical e semântico, algo que era desconsiderado pelos proponentes da época que viam as línguas indígenas como deficientes em vocabulário e conceitos.

Sobre os negros, paira ambiguamente luminosa e depreciativa a figura do médico maranhense radicado na Bahia, Nina Rodrigues (1859-1903). Descreveu com perspicácia as principais etnias africanas que aportaram e viveram na Bahia, porém analisou a presença desses povos e seus descendentes negros e mulatos como prejudicial à constituição sociocultural brasileira. Em certo momento, influenciado pela teoria da degenerescência do mestiço, Nina Rodrigues acreditou que os negros e mulatos eram tão inferiores intelectualmente que precisavam de uma tutela especial do Estado. Tal como, por motivo também histórico, pensava-se sobre o índio, que foi adjudicado no Código Civil promulgado em 1916 como "relativamente incapaz", junto com os jovens de menos de 21 anos, os deficientes mentais e as mulheres.

Sobre o conjunto cultural brasileiro realçam-se as análises de Sílvio Romero (1851-1914), sergipano formado na Escola de Direito do Recife, que inseriu a literatura produzida no Brasil dentro do seu contexto social e antropológico; e especialmente a figura de Manoel Bomfim (1868-1932), também sergipano, médico formado na Bahia, que duvidou radicalmente das teorias racistas que compunham o darwinismo social e que, por consequência, condenavam *ipso facto* o Brasil a uma inferioridade incontornável. Bomfim, em seu brilhante livro *América Latina: males de origem* (1903), argumenta pela primeira vez que os problemas do atraso brasileiro não advinham da presença maciça de negros, índios e mestiços em geral, como propunham quase todos da época, mas da condição colonial, que teria criado uma classe "parasitária" que oprimia a população em geral e não criava condições para o seu desenvolvimento. Tal pioneirismo de ideias teve suas consequências: Bomfim foi rebatido por Sílvio Romero e, apesar de ter tido carreira pública de certo sucesso (tendo chegado a ser Diretor da Instrução Pública do Distrito Federal), foi esquecido e relegado dos debates político-culturais da República Velha.

Não podemos, por fim, deixar de realçar a figura de Euclides da Cunha (1866-1909), não só pelo seu majestoso *Os sertões*, mas também por sua análise sobre a Amazônia. Importa registrar o quanto Euclides sofreu, diante da força avassaladora do darwinismo social, para reconhecer no caboclo, no jagunço, no tabaréu, enfim, no mestiço, qualidades excepcionais de inteligência, argúcia, força e determinação – valores que não poderiam estar presentes nas consequências práticas da teoria de degenerescência do mestiço. Mas ele as reconheceu com imenso vigor poético e isso penetrou no pensamento social brasileiro, à revelia do dito paradigma, mesmo que pelo viés da literatura. Ao cabo, importa é que havia inteligência crítica dentro desse tempo tão pessimista sobre o Brasil.

O Brasil se sentia deprimido e atrasado nesses primeiros anos do século xx. Até que a Semana de Arte Moderna, realizada em São Paulo em março de 1922, sacolejou a nação desse marasmo. Aos poetas e escritores geniais como Manuel Bandeira, Oswald de Andrade, Mário de Andrade, se juntaram figuras como Monteiro Lobato e folcloristas como Azevedo Amaral e Câmara Cascudo, e foi-se desencadeando o processo de modernização cultural da nação. Isso implicava, com certeza, o autoconhecimento da cultura brasileira, que se baseava em estudos e pesquisas sobre os costumes do povo, no seu passado, no seu presente e nas suas realizações concretas. Quando o rádio chegou, em 1927, e passou a veicular uma música de autores populares, a cultura brasileira estava em caminho sólido de reversão de sua autoestima.

GILBERTO FREYRE E A DEMOCRACIA RACIAL BRASILEIRA

Em 1933 sai publicado pela editora José Olímpio aquele que iria ser o mais lido dos livros antropológicos brasileiros: *Casa-grande e senzala*. Os argumentos antropológicos, trazidos de seu aprendizado nos Estados Unidos, junto ao "pai" da antropologia americana moderna, Franz Boas, tecidos em um estilo ensaístico próprio, desbarataram no Brasil o paradigma do darwinismo social, em que a ideia de racismo e inferioridade do mestiço se fazia dominadora. Freyre conceituou seu objeto, a formação racial e histórica da cultura brasileira, como uma totalidade em que se integravam desde a economia, o meio ambiente, a cozinha, até as religiões, os rituais, os mínimos detalhes de comportamento.

No plano político-cultural, Freyre lavou a alma do brasileiro, ao refutar o racismo como um equívoco científico, e apresentou uma nova autoimagem para o Brasil, pelo reconhecimento do valor das contribuições de cada grupo racial-cultural, cuja mesclagem é que teria formado a cultura brasileira. Ainda por cima, ao comparar o modo brasileiro de inter-relacionar os seus componentes sociorraciais com o modo americano, supervalorizou o nosso e com isso formulou as bases da chamada ideologia da "democracia racial", segundo a qual no Brasil não haveria preconceito de raça, mas tão somente preconceito de cor e de classe. O Brasil poderia ser injusto, mas só socialmente, pois estaria livre do preconceito de raça. A força ideológica dessa ideia – e entendemos aqui que ideologia não é apenas uma proposição inversa à verdade – é uma das mais importantes a alimentar na alma do brasileiro o sentimento de busca de igualdade (algo tão evidentemente frágil entre nós), pelo reconhecimento, mesmo que irreal e, na prática, hipócrita, de uma aceitação de que todos os brasileiros, independente de suas origens raciais ou matizes de coloração de pele ou formato do cabelo, devem ser respeitados e integrados num meio cultural de oportunidades iguais.

É evidente que tal ideia, ao ser confrontada com os dados estatísticos de participação social e econômica de negros, mulatos e mamelucos (ou pardos, como chama o Censo do IBGE), em comparação com brancos ou asiáticos, parece uma fantasia que termina encobertando uma realidade social deveras cruel. De todo modo, a singularidade com que se dá o relacionamento inter-racial no Brasil é motivo de muita admiração por parte de gente de fora que aqui vem vivenciar nossa cultura, mas também de muita discussão por parte de intelectuais e antropólogos que demonstram o seu teor irreal, bem como dos participantes do movimento negro que desejam uma mudança mais radical na participação social e econômica da maioria do povo brasileiro, que é, verdadeiramente, negro, mulato e mameluco.

Esse assunto recentemente vem tomando a forma de políticas públicas de compensação, tais como o sistema de reservar vaga em universidades ou no serviço público para estudantes negros, mulatos ou pardos. Embora seja uma clara imitação do sistema americano de "cotas raciais", muita gente considera que só por um ação desse tipo é que o Brasil poderá vir a dar um salto transformador no seu sistema sociorracial, rumo à diminuição da desigualdade.

Gilberto Freyre continuou sua obra da análise da formação cultural brasileira através de duas dezenas de livros. Escreveu sobre a passagem da influência preponderante do mundo rural para o mundo urbano no livro *Sobrados e mucambos*; sobre o mundo inicial do republicanismo em *Ordem e progresso*; escreveu sobre a influência de ingleses e holandeses no Brasil, sobre o papel cultural da economia açucareira; qual um Antônio Vieira moderno, escreveu sobre a cultura portuguesa civilizando o mundo africano e espalhando sentimentos positivos pela Ásia, ao menos no que restou de sua permanência colonial. Por tudo isso, sua influência na Antropologia brasileira é imensa, mas, em alguns momentos e por força de críticas feitas à sua metodologia e ao caráter aparentemente ideológico de suas proposições, Freyre deixou de ser visto como o formulador de uma vertente ou tradição antropológica a ser seguida ou emulada. O espírito acadêmico, preocupado em circunscrever um objeto em parâmetros restritos de observação, de formulação de hipóteses, de cotejo comparativo com outras situações, de negação da imaginação ou da intuição, não acata e mal tolera o desbragamento intelectual e a verve estilística de Gilberto Freyre. Seja o que for, ninguém pode deixar de ler Freyre para ao menos ter um vislumbre do que foi e do que pode ser o Brasil.

SÉRGIO BUARQUE DE HOLANDA E O *HOMEM CORDIAL*

Mais conhecido como historiador, por tantos livros desse jaez, Sérgio Buarque de Holanda (1902-1982) é autor do celebrado *Raízes do Brasil* (1936), no qual está presente a famosa tese sobre a cordialidade do brasileiro. A ideia de que o brasileiro é um homem cordial, capaz do diálogo, do compromisso entre pares e da mediação, e, por consequência, que a sociedade brasileira seria amorosa e pouco conflitual, calhou fundo como um elemento positivo da autoimagem brasileira. Por isso mesmo, foi imensamente criticada pela academia. Parecia evidente que a sociedade brasileira não era amorosa coisa nenhuma, porém cheia de conflitos camuflados por uma cultura hegemônica bastante controlada pela elite e por seu segmento de suporte, a classe média. Portanto, por essa argumentação estava claro que a tese de Sérgio Buarque era equivocada. Ademais, tanto sob uma perspectiva marxista, quanto funcionalista, a sociedade brasileira se apresentava conflitual por excelência exatamente pela imensa desigualdade entre classes sociais. Entrementes, Sérgio Buarque bandeava seus dados com argumentos que vinham da influência teórica do grande sociólogo alemão, Max Weber, cuja análise sobre a sociedade moderna demonstrava os estertores da passagem de uma ordem social patrimonial (descendente da velha ordem feudal) para a corrente ordem capitalista. Sérgio Buarque percebeu que a sociedade brasileira não estava nem de longe transformada numa sociedade capitalista; ao contrário, retinha elementos muitos fortes do seu antigo estado, de ordem patrimonial, o que significava que o Estado era dominado por uma elite de origem agrária e por uma classe média que a acompanhava, as quais controlavam não só os aparelhos próprios de um Estado, mas ampliava seu campo de influência e dominação pela área privada da vida social.

O diagnóstico de Sérgio Buarque sobre a sociedade brasileira permanece com valor no campo do debate atual sobre o Brasil e muitos autores dele fazem uso como se tais proposições já fossem concebidas como inquestionáveis. Por sua vez, a discussão sobre a origem da cordialidade brasileira, que Sérgio Buarque esclarece de antemão que não usa o termo como sinônimo de gentileza ou bom-mocismo, e sim como derivação de coração, isto é, de afeição, sentimentalismo e proximidade, merece um comentário a mais. O homem cordial é aquele que busca sempre em todas suas relações sociais um nexo de proximidade pessoal. O impessoal para ele é um tormento. Tudo que é impessoal, desde a burocracia até as pessoas em multidão, lhe são potencialmente adversários. Portanto, para que haja relacionamento faz-se mister que se dê conhecimento pessoal e em consequência simpatia e proximidade. Tal atitude derivaria, segundo Sérgio Buarque, de um antagonismo inerente entre o Estado, como instância do público, portanto, do impessoal, portanto, do adverso; e a Família, como instância do privado, do pessoal e portanto do próximo. O brasileiro, que forma sua personalidade no seio e aconchego da família, detesta o impessoal, sente-se ameaçado e incapaz diante do desconhecido e só pode conviver verdadeiramente com aquilo que lhe pode ser tornado pessoal.

Em consequência, a cordialidade engendraria o tipo de sociabilidade próprio do brasileiro, que se caracteriza pela intensa demonstração de interesse pessoal pelos outros como um modo de transformar o desconhecido em conhecido. É uma sociabilidade simpática, amorosa. Anos depois, na década de 1970, o antropólogo Roberto da Matta (1936) iria reformular essa tese, enfatizando a sua vez o lado negativo da relação social ao argumentar que o brasileiro faz uso da proximidade, da amizade, do conhecimento pessoal para exercer uma influência que resulta em proveito próprio, e que a sociabilidade brasileira é caracterizada em termos gerais por essa disposição cultural perversa. O chamado *jeitinho brasileiro*, isto é, o jeito de burlar regras formais para conseguir um objetivo pessoal, a frase "Com quem você acha que está falando?", usada para alguém se impor sobre o outro, em uma situação de superioridade social, seriam modos exemplares da sociabilidade brasileira que demonstraria o caráter social desigualitário, autoritário e classista de toda a nossa cultura. Ainda em período ditatorial, essa tese ganhou amplitude e aceitação nos segmentos universitários e de cultura de classe média, malgrado sua tendência autopunitiva.

A Antropologia na academia

Gilberto Freyre se dizia antropólogo, mas também sociólogo, historiador, literato, romancista, e o que quisessem chamá-lo. Mas, a não ser por alguns meses num curso que ele criou na abortada Universidade do Distrito Federal, em 1936, não foi propriamente um professor ou instrutor de Antropologia. Já Sérgio Buarque foi professor de História na Escola de Sociologia e Política e na Universidade de São Paulo, além de ter dirigido o Museu Paulista, a Biblioteca Nacional e outras instituições, e de escrever crônicas e críticas de livros em diversos jornais. Portanto, suas contribuições não são propriamente antropológicas, e sim se esparramavam por outros campos do saber científico.

Na verdade, até a década de 1940, e em muitos exemplos mais tarde, a Antropologia brasileira era exercida por intelectuais de procedências diversas, alguns médicos, outros advogados e literatos, com atitudes um tanto inusitadas e posicionamentos intelectuais ecléticos. Vimos como Curt Nimuendaju, nosso maior etnógrafo, tinha sido operário em uma fábrica alemã. Nina Rodrigues e Manoel Bomfim eram médicos, Euclides da Cunha, engenheiro, Sílvio Romero, filósofo e advogado, e Capistrano de Abreu, historiador, só para citar os mais importantes do início do século. Ao contarmos como contribuintes e precursores do pensamento antropológico moderno intelectuais como Mário de Andrade (músico e literato) e Câmara Cascudo (advogado e jornalista), vemos que a diversidade de origens era bastante grande.

A partir da década de 1930, com o estabelecimento da Universidade de São Paulo, da Escola de Sociologia e Política, ambas em São Paulo, e da Faculdade de Filosofia e Letras (que depois seria incorporada pela futura Universidade do Brasil), no Rio de Janeiro, iria se formar a base acadêmica da Antropologia brasileira, com pretensões de se reportar a conceitos, métodos e objetivos exclusivamente científicos advindos das escolas antropológicas americana, inglesa e francesa. O vetusto Museu Nacional, do Rio de Janeiro, já existia com consolidada prática de pesquisa desde o século xix, e soube acompanhar com desembaraço os movimentos acadêmicos que se formavam. O Museu abrigou as pesquisas de diversos antropólogos americanos e franceses, que mais tarde iriam ser importantes em seus campos, como Charles Wagley (1913-1991), que fez estudos com índios e caboclos e escreveu sobre o Brasil em geral; Alfred Métraux (1902-1963), grande especialista em índios sul-americanos, em reconstrução etno-histórica e em religiões africanas nas Américas; Melville Herskovits (1895-1963), que foi responsável pela introdução de diversos temas de estudos de populações afro-americanas, e outros mais. Em São Paulo, destacaram-se diversos professores estrangeiros. Herbert Baldus (1899-1970), imigrante alemão, que, além de etnógrafo competente e professor formador de alunos, mais tarde compilaria em três volumes quase toda a literatura existente no Brasil sobre índios, desde os primeiros visitantes até os textos acadêmicos publicados em revistas especializadas. Emílio Willems (1905-1997), alemão educado também no Brasil, que introduziu no Brasil os estudos sobre o mundo rural em transformação. Roger Bastide (1898-1974), que deixou obras essenciais sobre religiões e rituais africanos no Brasil e influenciou muitos estudantes como professor da Universidade de São Paulo. Além da presença por alguns anos de Claude Lévi-Strauss, na Universidade de São Paulo, ainda jovem mas com garra de pesquisador de campo; e A. R. Radcliffe-Brown, na Escola de Sociologia e Política, já consagrado como um dos grandes antropólogos da primeira metade do século xx.

Paralelamente, já despontavam alguns brasileiros que deixariam contribuições permanentes e relevantes. O principal deles talvez tenha sido Arthur Ramos (1903-1949), um médico alagoano que tomou a cadeira de Antropologia cultural da Faculdade de Filosofia e Letras do Rio de Janeiro e escreveu um precioso estudo introdutório de todo o escopo da Antropologia, além de ter contribuído para a compreensão de temas de religiões africanas no Brasil. Sua morte prematura em 1949, em Paris, onde era diretor da Unesco, deixou um vazio de presença de alguém que já ganhava prestígio em foros internacionais, e tinha espírito de liderança para ampliar e consolidar a Antropologia acadêmica no Brasil.

Alunos desses professores estrangeiros e de brasileiros, da década de 1940, três jovens iriam se destacar em breve entre os principais antropólogos brasileiros. Eduardo Galvão (1921-1976), autor de precioso livro sobre a religião dos caboclos brasileiros e de diversos artigos sobre povos indígenas, foi dos primeiros brasileiros a receber um Ph.D. por uma universidade norte-americana, a Universidade de Colúmbia, em 1952. Florestan Fernandes (1920-1995) iria fazer suas teses de mestrado e doutorado sobre aspectos históricos e sociológicos dos índios Tupinambá dos séculos xvi e xvii, além de, a partir da década de 1950, não só escrever importantes trabalhos sobre a integração do negro no Brasil e sobre a ascensão da burguesia no país, como também vir a ser o grande mestre das Ciências Sociais da Universidade de São Paulo, formando alunos que mais tarde iriam elaborar obras conhecidas em Sociologia, Ciência Política e Filosofia. Florestan Fernandes e muitos de seus discípulos, como Fernando Henrique Cardoso, iriam se destacar também na política nacional a partir do fim da ditadura militar. Florestan virou um atuante deputado federal em dois mandatos, inclusive na Assembleia Constituinte de 1988. O terceiro jovem acadêmico seria Darcy Ribeiro (1922-1997), que também iria se destacar tanto como intelectual quanto como político. Darcy foi autor de obras fundamentais sobre povos indígenas, teoria antropológica e educação, além de ter escrito romances e ensaios. Foi homem de ação política em momentos importantes da história recente brasileira, tanto na época democrático-popular do governo João Goulart (1961-64), quanto nos governos de Leonel Brizola, no Rio de Janeiro (1983-1987; 1991-1994); e realizou como administrador importantes obras educacionais e culturais, como o Museu do Índio, a Universidade de Brasília, o Sambódromo e a Universidade do Norte Fluminense. Um quarto antropólogo dessa geração com importância um pouco menor foi Egon Schaden, que escreveu obras de referência sobre povos indígenas, sobre temas da época, como aculturação, e formou alunos na Universidade de São Paulo.

Estavam eles também entre os responsáveis pela criação da Associação Brasileira de Antropologia, em 1953, que consolidou a Antropologia como disciplina e também como possível profissão, com objetivos práticos e éticos definidos.

A influência acadêmica de Florestan Fernandes é, sem dúvida, a maior e mais consistente desses três antropólogos. Florestan deu exemplos de mestre em formar alunos e escreveu obras com raro rigor acadêmico. Porém, sua influência extravasou mais para os campos da Sociologia e Ciência Política, mesmo quando tratou de assuntos que eram mais da alçada da Antropologia à época, como o papel de índios e negros na formação do Brasil. Darcy Ribeiro, ao criar o Museu do Índio, formulou em seguida o primeiro curso de Antropologia em nível de pós-graduação, para o qual foram convidados jovens que mais tarde iriam se destacar como importantes antropólogos, como Carlos Moreira Neto, Roberto de Las Casas e Roberto Cardoso de Oliveira. Foi professor da Faculdade de Filosofia e Letras da Universidade do Brasil, onde formou diversos alunos, além de dar aulas na recém-criada Universidade de Brasília. Foi também vice-presidente do Instituto Nacional de Pesquisas Educacionais, do Ministério da Educação, cujo presidente era Anísio Teixeira, onde realizou um extenso programa de pesquisas, com muitos jovens pesquisadores, sobre a vida rural e urbana no Brasil, especialmente das pequenas cidades e dos bairros pobres e carentes de educação formal. Por essa dedicação à ação político-intelectual, como também pelo Golpe de 1964 e o consequente exílio no Uruguai e depois Chile e Peru, por 15 anos, Darcy terminou ficando longe da academia e dos desenvolvimentos posteriores da Antropologia. Com seu retorno, a partir da anistia de 1979, a retomada da sua posição de professor foi dificultada pelos novos tempos, bem como pelas desavenças político-partidárias que iriam resultar de seu comprometimento com ideias políticas que passaram a ser rejeitadas pelo novo espírito acadêmico. Darcy aparentemente não perdeu a pose e seguiu escrevendo seus livros e atuando no mundo político-cultural brasileiro e internacional com o arrojo e a desenvoltura próprias de sua personalidade esfuziante e desembaraçada.

A CONSOLIDAÇÃO DA ANTROPOLOGIA ACADÊMICA NO BRASIL

A ditadura militar (1964-85), uma vez tendo expurgado as instituições e afastado à força os intelectuais que faziam parte do movimento de ascensão política de esquerda, a começar por Darcy Ribeiro, sem deixar de mencionar também Eduardo Galvão e Carlos Moreira Neto, não foi propriamente madrasta da Antropologia acadêmica no Brasil. Pelo contrário, a partir da década de 1970, ocorreram ações do Ministério da Educação e Cultura na construção e instalação do sistema universitário e dos cursos de pós-graduação em todas as áreas científicas (através da Capes e do CNPq), inclusive a antropológica, e houve a abertura à entrada de recursos externos enviados de fundações de apoio à pesquisa antropológica para institutos de pesquisa brasileiros (como as fundações Ford e Rockefeller). Esse tempo de controle político ditatorial favoreceu a consolidação de um espírito acadêmico, tanto no sentido positivo da formulação do debate consistente sobre temas teóricos de alcance internacional, quanto no sentido negativo de estabelecimento do espírito corporativo próprio de instituições brasileiras. Parte desse debate, não restam dúvidas, se deu em torno de temas que não produziam qualquer crítica efetiva aos senhores do poder; e parte desse corporativismo se exerceu em função de um distanciamento dos problemas e da realidade social mais ampla do país, como se estivesse construindo um círculo protetor de autoconfinamento ou, usando a metáfora de origem inglesa, uma torre de marfim. A ações positivas foram continuadas desde a redemocratização do país, com a renovação do espírito crítico e a tematização de problemas sociais brasileiros, enquanto as atitudes negativas iriam se acomodar nos seus devidos lugares.

De todo modo, desenvolveu-se um sistema acadêmico bastante eficaz, com cursos de graduação em Ciências Sociais, onde se inclui a modalidade antropológica, em todas as universidades públicas, e, paulatinamente, cursos de pós-graduação em níveis de mestrado e doutorado em diversas universidades de norte a sul do país. Paralelamente, a Associação Brasileira de Antropologia ganhou apoio financeiro para realizar suas convenções e congressos com a devida regularidade de dois anos. A Associação Nacional de Programas de Pós-Graduação em Ciências Sociais (Anpocs) também ajudou na consolidação desse sistema, promovendo seminários e congressos, fazendo publicações e buscando a interação teórica e prática das outras duas disciplinas que a compõem, a Sociologia e a Ciência Política.

Por sua vez, pelas circunstâncias da forte predominância nos cursos universitários da escola estruturalista – tanto a inspirada em Lévi-Strauss quanto a de coloração inglesa –, e em seguida do movimento pós-modernista, a História ficou, até recentemente, alijada dessa interação com as Ciências Sociais. Para a Antropologia, isso significou um afastamento do estudo de alguns dos grandes temas nacionais, como a formação cultural brasileira, a constituição de classes e estamentos, a desigualdade social, a vida urbana desequilibrada, o mundo rural em transformação, tratados agora em subtemas e quase que exclusivamente pelo viés fenomenológico e estrutural, e pelos aspectos comportamentais e ritualísticos, sem a profundidade temporal que a História incentiva. Eis porque as obras de Gilberto Freyre e Darcy Ribeiro despontam como monumentos delirantes de difícil aceitação acadêmica. A entrada quase sem críticas dos temas e argumentos pós-modernistas produzidos por filósofos franceses e desenvolvidos por antropólogos norte-americanos, inclusive com a reiteração ingênua do relativismo cultural e a consequente ideia do multiculturalismo, a partir da década de 1980, convenceu muitos antropólogos a manter sua atenção em estudos específicos, isolados, sem maior interesse em conectá-los com outros temas. Afinal, o mundo era concebido como um mosaico de peças irregulares, conectadas por pontos aleatórios e sem sentido histórico.

Do ponto de vista intelectual, tal atitude virou uma tendência teórica, cujo mais evidente resultado é o entendimento de que o Brasil não é

196 ANTROPOLOGIA

propriamente uma nação e sim um conjunto pluriétnico e pluriclassista ligado entre si pela força dominadora do Estado, e que assim não existe propriamente uma cultura brasileira e sim infindáveis culturas que se interligam num vasto território chamado convencionalmente de Brasil. Dois exemplos concretos dessa atitude são percebidos na mudança do nome da antiga Secretaria de Cultura da cidade do Rio de Janeiro para "Secretaria das Culturas", como se no Rio de Janeiro houvesse dezenas de culturas; e na conclusão do livro da filósofa Marilena Chauí, escrito para "desmistificar" o país, que diz que o Brasil, como ideia e como realidade cultural vivenciada, não é mais que um mito!

TEMAS DA ANTROPOLOGIA BRASILEIRA

O principal tema da Antropologia brasileira é o Brasil. Entretanto, outras antropologias mundo afora não têm seus países como principais objetos de pesquisa ou temas de interesse etnográfico e teórico. Na verdade, em países como a França e Inglaterra só a partir da década de 1950 é que seus antropólogos começaram a mirar-se por dentro. No caso brasileiro, ao considerarmos como mirada interior os relatos de viajantes, as cartas e as análises dos jesuítas e outros missionários, os depoimentos de colonizadores, que virariam livros só muitos anos depois, as propostas de José Bonifácio, as reflexões poéticas de Gonçalves Dias, todo o período de pessimismo sobre a viabilidade do Brasil como país (por conta da predominância do darwinismo social), os poetas e escritores modernistas, os folcloristas, enfim, Gilberto Freyre e tantos outros mais, fica evidente que a grande motivação da pesquisa antropológica tem sido, de fato, uma imensa vontade de saber o que é o Brasil.

Será o Brasil um mistério indecifrável? Por que tanta vontade de conhecê-lo, como se fosse especialmente diferente de outros países?

O fato é que todos os países têm seus intelectuais que visam conhecer a si mesmos como coletividade e como projeto político-cultural. Na Europa essa tarefa vem sendo realizada há muitos anos por pessoas que se armam para tanto de conceitos mais gerais e desembocam em reflexões do tipo filosóficas. Com efeito, analisando rapidamente as obras dos grandes filósofos europeus da modernidade, a começar pelos ingleses David Hume e John Locke, os alemães Immanuel Kant e Fredrich Hegel, os franceses Jean-Jacques Rousseau e Montesquieu, até os mais recentes, Bertrand Russel, Martin Heidegger e Jean-Paul Sartre, ou ainda mais próximo de nós, Jorgen Habermas e Michel Foucault – todos eles nunca deixaram de escrever suas obras pensando em seus países e nos projetos culturais que esses países abrigavam para seus povos. É certo que a natureza de suas indagações e reflexões exibia um caráter generalizante e abstrato, que pretendia atingir além dos seus horizontes culturais, mas nunca fugia de um objetivo concreto de falar para um público que lhes podia entender precisamente porque lhes dizia respeito.

Acontece que, no Brasil, foi a pesquisa e a reflexão antropológicas que produziram um corpo de pensadores e um conjunto variegado de ideias sobre a cultura brasileira, sobre a formação do povo brasileiro, sobre sua realidade passada e presente, sobre seu potencial e suas possibilidades futuras. Há efetivamente um fascínio do brasileiro consigo mesmo, até de um modo que os psicólogos chamam de maníaco depressivo: ora o brasileiro se acha a cultura e o povo mais interessante e feliz do mundo, ora cai em desespero e autoflagelação.

As contribuições de antropólogos brasileiros e de estrangeiros sobre o tema Brasil são amplas e variadas, de qualidades e aproveitamento distintos. O Brasil vem sendo tratado tanto como cultura nova quanto como extensão da Europa; tanto como país mestiço quanto como país dominado por uma elite branca; tanto como cultura una e integradora de suas variâncias quanto como multiculturas que se ligam por laços de força política; tanto como país atrasado quanto como país do futuro; tanto como país latino-americano quanto como país alienado dos seus vizinhos; tanto como sociedade integrada quanto como sociedade dual. Tudo indica que muito ainda há que se dizer do Brasil. O certo é que a Antropologia o tem como tema, embora nos últimos anos de trabalhos acadêmicos seja a História que tenha procurado pesquisar com mais detalhes o seu passado e por via de consequência esteja ganhando maior envergadura para propor novas explanações, seguindo a tradição de Adolpho de Varnhagen, Capistrano de Abreu e Sérgio Buarque de Holanda. Do lado antropológico, nossa tradição vem de Gonçalves Dias, Manoel Bomfim, Gilberto Freyre e Darcy Ribeiro.

Integrando o tema Brasil, há diversos temas que alcançaram grande interesse e sobre os quais muitos trabalhos foram realizados e continuam a ser realizados. O índio em termos gerais, ou os povos indígenas em suas vivências variadas, foram, provavelmente, o primeiro objeto de pesquisa a ter sido abordado por nossos precursores antropológicos e continuam a ser estudados tanto como exemplos de povos igualitários como por sua presença atual no país. O negro, incluindo a escravidão e os seus rescaldos sociais, o preconceito racial e sua superação, seja pela luta organizada, seja pela dinâmica cultural, é outro grande tema. Imigrantes em geral, de italianos e alemães a sírios e libaneses e japoneses, também têm sido estudados com amplidão. As variâncias culturais regionais, o mundo rural em declínio, as migrações urbanas, o crescimento da pobreza urbana, as religiões como instituições de fé e como instituições de integração social, a violência, enfim, as miríades formas de convivência social e ritualística e tantos mais aspectos que compõem a desigualdade social brasileira também têm sido objetos de grande interesse.

Faz mister esclarecer que todos esses temas têm sido tratados não somente com denodo acadêmico, mas também com responsabilidade social por parte dos pesquisadores. Dificilmente um antropólogo brasileiro pesquisa algum tema sobre o qual não tenha o sentimento de que deve contribuir para esclarecer o assunto e mostrar caminhos para seu aproveitamento ou sua solução no rumo do melhoramento da condição humana no nosso país. Tanto mais é que até os antropólogos estrangeiros que aqui pesquisam inevitavelmente são tomados por esse espírito de engajamento humano, senão político. Exceções à parte.

ABORDAGENS TEÓRICAS

A Antropologia acadêmica brasileira tem se utilizado de diversas abordagens teóricas ao longo dos últimos sessenta anos. Na verdade, o nosso grande etnógrafo Curt Nimuendaju, que publicou e deixou manuscritos valiosos sobre diversos povos indígenas (sob custódia do Museu Nacional, alguns ainda não publicados), foi dos primeiros a usar de uma metodologia de pesquisa com base na vivência e na observação participante, conforme podemos constatar na sua primeira etnografia sobre os índios Guarani (*As lendas da criação e destruição do mundo como fundamentos da religião dos Apopokuva-Guarani*), ainda em 1914. Se a Antropologia brasileira quisesse ser bairrista poderia reclamar a autoria de uma das primeiras etnografias a usar desse método, que consagrou o antropólogo polonês-inglês Malinowksi como seu pioneiro.

OBSERVAÇÃO PARTICIPANTE E PARTICULARISMO HISTÓRICO

O uso do método de observação participante corresponde, no plano da teoria, ao entendimento de que cada cultura é incomparável, portanto, só explicável em seus próprios termos. Em cada cultura, as instituições existem e funcionam em conjunto, como um sistema. Retiradas de seus contextos, elas deixam de ser o que são e assim perdem sua compreensibilidade. Por exemplo, a pajelança dos índios Guarani, descrita e analisada por Nimuendaju, com seus rituais, sua liturgia, seus paramentos e objetos, é única e incomparável, mesmo em relação à pajelança de povos indígenas com culturas assemelhadas. A consequência teórica dessa visão é que cada cultura é uma totalidade integrada, composta de todos os seus signos, comportamentos e instituições. Estudar uma cultura seria dar conta de todas as suas dimensões, aspectos, setores, enfim, de todas as partes de seu sistema. Tarefa hercúlea a que os antropólogos treinados na escola conhecida como particularismo histórico, criada por Franz Boas, nos Estados Unidos, e nas variações funcionais e funcional-estruturalistas estimuladas por Malinowski e Radcliffe-Brown, na Inglaterra, se dedicaram com grande afã.

A consequência moral dessa visão teórica é conhecida como relativismo cultural, segundo o qual as culturas são únicas, incomparáveis, múltiplas e multifárias, e que o dever do antropólogo é ter isso sempre em mente e não cair nas ilusões da comparação entre culturas, quanto menos da hierarquização sob qualquer pretexto (por exemplo, usando a teoria da evolução das espécies ou privilegiando fatores materiais).

O particularismo histórico, as variações funcionalistas e funcional-estruturalistas, bem como a intenção de visar ao objeto antropológico em toda sua integridade, já não comandam as atenções metodológicas e as mentes teóricas dos nossos antropólogos. Porém o relativismo cultural permanece como atitude fundamental no ensinamento da Antropologia no Brasil. Raramente é contestada ou sopesada em relação a outros critérios teóricos, sem que se insurjam os defensores de uma ética antropológica como aquilo que mais profundamente diferencia essa disciplina das demais Ciências Sociais.

O MARXISMO ANTROPOLÓGICO

Outra grande influência teórica advém de um conjunto de proposições adaptadas da análise marxista sobre sociedade e cultura, especialmente sobre a valorização do fator econômico sobre o social e o ideológico, o foco metodológico sobre as contradições entre grupos sociais e seus interesses e a lógica de transformações sociais como forma de resolver problemas e contradições (a chamada lógica dialética). O marxismo, em modalidades disputadas quanto à sua melhor ortodoxia ou flexibilidade, é um dos parâmetros intelectuais mais disseminados e enraizados nas Ciências Sociais, mesmo que ultimamente esteja fora de moda. Na Antropologia, ele é usado para explicar os problemas envolvendo desigualdade social e formação cultural, relações interétnicas, violência, política, visões do mundo (ou ideologia) no mundo urbano.

A teoria marxista tem pretensões de interpretar a realidade como uma totalidade que integra suas partes conflitivas e de dar compreensibilidade a essa realidade pela dinâmica histórica, que é provocada pelas contradições entre os seus elementos constitutivos. Por uma parte, o marxismo pareceria adequado ao estudo de comunidades, como conjuntos sociais fechados, tais como etnias ou o mundo rural, já que essas se constituem como totalidade; porém esses entes sociais formam totalidades sem contradições sociais fortes o suficiente para provocar transformações que as destruam e gerem novas totalidades. Assim, a crítica à perspectiva marxista formulada pelas demais correntes antropológicas é de que ela só responde a entidades sociais que pressupõem a desigualdade entre as partes, a qual gera conflitos e contradições e, portanto, uma dinâmica histórica transformadora, enquanto nas sociedades igualitárias ou primitivas a desigualdade é mínima e as contradições são no mais das vezes resolvidas pelo consenso ou pela ritualização. Assim, haveria um limite empírico à aplicação teórica de proposições marxistas ao estudo de povos igualitários, especialmente a compreensão da totalidade integradora de sua cultura.

A influência do antropólogo francês Claude Lévi-Strauss é imensa na Antropologia brasileira, não somente por suas proposições teóricas, que são aplicadas em estudos sobre diversos aspectos das culturas indígenas, e o largo escopo de seus trabalhos, mas também porque ele carrega em si a herança de Émile Durkheim e Marcel Mauss, os principais teóricos da moderna tradição francesa, com repercussão também na Sociologia e na Filosofia. Ao prestar as honras a esses grandes pioneiros da teoria antropológica moderna, e incluindo os esforços extensivos de Franz Boas e Malinowski, assim também do marxismo, Lévi-Strauss se credenciou para produzir uma teoria abrangente, ousada e carregada de possibilidades de aplicação: o estruturalismo antropológico.

O ESTRUTURALISMO ANTROPOLÓGICO

O estruturalismo antropológico, cujos primeiros trabalhos foram divulgados ainda na década de 1940, em artigos e teses acadêmicas, ganhou força e amplitude a partir da década de 1960, tendo alcançado seu auge de prestígio e emulação na década de 1980. Muitos estudos sobre parentesco, ritos e mitos foram elaborados sob inspiração estruturalista nos institutos e departamentos de Antropologia do país. O objeto mais evidenciado desses estudos tem sido tradicionalmente as culturas indígenas, sobre as quais o próprio Lévi-Strauss fez diversas incursões empíricas e teóricas, e a partir das quais elaborou muitas das suas proposições teóricas. Porém, o estruturalismo, tanto como metodologia quanto como estratégia de exposição, tem sido igualmente usado por antropólogos que estudam temas da urbanidade e da modernidade. Temas como rituais, festas de todos os tipos e modos de comportamento próprios da cultura brasileira têm sido descritos e analisados sob o prisma estruturalista. Esse acervo demonstra o vigor e a amplitude da obra lévi-straussiana, cuja influência, de fato, só arrefeceu nos últimos dez ou quinze anos.

Pós-modernismo

Embora para muitos estudiosos o estruturalismo tenha desmoronado como teoria, o fato é que deixou uma contribuição permanente para a Antropologia, especialmente nos aspectos relacionados a uma teoria da sociabilidade humana, ao parentesco, rituais e mitos. Porém, a partir da década de 1980, sua influência foi desafiada pelos arautos das proposições teóricas que ficaram conhecidas como pós-modernismo. Do ponto de vista político-cultural, essas proposições pretendem conceituar os tempos hodiernos como sendo uma nova fase histórica, substancialmente diferente da modernidade e dos seus ideais humanistas e progressistas oriundos do Iluminismo. A pós-modernidade seria um tempo em que as ideologias de esquerda que motivaram a história ocidental dos últimos duzentos anos não mais fariam sentido, tanto pelo desgaste sofrido pelas experimentações desastrosas (vide comunismo na União Soviética), quanto pelo irrealismo filosófico que nelas estava embutido. Desse ponto de vista filosófico, o pós-modernismo põe em dúvida não somente algumas das principais premissas do estruturalismo, como a ideia de que há uma realidade profunda, estruturada como se fosse um sistema, por baixo dos fenômenos aparentes, mas também do marxismo, no aspecto que propõe uma finalidade e um destino para o homem, e no particularismo histórico, quando esse acredita que a cultura é uma entidade em si capaz de ser entendida em sua essência.

Com efeito, a vertente pós-modernista nem ao menos atribui a possibilidade de se conhecer a realidade, apenas descrever seus aspectos que são concebíveis por uma determinada cultura. Como a cultura dominante dos nossos tempos, e que dá o tom a toda disciplina científica, incluindo a Antropologia, tem seu fulcro na civilização europeia, toda a ideia de realidade concreta derivaria das condições filosóficas produzidas por essa cultura. Por conclusão, seria uma pretensão descabida de qualquer ciência social, de fato uma verdadeira imposição, declarar que é a realidade aquilo que os antropólogos, sejam eles estruturalistas ou marxistas, funcionalistas ou particularistas históricos, descrevem como tal. Por conseguinte, necessariamente, toda análise antropológica não passaria de uma apropriação indébita e em seguida de um remodelamento das características próprias da cultura em descrição, por via dos conceitos obtidos da cultura europeizante antropológica.

Toda cultura, mesmo supondo que ela exista como tal e como um sistema, só é apropriável, perceptível, vivenciada e concebível por aqueles que dela fazem parte. Ninguém mais é capaz de entendê-la perfeitamente, portanto, seria um devaneio ocioso qualquer tentativa nesse sentido. Qual, então, seria o papel e a finalidade da Antropologia? Por suposto, simplesmente encontrar os meios para dar voz aos membros da cultura estudada; na melhor das hipóteses, entabular um diálogo com esses membros para buscar traduzir e adequar os conceitos que eles vivenciam como prática cultural para a linguagem que se diz antropológica e científica. Para os adeptos das visões pós-modernistas da Antropologia, mal cabe chamar seu ofício de científico, e seriam falsos aqueles que reclamassem essa pretensão. Diante de tudo isso, há que se perguntar, por que essas pessoas continuariam a exercitar o ofício e a escrever sobre culturas ou temas antropológicos, alguns desesperadamente? A resposta talvez esteja no fato de que há uma contradição intransponível dos pós-modernistas, por augurarem o fim da reflexão científica, sem deixarem de dela dependerem.

A PERSISTÊNCIA DA ETNOGRAFIA

Independente da corrente teórica que ilumina ou inspira determinado trabalho antropológico, é importante ressaltar que continua presente no escopo antropológico a tarefa de descrição detalhada e sistêmica do fenômeno a ser estudado. O resultado dessa tarefa é conhecido como *etnografia*, termo que tem sido usado originalmente para a descrição de um determinado povo e sua cultura. Nos últimos anos, o termo adquiriu um sentido mais amplo e inclui a descrição de qualquer evento, seja uma instituição, um movimento, um ritual, um momento histórico, que se torna o centro do estudo. Fazer etnografia é, portanto, a grande tarefa metodológica da Antropologia, sem a qual não existiria a possibilidade de conhecimento do fenômeno humano. É bom e importante que o treinamento de antropólogos continue a existir por força dessa tradição. No Brasil, certamente há um campo imenso para a continuidade de uma Antropologia que tenha como base a produção de etnografias. Com isso, pode-se intentar a compreensão do fenômeno humano nas dimensões que se aprouver englobar.

As teorias que compõem o acervo da Antropologia têm cada uma seu valor, suas especificidades, seus objetos preferenciais. Seus resultados têm dependido muito do talento individual de cada antropólogo. Na Antropologia brasileira há excelentes etnografias produzidas por cada uma dessas escolas antropológicas, e há excelentes análises sobre aspectos da cultura brasileira com tendências teóricas variadas. Entretanto, para que a Antropologia brasileira dê um salto de qualidade no panorama internacional, é preciso que desponte uma visão teórica integradora, capaz de englobar todas elas e dar um sentido maior à tarefa da Antropologia. Tal teoria está para ser feita. Faz parte da nova geração de antropólogos tomar como tarefa sua a elaboração desse novo sentido para a Antropologia.

O FUTURO DA ANTROPOLOGIA

Sejamos otimistas: vamos acordar que o homem tem futuro. Assim, também poderá haver futuro para a Antropologia, como ciência e como discurso filosófico que pretendem dar conta desse homem. Como será esse futuro? Essa é uma pergunta que alguns poucos loucos e profetas tentaram responder pela intuição ou por receberem mensagens cifradas do além. Outros, com pretensões científicas, também ousaram fazer prognósticos com base em tendências da época, mas, ao final, quase todos terminam dando com os burros n'água. Alguns prognosticaram o computador, como instrumento de cálculo e banco de dados, mas não com os resultados práticos que hoje temos. Ninguém prognosticou a internet, a não ser depois que o computador já funcionava com as características atuais. Assim, seria muito fora de propósito, ainda mais nos tempos de hoje, com o reconhecimento de grandes e incalculáveis mudanças que surgirão para diminuir ou driblar os problemas ambientais no mundo, tentar projetar um futuro para o homem. Todavia, ao nos propormos que a Antropologia poderá continuar a existir, temos que enfrentar o desafio e ousar pensar alguma coisa acerca do futuro do homem para, assim, imaginar o futuro da nossa disciplina.

Nossa metodologia neste capítulo será tecer panoramas de possibilidades culturais a partir das tendências atuais, sem dúvida, mas também das características que sempre compuseram o homem: sua sociabilidade, sua competitividade, a ética, a busca da liberdade e da felicidade, a tolerância e seus limites. Tudo na medida do possível e abrindo-se para que cada leitor possa fazer o mesmo exercício, concordando, concordando com ressalvas, ou discordando do que aqui se expõe. O exercício vale em si mesmo, mas também como exposição do método e da teoria hiperdialética, que aqui ficarão mais claras ao término do livro.

O FUTURO JÁ CHEGOU?

Muitos pais, vendo seus filhos se divertirem com tanta facilidade com brinquedos eletrônicos, com jogos cheios de desafios que eles mesmos não haviam experimentado em suas infâncias, afirmam, com muita convicção, que seus filhos, as crianças de hoje, são mais inteligentes do que eles o eram. Admiram-se de garotinhos e garotinhas de 5, 6 anos dedilhando o computador, comunicando-se em outras linguagens, desafiando e vencendo truques eletrônicos que necessitam de raciocínio rápido, absorvendo uma gama incalculável de informações – e processando-a com soluções inesperadas. Como fazem isso, se nunca eles, os pais, puderam fazer? Parece tão evidente que as crianças de hoje em dia são mais "espertas" e inteligentes do que as de "antigamente", que ninguém se lembra que também os pais desses pais atuais se orgulhavam dos seus filhos brilhantes e novidadeiros, na era pré-computador. Tampouco ninguém se preocupa em levar em conta quais seriam as possíveis consequências de uma nova geração de *Homo sapiens* pronta para dar um salto de qualidade na sua evolução mental. Alguns até duvidam se boa coisa virá desse salto, outros brincam de dizer que já estamos virando a subespécie *Homo sapiens sapiens*, como se fôssemos mais sábios do que os primeiros *Homo* que viraram sapiens, há uns 60.000 anos. Pois sim, agora estaríamos a virar *Homo sapiens sapiens sapiens*, ou *Homo sapiens* ao cubo!

Sem querer desmerecer os nossos filhinhos ou nossas netinhas, acho que é muito cedo para se pensar em grandes mudanças no arcabouço intelectual do nosso *H.s.*, muito menos em mudanças genéticas que possam ser transmitidas para as gerações vindouras. Mas, deixemos para os geneticistas especularem sobre isso. Fiquemos com as mudanças culturais que são mais fáceis de perceber.

OS AVANÇOS CULTURAIS

Há algumas décadas vem se pensando que estamos entrando em novo patamar de formação cultural ou novo tipo de civilização. Os nomes mais comuns dados a essa interpretação são: civilização pós-industrial, globalização, cultura pós-moderna e outros derivados. Cada um desses termos enfatiza alguns aspectos dessa visão de mudanças essenciais. Por exemplo, civilização pós-industrial quer dizer que o modo do trabalho e da organização econômica não mais dependem tanto da indústria, da vida urbana dividida claramente entre patrões e empregados, e sim de um novo tipo organizacional caracterizado pela predominância do setor de serviços, que vão desde a oferta de alimentação pronta ou semipronta até o trabalho de consultoria que se realiza na sua própria casa, e se comunica desde lá, sem se apresentar a um local de trabalho. E se tal evento nasceu nos Estados Unidos ou na Inglaterra, o que importa é que hoje está disseminado por países tão antigos quanto a Índia e a China, ou tão diferentes quanto o Brasil e a Indonésia.

A globalização é entendida como um processo de aceleração das comunicações e dos meios de intercâmbio e cooperação entre países e entre setores econômicos e culturais, de modo que já não se distinguiria de onde viria uma ideia, como ela havia se formado e resultado em um produto. E o dinheiro não teria pátria. A internet seria o exemplo máximo da globalização.

Já a cultura pós-moderna seria um modo de ser e existir em que as tradições culturais de cada povo estariam sendo superadas por novos modos de ser, por uma espécie de cultura genérica. Assim, as velhas culturas estariam perdendo seu fundamento filosófico maior, que é de dar rumo e identidade às pessoas em sua convivência social. A cultura pós-moderna seria resultado da homogeneização dos processos econômicos e culturais que estariam se dando a partir, originalmente, do centro propulsor dessa civilização pós-industrial – os Estados Unidos da América, e ancilarmente a Europa –, os quais teriam a capacidade de influenciar todas as sociedades e países a absorver os produtos econômicos e culturais como se tivessem vindo de dentro de suas próprias culturas. Sem dúvidas, sem preconceitos.

Uma das interpretações variantes da cultura pós-moderna diz que, como não haverá mais identidades culturais e políticas próprias, como tudo vem em escala mundial, tudo, portanto, vira imitação, pastiche, enfim, simulacro, sem origem certa e sem paixão, sem *pathos* criador. Outra variante de interpretação sugere que, no seio dessa civilização nova, já não há condições essenciais para grandes mudanças econômicas, políticas e, portanto, culturais. Não haveria mais grandes discordâncias entre os interesses sociais que a compõem. Nenhuma entidade política valeria mais do que as outras, de modo que o mundo político se regeria sem maiores perturbações, já que as mudanças seriam realizadas com o passar do tempo e, portanto, sem sobressaltos, sem descontentamento generalizado e sem revoltas que resultassem em conflitos, como no passado. Um dos teóricos dessa posição, o americano Francis Fukuyama, cunhou a expressão "fim da história" para representar essa visão do mundo pós-moderno. Não haveria mais história, no sentido de mudanças de fases da humanidade. Estaríamos chegando a uma espécie de "limbo histórico", se não num paraíso à moda capitalista. Esse teórico defendeu essa posição logo após a Queda do Muro de Berlim (1989), que representou também o colapso do regime comunista da União Soviética e de suas visões transformadoras, portanto, o fim do desafio mais forte que assomava ao capitalismo e à sociedade contemporânea.

Será que estamos mesmo entrando em nova fase da humanidade, digamos, de uma evolução da cultura humana? Fica aqui uma pequena dúvida, a ser trabalhada no correr deste capítulo, para ver se chegamos a alguma conclusão.

A DIVERSIDADE CULTURAL E O MULTICULTURALISMO

Vimos desde o primeiro capítulo que um dos predicados da cultura (como da língua) é o potencial de mudança. Foi esse potencial que, ao longo do tempo, produziu a imensa variedade de culturas (e um pouco menos de sociedades) que vemos ainda hoje, mundo afora, e que já existiu muito mais no passado. As culturas se diversificam sem que o *Homo sapiens sapiens* tenha mudado como espécie, embora haja produzido diferenças raciais, de fenótipo adaptativo, com algumas mudanças físicas e umas poucas fisiológicas. Diversificam-se por várias razões, mas *ab initio*, por divisionismo, isto é, por separação de partes de uma cultura (antes) maior; pelo afastamento umas das outras, seja por rivalidades entre grupos, por separação e distanciamento permanente, seja pelo autoisolamento ou pouco contato mútuo, seja, enfim, como na formação de novas espécies, por adaptação a ambientes diversificados.

Parece, contudo, que esse grande processo de diversificação cultural vem diminuindo de ímpeto. Com efeito, os sinais são contrários à diversificação. Parece estar predominando um processo de homoge-neização cultural, isto é, de integração entre sociedades que resultam em aculturação e assimilação de culturas, o que é realizado pela adoção de usos e costumes entre culturas diferentes. A própria ideia de cultura pós-moderna vem da constatação desse processo homogeneizador.

Para não ficarmos só na teorização, tomemos o Brasil como exemplo para entender essa tendência atual da humanidade. Aqui fica evidente uma luta entre a preservação e até o ressurgimento de identidades culturais e étnicas e o processo homogeneizador, tal como explicamos anteriormente. O certo é que continua a existir no Brasil uma quantidade expressiva de culturas que dão sentido às sociedades, os grupos sociais que as compõem. Não só as culturas indígenas que sobreviveram no nosso país, com suas culturas tradicionais e suas adaptações ao modo predominante brasileiro, como veremos logo adiante, mas muitas comunidades e grupos sociais que vivem em situações específicas ou diferenciadas do modo predominante e que terminam lhes dando uma visão de mundo peculiar, própria, diferente. Por exemplo, os ribeirinhos do rio Amazonas e seus afluentes, que vivem há duzentos, trezentos anos do mesmo modo, pescando, fazendo roças, professando o catolicismo, mas com crenças sobre entes espirituais vindos das culturas indígenas e africanas. Os habitantes do vale do rio Ribeira, no sul do desenvolvido estado de São Paulo, que vivem em vilas, praticam uma economia simples de roças, coleta e fabricação de bens extraídos da floresta, e que, pelo que dizem, querem continuar assim. Os descendentes de antigos quilombos ou de comunidades quase exclusivas de descendentes de ex-escravos que se afastaram do convívio negativo dos opressores e adotaram uma vida rural muito próxima da vida dos indígenas; ou mesmo os que foram agraciados por seus ex-senhores com lotes de terras de velhas fazendas decadentes, e que continuam a viver em comunidade, a casarem-se entre si e a praticarem crenças e ritos religiosos próprios. Há até mesmo comunidades que se formaram por conta de uma atividade econômica específica, e que lhes deram um modo específico de ser e viver. A exemplo das "quebradeiras de coco", que são mulheres que ganham seu sustento, dos filhos e até dos maridos, coletando e quebrando coco babaçu de terras abandonadas, sem dono, ou com donos que não se importam, para tirar suas amêndoas e vendê-las às fábricas de óleo. Ou as antigas vilas de pescadores do extenso litoral brasileiro, os chamados caiçaras do litoral sudeste, que durante séculos deram o sustento de peixe aos brasileiros, antes da vinda dos modernos e destruidores barcos de pesca que arrastam e matam peixes e crustáceos em quantidades imensas, hoje inviabilizando a sua existência.

Essas e outras comunidades tradicionais querem manter seus espaços de continuidade física, econômica e social, mesmo que se integrando cada vez mais ao mercado e à sociedade moderna. Reclamam direitos históricos de tenência de terra, exigem direitos novos de serem distintos e diferentes, e alegam pertencimentos que as consagram como comunidades diferenciadas. Ao que tudo indica, elas são viáveis, poderão continuar a viver assim enquanto houver condições econômicas, até porque são bem aceitas pela sociedade brasileira hegemônica, que se admira dos seus costumes "folcloricamente" simples e da tranquilidade de seus modos de vida.

Anos atrás, quando o turismo era incipiente, as vilas de pescadores eram muito mais numerosas no litoral brasileiro. Hoje, a maioria delas se espreme entre uma ponta de morro e as baías e enseadas deslumbrantes, onde puxam suas redes de arrastão, agora com as beiras das praias coalhadas de casas de veraneio de gente urbana. Com o interesse desses senhores ricos, surgiu o turismo e apareceu um novo mercado de trabalho, assim como se apresentaram novos atravessadores de compra de peixe. Será que essas comunidades tão encantadoras continuarão? Haja vista Búzios, no estado do Rio de Janeiro, e Trindade, no litoral paulista.

Os chamados caboclos da Amazônia sobrevivem em muito menor número do que há quarenta anos, quando se iniciou o novo surto de imigrantes e de novas economias, dessa vez sem usar as veias dos rios, e sim os caminhos da terra. Há hoje, na Amazônia, um novo modo de vida rural, semiurbana e urbana muito parecido com as cidadezinhas do Nordeste e do Sul, de onde vieram as grandes massas de imigrantes. Já na beira dos rios, grande parte dos moradores dos antigos povoados migrou para as cidades, as grandes como Manaus e Belém, mas também as médias, como Rio Branco e Porto Velho, e até as pequenas, como Óbidos, Altamira, Parintins. Poderiam continuar a ganhar seu sustento pelas formas tradicionais, mas de algum modo isso não compensa mais. O dinheiro parece pouco e injusto para o trabalho duro de pescar artesanalmente, ou para coletar borracha, arrancar cipós e cortar madeira. A atração da educação em cidades para os filhos é grande, a ilusão do conforto urbano é um chamariz a mais.

A nação brasileira se preocupa com o inchamento das cidades, com uma população pouco qualificada para o emprego formal, e mesmo com a falta de emprego de qualquer espécie. São preocupações gerais que também atingem outros países, especialmente os que ainda estão passando por um processo de urbanização rápido. O declínio de comunidades específicas toca os corações de todos que sentem a perda da diversidade e de belezas diferentes, e toca as mentes dos antropólogos e outros cientistas que veem na diversidade o esteio das possibilidades humanas. Toca até mesmo as mentes pragmáticas dos administradores.

Assim, o multiculturalismo, além de ser uma valorização do diferente, é também um caminho para diminuir os problemas sociais. A permanência das comunidades diferenciadas nos seus lugares tradicionais, os rios, as matas, os cerrados, diminui o peso dos problemas urbanos, da aglomeração de pessoas em cidades, do custo cada vez maior do fornecimento de serviços de consumo, como água, esgoto e eletricidade. Juntando-se com a questão social urbana, a continuidade de comunidades rurais torna-se uma questão estratégica para o bem-estar social de uma nação como o Brasil. Aumentam suas possibilidades de permanência no mundo pós-moderno.

O EMBATE ENTRE HOMOGENEIZAÇÃO E DIVERSIFICAÇÃO CULTURAL

Antes da valorização do multiculturalismo, a ideia predominante era de que o mundo iria se homogeneizar social e culturalmente, e as nações iriam cada vez mais se parecer umas com as outras. Várias questões estão por trás disso. Em primeiro lugar, está a constatação de que, desde fins do século XVIII, cada vez mais se torna generalizado o uso de bens econômicos surgidos do rápido desenvolvimento do capitalismo e a adoção de costumes sociais correspondentes às novas instituições sociais nascidas com a industrialização, a urbanização e o predomínio da ciência e da tecnologia sobre a religião e as práticas técnicas tradicionais. Em segundo lugar, existe a justificativa de que esse processo de homogeneização é "natural", como se fosse parte da corrente da vida, conforme a visão oferecida pelos intérpretes sociais da teoria da evolução. Assim, prevalece a ideia de que o desenvolvimento econômico das sociedades corresponde a uma evolução social e a uma espécie de aprimoramento da espécie humana. Igualmente, seguindo a lei da sobrevivência do mais forte, todas as sociedades estariam no caminho de adotar as mesmas instituições sociais e econômicas, caso contrário, ficariam para trás e pereceriam. O homem muda, a cultura fica mais complexa, já discutimos isso em capítulos anteriores. Mas também o homem tem um fim, seja pela volta do Redentor, seja pelo alcance do paraíso, seja pela igualdade de todos, seja pelo fim das rivalidades, seja pela homogeneização das sociedades e culturas. Como escapar desse destino tão bem traçado?

No panorama global, o mundo se preocupa talvez nem tanto com o aprimoramento do ser humano, mas com o desenvolvimento que leva à homogeneização. Sobretudo nos países em que o processo de homogeneização da pós-modernidade está em curso rápido, como na China e na Índia, por exemplo. No Brasil também, sobretudo quando pensamos em nossas minorias indígenas, nas comunidades caboclas e nas vilas isoladas dos sertões. Já nos países desenvolvidos da Europa, esse processo aconteceu com mais vagar, ao longo de alguns séculos. As pequenas e pitorescas vilas da França, onde predomina uma economia de especialidade, têm chances de continuar a ser o que são por adaptação criteriosa ao mercado e à pós-modernidade. Assim, os queijeiros de cabra conseguem se sustentar e competir através da adoção de processos modernos de fabricação e de mercantilização de seus produtos sofisticados. As vetustas aldeias da Alemanha há muito deixaram de ser diferentes, e o mesmo pode vir a acontecer com aquelas do Leste europeu que vão sendo engolfadas pela chegada da competição desenfreada. Nos Estados Unidos, que é o fulcro do processo de homogeneização hodierna, a preocupação é menor. Mesmo assim, algumas das regiões que foram formadas por comunidades pequenas e diferenciadas, sobretudo de origem religiosa, como os mórmons e os quakers, mas também os "caipiras" (*hillbillies*) das montanhas dos Apalaches e as comunidades negras do sul do país passam por essa nova fase de homogeneização cultural.

A PERMANÊNCIA DOS POVOS INDÍGENAS

Até pouco tempo atrás, o mundo contava que as culturas indígenas das Américas, da África e da Ásia dificilmente seriam capazes de sobreviver ao processo de europeização do mundo, que começou a partir de fins do século xv. Com efeito, muitas dessas sociedades se extinguiram, foram dizimadas ou se assimilaram a outras. No Brasil, por exemplo, as cerca de seiscentas sociedades ou etnias que existiam em 1500 ficaram reduzidas a pouco mais de duzentas, por volta de 1960. O processo de declínio populacional, iniciado com a vinda dos europeus, que trouxe as grandes doenças epidêmicas, como a varíola, os sarampos e as doenças pulmonares, contra as quais essas etnias não tinham defesas imunológicas, parecia permanente e inexorável. Contudo, as etnias que sobreviveram até a década de 1960, mesmo as de pequeno porte demográfico, com menos de quinhentas e até menos de cem pessoas, deram a volta por cima e estão em processo de sobrevivência. Elas pararam de perder população e partiram para um crescimento demográfico bastante sólido e sustentável. Com a garantia de suas terras, que atingem mais de 13% do território brasileiro, ou ao menos a demarcação de terras que lhes garantem sua sobrevivência étnica, mesmo que em moldes novos, e com o aumento de sua respeitabilidade no panorama político e cultural brasileiro, essas etnias, esses povos indígenas passaram a ter uma viabilidade política bastante promissora. Elas estão no Brasil para ficar e o Brasil vai ter que se acostumar com sua presença e aceitar os termos de relacionamento mútuo que vão sendo desenvolvidos com a ascensão desses povos.

Por outro lado, não há dúvidas de que o processo de homogeneização atinge os povos indígenas, às vezes em cheio, às vezes indiretamente, às vezes como grupo, às vezes individualmente. Não obstante as garantias constitucionais de respeito aos povos indígenas, suas culturas e seus costumes, o processo homogeneizador, especificamente chamado de "integração" dos povos indígenas, segue célere, independente de política pública favorável à preservação de seus costumes. Por exemplo, a política de crescimento demográfico deve muito à queda da mortalidade infantil nas aldeias indígenas, e essa queda se deve, substancialmente, ao fornecimento de água potável armazenada e canalizada por um órgão do Estado brasileiro. O simples ato de se acostumar a usar dessa água, por meio de bicas em suas próprias casas, leva as sociedades indígenas ao abandono de outras práticas culturais anteriores de captação de água. E assim vão se criando novas práticas e novos hábitos sociais. O estabelecimento de escolas de ensino regulares, desde a alfabetização até o ensino médio, em aldeias, mesmo com ensino sendo ministrado por professores indígenas, condiciona essas sociedades ao estudo formal da sociedade brasileira, à formação de novas visões de mundo, ao conhecimento genérico (às vezes até crítico) da vida moderna, inclusive da ciência hegemônica, que difere em larga medida dos conhecimentos tradicionais de cada um desses povos. Ao término de um ciclo escolar, o jovem indígena acaba desejando continuar os estudos em nível mais elevado, o que o leva a outras escolas indígenas ou, mais frequentemente, a escolas regulares nas cidades circunvizinhas.

Não se pode deduzir que, a partir dessa convivência com as normas e a sociabilidade cativante, mas custosa, da sociedade brasileira, os povos indígenas se alienem completamente de suas condições socioculturais e percam a sua identidade étnica. Ao contrário, às vezes, essa identidade até se realça por contraste com o que o indígena experimenta no mundo brasileiro. Aumenta-lhe o amor próprio étnico após a convivência próxima. Não obstante, ele adquire um novo sentido para sua vida e, aos poucos, passa a partilhar muito fortemente desse novo sentido e a se habituar com essa nova vida. Principalmente quando esse processo acontece na cidade, em condições boas ou ao menos razoáveis de aprendizado e vivência. Aí fica mais penoso voltar para a aldeia, onde encontrará seus parentes vivendo a vida tradicional, certamente com alegria e satisfação, mas com as atribulações inerentes a essas sociedades, que incluem a falta de conforto urbano e a dificuldade em ter alimentos à mão, em qualquer momento, além do pouco conhecimento das coisas da cidade e do mundo moderno.

O indígena moderno, que passou por essas fases da educação escolar brasileira, vive esse dilema e procura resolvê-lo de várias maneiras, desde o abandono da vida indígena pela integração à vida urbana, passando pelo retorno à sua terra para exercer aquilo que aprendeu, como se fosse para servir ao seu povo, mas com a garantia de um salário (como funcionário da Funai, das secretarias de educação ou saúde, entidades públicas ou privadas municipais, estaduais ou federal, ou até organizações não governamentais), até o regresso direto à vida étnica, reintegrando-se aos costumes tradicionais, enfrentando as dificuldades econômicas, mas trazendo novas práticas e novos insumos tecnológicos para tentar incrementar as condições de vida tradicional.

Os demais indígenas, a grande maioria, que vivem nas aldeias, em suas terras, batalhando por sua existência com os instrumentos de suas culturas tradicionais e com a pouca ajuda que recebem dos órgãos governamentais, permanecerão mais fiéis às suas culturas e mais resilientes às mudanças. Eles é que serão o esteio da diversidade cultural que se almeja preservar no mundo pós-moderno.

Fujamos aos prognósticos fáceis

Voltando ao futuro da nossa Antropologia, uma das primeiras resoluções que teremos que tomar é fugir aos prognósticos fáceis. Esse de que o multiculturalismo prevalecerá é um. Seu oposto, da homogeneização, é outro. Haja vista o prognóstico do fim dos povos indígenas, do fim do capitalismo ou do fim do socialismo. Ou do fim das religiões pela predominância da ciência. Ou do surgimento do novo homem, mais ético e mais solidário. Ou das soluções radicais, do tipo, ou será assim, ou virará assado.

O mundo, a vida, a humanidade não parecem dar atenção às radicalizações intelectuais dos teóricos, dos profetas e dos visionários. Não quer dizer que essas pessoas não sejam importantes para nos orientar, para dar sentido ao que, muitas vezes, parece sem sentido. Como é que alguém de procedência judia, cigana ou eslávica pôde suportar as agruras e desumanidades do nazismo, se não pela força da religião ou da crença em um destino que estaria em algum lugar, mesmo que recôndito, mesmo que futuro, da existência.

Durante muito tempo, talvez ainda na atualidade, muita gente se orientou pelo ideal utópico do aperfeiçoamento do ser humano. Muitas revoluções foram feitas não somente motivadas pela revolta contra as injustiças, mas sobretudo porque se pensava que, ao término das ações cruentas do embate revolucionário, uma nova vida iria surgir. Com essa vida, um novo homem. Igualmente algumas religiões e muitas seitas religiosas abrigaram essa ideia de aperfeiçoamento do homem para alcançar a divindade, ou ao menos para ser digno dela. É provável que nada no futuro dê cabo a essa pretensão humana, nem o bom-senso, nem as lições da história.

Por sua vez, de um modo mais laico e mais presente na atualidade, existe o ideal, que vem do filósofo grego Sócrates, segundo o qual o conhecimento do mundo, e especialmente o conhecimento de si mesmo, o autoconhecimento, é a melhor fórmula para a felicidade, tanto pessoal quanto coletiva. Muito filosofar surgiu para explicar essa visão socrática. Os estoicos, por exemplo, se pautam nesse ideal, aceitando com humildade seus limites. Os psicólogos modernos, nem falar, embora Freud, o pai fundador, nunca tenha declarado fé incorrigível no aperfeiçoamento do homem, só a sua aceitação de si mesmo. Já a ciência, que funciona como uma máquina bem regulada e em constante aperfeiçoamento, baseado na lógica sistêmica, ante a qual todas as sociedades buscam se ajustar, também toma ares de uma religião não presumida, ditando normas de comportamento, padrões de felicidade e autos de fé.

Nem ciência nem religião, ambas. A ciência continuará a descobrir novas coisas do universo e do homem, e a religião a apascentar o homem perdido nas suas tramas existenciais.

A Antropologia precisa encontrar os instrumentos para dar conta disso tudo, como um ramo da ciência e como uma perquirição filosófica. Aqui proporemos em breves palavras algumas considerações de cunho teórico para que os estudantes de Antropologia possam rever as ferramentas até agora utilizadas e saber usá-las para os desafios do futuro.

POR UMA ANTROPOLOGIA HIPERDIALÉTICA

Pode parecer esquisito terminar um livro de introdução à Antropologia propondo uma nova teoria dessa disciplina. Mas é o que vamos fazer, com cuidado, a partir de uma análise das teorias antropológicas que marcaram a pesquisa e as visões científicas do homem.

Ao longo de mais de 150 anos em que podemos dizer que surgiu a Antropologia, (*A liga dos Ho-de-no-sau-nee ou Iroqueses*, de Lewis Henry Morgan [publicado em 1851], que reputo, para efeitos simbólicos, como o nascimento da Antropologia como ciência empírica e não especulativa), quatro visões teóricas guiaram as pesquisas e os resultados dos antropólogos.

EVOLUCIONISMO

Por ordem cronológica, mas não lógica, como logo veremos, a primeira grande visão teórica resultou numa escola de pensamento chamada de evolucionismo por ser baseada na teoria da evolução biológica e, em seguida, sociocultural. Essa é a visão de que os homens e suas culturas não são simplesmente o que aparentam ser, mas são produto de transformações que aconteceram em suas sociedades ao longo do tempo e num sentido determinado. O tempo original é o início da constituição do homem como *Homo sapiens*, com o concomitante surgimento da língua e da cultura. O sentido de transformações pode ser resumido como o aumento da capacidade produtiva de suas sociedades e a resultante complexização (ou que palavra se queira usar) de suas culturas.

Como vimos em outros capítulos, o evolucionismo foi muito criticado, especialmente pela corrente teórica que a seguiu, o particularismo histórico. Mas não se pode dizer que ela foi rechaçada em sua essência e em sua totalidade. É certo que a maioria dos departamentos de Antropologia atuais ensina de princípio e de fé que não se deve dar crédito aos evolucionistas socioculturais, nem mesmo lê-los, a não ser alguns poucos que, ao manter as linhas básicas de argumentação, apresentaram grandes ressalvas a respeito dos modelos de evolução propostos pelos evolucionistas inspirados na biologia. É o caso da variante conhecida como multievolucionismo, desenvolvida pelo antropólogo americano Julian Steward (1902-1972), segundo a qual não há uma única linha possível de evolução sociocultural, mas diversas. Ademais, reconhece que, se algumas culturas não parecem ter evoluído pelos critérios de aumento de produção ou surgimento de diferenças sociais, teriam, entretanto, experimentado mudanças na sua visão de mundo, na sua organização social, em rituais, etc. De qualquer modo, muitos antropólogos se enervam quando algum incauto fala que, em relação a certos aspectos sociais, políticos, demográficos, econômicos e filosóficos, existe um fosso de diferenças entre um povo indígena e a sociedade brasileira, por exemplo, e que esse fosso foi cavado ao longo da história, por transformações que aconteceram com certa lógica e certa regularidade em todas as partes do mundo. Pelo menos os historiadores, economistas, sociólogos, psicólogos, filósofos e arqueólogos pensam assim. Só a Antropologia é que rejeita seu pai fundador.

A evolução sociocultural, ou se quisermos, a transformação das sociedades humanas ao longo da história, é um fato irretorquível como um fenômeno geral. Ninguém põe dúvida num modelo simples assim:

1. Os homens começaram a vida como caçadores e coletores e assim o foram durante dezenas de milhares de anos.
2. Em algumas partes do mundo, e por circunstâncias de necessidade, foram domesticando animais e plantas e se sedentarizando.
3. Aumentaram a produção econômica, criaram classes ou estamentos sociais com especializações de trabalho.
4. O poder se concentrou nas mãos de uns poucos.
5. A crença em deuses ajudou a dominar os não poderosos.
6. O conhecimento se especializou e se expandiu.
7. As guerras produziram concentrações de poder.
8. Outras sociedades foram dominadas, muitas transformadas.
9. Algumas sociedades conseguiram se manter à margem desse processo, em fases distintas.

O que aborrece verdadeiramente os antropólogos antievolucionistas a respeito do evolucionismo sociocultural são duas proposições que parecem ser inerentes a essa teoria. Uma é a ideia de que todas as sociedades seguem o mesmo ritmo de transformações (evolução) e que, portanto, as que não se transformaram ficaram para trás nessa escala evolutiva. De fato, os evolucionistas do século xix pensavam assim e com isso justificavam o preconceito e, pior, o racismo prevalente na época, junto com o sentimento de superioridade das sociedades europeias, que estariam no cume da evolução sociocultural. A segunda proposição é de que as sociedades que ficaram para trás carecem de algumas características intelectuais que, aparentemente, só existiram naquelas que se transformaram. Os antropólogos críticos ao evolucionismo argumentam que, na verdade, essas sociedades também se transformaram, só que por linhas diferentes, seguindo outras possibilidades que existem no arcabouço intelectual e emocional do homem. Isso, na verdade, é o que propõe o multievolucionismo, ao que parece inutilmente, já que não é levado em consideração como ponto de conciliação entre essas duas posições conflitantes. Assim, todo o sentido da evolução sociocultural estaria prejudicado por essas proposições.

Ora, essas duas proposições podem ser descartadas sem que se tenha que jogar fora o sentido epistemológico e lógico da teoria da evolução sociocultural. Pois que, no cômputo geral, é verdade que as culturas humanas surgiram em determinado tempo, se transformaram e aumentaram a sua capacidade de sobrevivência na competição com os demais seres da natureza; que, ao longo dessa história, muitas culturas dominaram e depois perderam o domínio, caindo de poder em relação a outras e até sendo dominadas por aquelas que antes lhes eram servis. Assim, o aumento da capacidade produtiva não é inerente a todas as culturas, nem é irrevogável para aquelas que têm essa capacidade. Em outras palavras, o reconhecimento da realidade da evolução sociocultural não afeta o reconhecimento de aspectos da integridade, maleabilidade e valor de cada cultura, conforme foi tão bem realçado pela corrente do particularismo histórico.

O que importa mais para nossos propósitos aqui é reconhecer que essa teoria tem seu lugar na explicação antropológica sobre o homem. Tem mais ainda no sentido lógico. Quer dizer, aquilo que move uma cultura a se transformar é um fenômeno universal e inerente ao ser humano e à cultura. O movimento é o que o filósofo Hegel denominou de lógica dialética, e esta é compreendida como a capacidade de todo fenômeno humano, após passar por um ponto de equilíbrio, sofrer contradições internas, engendrar um desequilíbrio entre seus componentes, o qual os leva a se mover e a mudar para encontrar novo ponto de equilíbrio.

A teoria da evolução sociocultural, como formulada pelos evolucionistas do século xix, não usa essa linguagem, mas Marx e Engels a usaram para explicar o seu esquema evolutivo, que incluía tanto o surgimento e o putativo declínio do capitalismo quanto as transformações das etapas históricas anteriores. Marxistas modernos, como Godelier e Terray, também buscaram demonstrar a importância da teoria da evolução como uma dimensão dialética que é inerente às culturas. Resgataram, com isso, a ideia de que as culturas mudam, se transformam por uma série de fatores inerentes e por uma série ainda maior de fatores exógenos.

Hoje em dia, o evolucionismo não se constitui mais em escola. O que temos de herança é, por um lado, a continuação de uma visão marxista da Antropologia que não quer deixar perder de vista a ideia da história, do fenômeno humano em movimento e do caráter autotransformativo das culturas. Por outro lado, temos a sociobiologia, que mais se aproxima do velho evolucionismo na medida em que busca definir o fenômeno humano pela visão de que todos os atos humanos, inclusive as relações sociais, visam à reprodução da cultura, como se esta fosse *determinada*, e não apenas influenciada, pelo princípio da luta pela sobrevivência.

Particularismo histórico

Os reconhecidos pais da Antropologia acadêmica moderna, sobretudo o ramo anglo-americano, entre eles Franz Boas, Radcliffe-Brown e Bronislaw Malinowski (já que Émile Durkheim é fundador do ramo francês), e pelo menos a primeira geração de seus discípulos fizeram um tremendo esforço para enterrar o evolucionismo e a ele contrapuseram uma série de proposições que muito contribuíram para nosso conhecimento das culturas e das sociedades humanas. A principal foi a ideia de que cada cultura é um ente em si mesmo, que só é explicável em seus próprios termos, e não em termos dos conceitos de outras culturas. Como se fosse um deus onisciente e onipotente: "eu sou o que sou".

Outra ideia importante foi a de que uma cultura é um enredado de instituições, comportamentos, atitudes, ideias, sentimentos, mitos que se ligam em combinação, como se cada um dependesse do outro e formassem um todo único e especial. A antropóloga Ruth Benedict (em suas conversas em sala de aula, conforme me disse seu aluno, de 1937, Charles Wagley, meu orientador de tese de doutorado, em 1977) dizia que a cultura era como um cristal, do qual nada podia ser retirado sem que se o estilhaçasse por completo. Assim, a cultura era uma entidade dura e resiliente e a mudança lhe fazia mal.

Outra grande ideia era de que cada cultura, por ser específica e ter sua própria configuração (palavra querida dos particularistas históricos até a década de 1950), teria também sua própria dinâmica de mudanças, que poderia advir de uma ou de outra de suas instituições. Assim, um cultura podia se transformar em seu aspecto político, criaria instituições próprias de poder, mas poderia não mudar nada em sua economia. Outra abriria novas frentes de rituais referentes à ecologia, por exemplo, sem mudar suas instituições sociais. Os sistemas de parentesco, por exemplo, que os evolucionistas achavam que se correlacionavam com as economias e os sistemas políticas, seriam autônomos e, quando sofriam mudanças, poderiam ser por linhas diversas e aleatórias.

Enfim, não haveria nenhuma regra geral ou padrão de direcionalidade de mudanças para as culturas. Disso derivava a explicação teórica para a grande diversidade de culturas que existem (ou existiam) no mundo, mesmo entre aquelas que viviam em ambientes ecológicos idênticos, ou entre as culturas que vêm de uma mesma origem, como aqueles que pertencem a uma mesma família linguística, ou que são ramagens de uma cultura mais antiga.

Por sua vez, a radicalização dessas proposições leva à constatação de que é impossível alguém de fora compreender uma cultura. Só o nativo, por vivê-la em sua completude, pode entendê-la. Não obstante, isso não esmoreceu os particularistas históricos de fazerem pesquisa e proporem ideias sobre como funcionavam as culturas, às vezes de forma muito criativa. O método de pesquisa principal para isso era tanto compartilhar dela – e daí foi criada a técnica de observação participante – quanto obter as informações internas através dos sábios nativos ou de pessoas bem informadas, chamados na metodologia antropológica de "informantes". Com essa metodologia, o particularismo histórico produziu muitas etnografias dos povos indígenas mundo afora, descrições detalhadas de rituais, instituições e eventos culturais, uma visão muito ampla das possibilidades da existência humana e até um conjunto heterogêneo de proposições teóricas sobre o que, afinal, são as culturas, já que falar de cultura, em tom geral, foi virando um anátema.

Do ponto de vista da lógica, a verdade do particularismo histórico reside na individualidade da cultura. Ela existe como um dado em si e só ela é que pode falar de si. Reconhecemos nessa atitude e proposição teórica a primeira lógica básica do ser humano que é a lógica da identidade. Por essa lógica temos o entendimento de que o mundo existe e pode ser percebido; que o objeto existe em si e que a diversidade é a realidade empírica mais evidente, mais contundente por ser mais visível. Todo conhecimento, como toda relação humana (e não humana, também), nasce dessa base lógica de que existe o ser. A lógica da identidade por si só resulta num entendimento ingênuo do mundo, porque não contestado. Mas ela é a base para se iniciar e ampliar o processo do conhecimento. Eis a contribuição do particularismo histórico na formação de uma antropologia hiperdialética.

As demais escolas vêm a seguir, mas antes precisamos esclarecer um dos pontos mais fundamentais do mister antropológico, o relativismo cultural.

O relativismo cultural

A principal noção que os particularistas históricos usavam para definir o seu conjunto de proposições, metodologia e visão do fenômeno humano é chamada de "relativismo cultural". O relativismo é uma noção filosófica e científica elaborada no fim do século xix e abrangia, inclusive, os fenômenos físicos (daí a "teoria do relatividade", do físico Einstein). Para a Antropologia que se posicionava contra o evolucionismo, tanto o particularismo histórico quanto o funcionalismo estrutural (como veremos logo adiante), designavam a ideia de que cada coisa tem sua própria razão de ser, portanto, cada uma tem uma explicação própria. O relativismo cultural, nesse sentido básico, se transformou na principal ferramenta do antropólogo e, hoje em dia, como vimos nos primeiros três capítulos, é uma atitude inerente à profissão.

Entretanto, nos últimos trinta anos, a radicalização do relativismo cultural, ao ser confrontado com teorias competitivas, como a antropologia marxista e o estruturalismo, levou a uma vertente que, de um modo muito peculiar, parece ser uma regressão a uma posição filosófica pré-socrática: em consequência de que cada cultura seja, não somente um enredo, mas um emaranhado de atitudes, comportamentos e instituições, ninguém de fora, nem o melhor e mais qualificado pesquisador, pode ser capaz de descrevê-la corretamente e entendê-la em sua totalidade. Pior ainda, nem um nativo a abarca em sua mísera e temporária vivência. Assim, na verdade, só podem existir visões distintas dos nativos, ou dos pesquisadores mais intrometidos, sobre os aspectos em que cada um deles pode vivenciar e elaborar um discurso sobre essa vivência. Não há verdades totalizantes para o fenômeno humano, tampouco verdades específicas para cada cultura em específico. Só há discursos, opiniões sobre alguma coisa. Assim, entre uma ou outra opinião, valem todas ou valem as mais poderosas, com maior cacife institucional, que seja.

Por fim, essa regressão cínica, no sentido filosófico da palavra, que tanto aborreceu Sócrates, quando via os cínicos dizerem que a verdade não existe, leva ao ponto em que a ciência antropológica é impossível, ou é uma farsa, ou é apenas um jogo divertido de falas e opiniões a respeito de algo que só existe na imaginação dos seus recalcitrantes praticantes.

O irônico nisso tudo é que os proponentes dessa visão do mundo, que podemos chamar de ultrarrelativismo cultural, são, precisamente, os antropólogos americanos das mais conceituadas universidades americanas, fazendo pouco daqueles que ainda acreditam que a verdade sobre algo ainda existe, ainda que fugidia e difícil de se apreender.

FUNCIONALISMO ESTRUTURAL

Pelo mesmo tempo em que se desenvolviam os trabalhos de pesquisa, as contestações ao evolucionismo e as proposições metodológicas e teóricas do particularismo histórico, também se desenvolvia em paralelo, com linhas de contato mútuo aqui e acolá, aquilo que se convencionou chamar de funcionalismo estrutural. Sua base central foi a França e o grupo de intelectuais que desenvolveu essa corrente teórica estava centrado na figura do seu mestre, Émile Durkheim. Denominavam-se com frequência de sociólogos, mas seu diálogo maior era com os antropólogos e seus objetos de pesquisa vinham dos povos indígenas mundo afora. Travaram também seu embate contra os evolucionistas, mas nunca da maneira radical dos seguidores de Boas e Malinowski, pois o próprio Durkheim fala em mudanças fundamentais entre as sociedades "primitivas" e as "civilizadas" e dá sua própria visão de como algumas instituições teriam evoluído entre uma fase e outra da história da humanidade.

Por sua vez, a prática de pesquisa de campo foi pouco trabalhada pelos funcionalistas estruturais, sendo elas mais frequentemente produzidas nas bibliotecas e a partir das correspondências com pessoas (muitos missionários) que viviam nas colônias, principalmente na África, mas também nas colônias inglesas da Oceania e nas ibéricas das Américas, e que elaboraram relatos e observações muito pertinentes, se bem que, às vezes, preconceituosos sobre os povos indígenas e os não europeus. Já então, por volta do início do século xx, havia um imenso cabedal de etnografias produzidas pelo mundo inteiro. O resultado foi um conjunto muito coeso de proposições teóricas e esclarecimentos sobre temas antes difíceis de se compreender, ou motivos de grandes especulações. Por exemplo, o suicídio, a relação entre religião e ciência, a função da generosidade nas economias simples, rituais comuns e estranhos, sistemas simbólicos de todos os tipos, a simbolização do corpo, da casa, ou da aldeia como representação do social ou do mundo, a ideia do mito como linguagem, etc.

Entretanto, talvez as duas mais importantes contribuições trazidas por Durkheim e seu grupo, pela escola do funcionalismo estrutural, sejam:

1) A ideia de que o indivíduo não é exclusivamente um ser emsi, mas é, sobretudo, um ser para-outro, um ser social, uma *pessoa* (lembremos que "pessoa" vem do latim *persona*, que quer dizer "máscara", significando as exterioridades que lhe dão visibilidade na sociedade) que carrega sua posição na sociedade (e as marcas dessa posição, marcas que se fazem até no corpo).

2) A ideia de que a sociedade não é só a soma numérica dos indivíduos e pessoas, mas sim uma entidade *sui generis*, como se dizia na época, um conjunto maior do que a soma das partes, com características próprias, uma entidade em si. A sociedade, o social (em oposição ao individual) se estabelece por normas e regras criadas na convivialidade das pessoas, sem dúvida (como concebiam os antropólogos ingleses, presos à tradição empirista), mas ela tem algo mais que a faz exercer uma coerção poderosa e inconsciente sobre o comportamento dos indivíduos, delimitando suas posições e atividades e até seus pensamentos.

Essa entidade especial, imponderável e invisível, foi cognominada "consciente coletivo", algumas vezes também chamada de "inconsciente coletivo". Lembremos que naquele início de século surgiam as ideias de Sigmund Freud sobre o inconsciente (individual) e seu papel poderoso sobre a vida consciente, corriqueira das pessoas.

Tanto a pessoa quanto o consciente coletivo viraram não somente objeto de pesquisa em várias modalidades e em comparações entre sociedades, mas também se tornaram objetos teóricos e passaram a ser incorporados nas metodologias e visões da Antropologia como disciplina. Viraram patrimônio intelectual. E assim ninguém duvida mais que o indivíduo é, em graus incertos, "dominado" pelo social.

O conjunto de proposições teóricas por trás da chamada escola de Durkheim, ou Escola Sociológica Francesa, ficou conhecido pelos antropólogos como funcionalismo estrutural. Primeiro, dizia-se, porque Durkheim fala em seus livros, especialmente os teóricos, de que o interesse de sua visão antropológica é descobrir as funções das instituições na formação do todo. Também os britânicos falavam nisso, embora por um viés, como já dissemos, empírico do que seria função. Os britânicos, vide Radcliffe-Brown, descreviam a sociedade como um conjunto crescente de relações diádicas, isto é, de relações entre indivíduo a indivíduo, formando conjuntos, que formavam redes de conjuntos até o grande conjunto que abarcasse a todos.

Para Durkheim, ao contrário, a função não era entendida como resultado dessas relações diádicas, e sim como o posicionamento (quer dizer, função) das instituições entre si e *vis-à-vis* o todo social. Instituições podiam ser, inclusive, o indivíduo, que, como vimos, era a pessoa, o ser social. Função, portanto, era uma relação entre partes e dentro de uma sistema ou estrutura totalizante, daí o termo funcionalismo estrutural.

A influência dessa corrente na consolidação da Antropologia moderna foi crescente, primeiro na França, espalhando-se para a Inglaterra e, por fim, chegando aos relativistas americanos, na medida em que caíam as resistências do empirismo anglo-saxão à visão não exclusivamente empirista da ciência. E é aqui que está a importância que queremos realçar. O funcionalismo estrutural pôs em xeque a ingenuidade empirista dos relativistas culturais anglo-americanos de várias maneiras. Primeiro, ao duvidar que aquilo que se vê, e que se apreende de imediato, é o que é a "verdade", quer dizer, do ponto de vista científico, a teoria, à qual devem estar sujeitas as hipóteses, testes e confirmações. Ao contrário, uma verdade muito mais presente era algo empiricamente invisível, o "consciente coletivo", por exemplo, ou a "pessoa", os quais só eram apreendidos por um processo que postulava a negação do visível e a afirmação do abstrato. Assim, o funcionalismo estrutural se fez importante ao demonstrar que a ciência antropológica também depende e se faz pela apreensão do não visível, do abstrato.

Na nossa compreensão, isto se deve a um modo de raciocinar, própria do homem, que chamamos de "lógica da diferença", ou lógica do outro, a qual rege as apreensões inconscientes e intuitivas, também as inconsistentes e as paradoxais, e que, por isso mesmo, se contrapõe à "lógica da identidade", ou lógica do mesmo, aquela que rege a apreensão do fato em si. Tal como a lógica dialética rege a apreensão da mudança, da transformação, e permitiu o surgimento da teoria da evolução sociocultural.

Assim, vimos até agora três grandes correntes da Antropologia, que parecem se digladiar entre si, e que são regidas por três lógicas fundamentais: a lógica da identidade (do ser em si, do mesmo), a lógica da diferença (do inconsciente, do outro, ou da intuição) e a lógica dialética (da mudança ou da história). Veremos agora a quarta grande corrente teórica da Antropologia, a regida pela lógica sistêmica, também chamada de lógica clássica.

Estruturalismo

O estruturalismo é produto da força intelectual de Claude Lévi-Strauss, que juntou a tradição durkeimiana, o funcionalismo estrutural, com a então recém-elaborada (década de 1930) teoria da estrutura da língua, para elaborar uma teoria antropológica em que o fenômeno humano (cultura ou sociedade e seus componentes) é analisado como uma estrutura formada por elementos que se relacionam entre si. Essa estrutura representa uma outra estrutura inconsciente mais profunda, que, por sua vez, é formada por elementos mais simples ainda, ao ponto de, por regressão, se chegar ao próprio modo como o cérebro se organiza e faz sentido.

O exemplo da estrutura da língua é o que melhor representaria a estrutura do fenômeno humano. A língua é o conjunto de sons emitidos que formam palavras que se organizam em sentenças para, ao final, produzirem discursos. A realidade por trás disso é que os sons emitidos são percebidos pelos ouvintes não por causa de suas qualidades intrínsecas, mas porque fazem parte de um sistema de elementos (fonemas) que se distinguem por contraste uns com os outros; e as palavras são reconhecidas por fazerem parte de um acervo e estarem organizadas por regras (gramática), as quais são inconscientemente conhecidas. Assim com a língua, assim com o evento humano, a cultura e a sociedade.

Elaborada a teoria, Lévi-Strauss deu sequência ao aplicá-la a uma série de temas antropológicos, a começar pelo mais idealizado da especificidade da disciplina que é o sistema de parentesco. Em sua tese de doutorado, publicada com o título *As estruturas elementares do parentesco* (1949, em francês, 1976, português), Lévi-Strauss faz um balanço exaustivo de todas as questões e problemas em torno do tema para concluir que tudo pode ser reduzido a alguns modelos simples de parentesco, os quais seriam resultados das possibilidades de combinações (casamento) das duas classes de parentes criadas a partir da efetivação na sociedade humana do tabu do incesto, quais sejam, os parentes consanguíneos e os parentes afins. Outros temas importantes discutidos pelo autor foram: a relação entre a ciência moderna e a ciência dos povos igualitários, que aparece sob o contraste entre os conceitos de pensamento abstrato e pensamento concreto, respectivamente; o enigma do totemismo nas sociedades igualitárias, que é conceituado como uma linguagem de classificação das coisas do mundo, quase uma protociência; e o inefável significado dos mitos, que é analisado por um método único e quase inimitável do autor, chegando a conclusões inimagináveis, como a de que os mitos de povos diferentes se comunicam entre si, ou a de que os dilemas e contradições que eles apresentam são muitas vezes resolvidos em mitos de outros povos até muito distantes.

Levou anos para os britânicos e os americanos se acostumarem com essas argumentações, e não se pode dizer que os mais tradicionais chegaram a engoli-las de todo. Eles achavam que Lévi-Strauss estava fazendo fama pela embromação. Quando Lévi-Strauss argumentava, por exemplo, que um modelo criado por uma análise estatística que chegava a uma determinada proposição, e um outro criado pelo pensamento do nativo que chegava a outra proposição díspar, não eram necessariamente incompatíveis nem autoexcludentes, só provocava desdém por parte daqueles que achavam que a ciência antropológica é algo que se deve reportar diretamente à realidade empírica e que um modelo para ser científico tem que ter coerência interna e dar conta da realidade empírica.

Entrementes, a fama de Claude Lévi-Strauss só crescia pelas décadas de 1960 e 1970, quando seus trabalhos sobre quaisquer temas, até a noção de identidade, eram repercutidos e emulados por muitos epígonos. Sua entrada na Grã-Bretanha se deu pelas mãos do antropólogo Edmund Leach, um ex-aluno de Evans-Pritchard, este ex-aluno de Malinowski, que tentou analisar mitos da Bíblia pela metodologia recém-introduzida por Lévi-Strauss. Nos Estados Unidos, o anfitrião mais famoso foi Marshall Sahlins, que sairia da visão marxista-evolucionista para o estruturalismo através da análise da economia igualitária, com uma contribuição muito importante sobre a aplicação da teoria da reciprocidade de Marcel Mauss.

Porém, pelos fins da década de 1980, o estruturalismo começou a ser deixado de lado, não exatamente por uma superação teórica, mas

O FUTURO DA ANTROPOLOGIA 227

por vários motivos: um tanto por exaustão do método estruturalista, já que todo fenômeno humano podia ser reduzido a uma fórmula (e isso eventualmente não tinha graça); um tanto pela incapacidade de seus praticantes de produzirem obras à altura da ambição da teoria; um tanto ainda pela crítica das novas correntes de pensamento, como o desconstrucionismo, que, entre outras proposições, condenava uma visão reducionista do fenômeno humano e via como sua tarefa precisamente "desconstruir" as grandes ideias. Além disso, surgiu a ideia, vinda do ultrar-relativismo cultural, de que o pensamento antropológico não passava de uma imposição da cultura ocidental e que não seria capaz de dar conta da complexidade das culturas. Enfim, as novas interpretações do mundo pós-moderno, diverso, multicultural e sem destino não comportavam uma estrutura tão fechada em si.

Para muitos filósofos da ciência, o estruturalismo já era. Para nossos propósitos, o estruturalismo é a encarnação mais bem elaborada até agora da lógica sistêmica, a quarta lógica que queremos apresentar como base para a formação da nossa proposta da Antropologia hiperdialética. Essa lógica é exemplificada pela definição de modelo proposta por Lévi-Strauss como uma teoria que corresponderia – sem, no entanto, abarcá-la totalmente – à realidade empírica dos fatos sociais. Para isso vamos recorrer às argumentações contidas no artigo "A noção de estrutura em etnologia", talvez a mais completa explicação dada por Lévi-Strauss do que ele concebe como modelo e como estrutura, inclusive em contraponto e em complementação a muitas das contribuições das demais correntes antropológicas sobre esse tema. Eis como o autor define estrutura como parte essencial do modelo:

> Em primeiro lugar, uma estrutura oferece um caráter de sistema. Ela consiste em elementos tais que uma modificação qualquer de um deles acarreta uma modificação de todos os outros.
>
> Em segundo lugar, todo modelo pertence a um grupo de transformações, cada uma das quais corresponde a um modelo da mesma família, de modo que o conjunto dessas transformações constitui um grupo de modelos.
>
> Em terceiro lugar, as propriedades indicadas acima permitem prever de que modo reagirá o modelo, em caso de modificação de um de seus elementos.
>
> Enfim, o modelo deve ser construído de tal modo que seu funcionamento possa explicar todos os fatos observados. (p. 302)

Compreende-se aqui, imediatamente, as ideias de estrutura e de transformação, isto é, a lógica sistêmica e a lógica dialética. Na ideia de sistema ou estrutura (usadas aqui como sinônimos) ficam delimitados os elementos que a compõem – e só esses elementos. Ficam excluídos terceiros elementos que não fazem parte do sistema. Isso é importante dizer porque uma das características da lógica sistêmica, ou lógica clássica, é que o conjunto é sempre algo convencional, um recorte de uma determinada realidade empírica. É do tipo matemático, quando se diz, "... convenhamos que este é um conjunto formado pelos seguintes elementos..." Portanto, a explicação da estrutura vale tão somente para os elementos convencionados, e para nenhum outro mais.

Logo em seguida, no mesmo artigo, ao discutir que a observação é o início do processo de criação do modelo, o autor observa que "todos os fatos devem ser exatamente observados e descritos, sem permitir que os preconceitos teóricos alterem sua natureza e sua importância", numa clara alusão à contribuição empírica do relativismo cultural (lógica da identidade), a qual é reafirmada na frase seguinte: "os fatos devem ser estudados em si mesmos". Nessa mesma frase, entre parênteses, o autor declara, mais uma vez, a ideia de transformação ao se perguntar sobre a gênese dos fatos sociais: "que processos concretos trouxeram-nos à existência?".

Mais adiante, Lévi-Strauss discute a questão de modelos conscientes (para o nativo) e modelos inconscientes (apreendidos exclusivamente pelo antropólogo), e reconhece que ambos têm sua importância, embora ele enfatize que os modelos inconscientes são mais profundos e mais explicativos, enquanto os modelos conscientes, às vezes, até atrapalham a formulação da explicação do antropólogo. Assim se expressa nesse dilema: "quanto mais nítida é a estrutura aparente [isto é, o modelo dos nativos], mais difícil torna-se apreender a estrutura profunda, por causa dos modelos conscientes e deformados que se interpõem como obstáculos entre o observador e seu objeto." Com isso, Lévi-Strauss reconhece a importância da noção de inconsciente coletivo e de que a explicação sobre um fato pode ser outra, eventualmente algo até fora do bom-senso e até o contrário da explicação do nativo. Essas proposições fazem parte do que aqui chamamos de lógica da diferença, a qual está, evidentemente, incorporada na sua noção de estrutura para o evento humano.

O estruturalismo, tal como exemplificado por Claude Lévi-Strauss, representa o máximo da utilização mais ou menos consciente da lógica sistêmica. Essa lógica abarca as três lógicas anteriores e dá-lhes um sentido superior, por fazerem parte do conjunto. Não quer dizer que só o estruturalismo foi capaz de se utilizar dessa lógica. O próprio Lévi-Strauss, no artigo mencionado, presta tributo a todos os antropólogos que, de diversas formas, contribuíram para sua formulação mais abrangente. Assim o entendemos.

Resta-nos agora propor uma nova teoria, com uma nova metodologia antropológica a partir de uma lógica ainda mais abrangente que a lógica sistêmica, a qual poderá dar conta das críticas que surgiram sobre o estruturalismo e apontar novos modos de entender o fenômeno humano sem ter que cair na esparrela da pós-modernidade anódina e sua desesperança em relação ao conhecimento do homem.

A LÓGICA HIPERDIALÉTICA

O sistema conceitual das cinco lógicas – as quatro já vistas, havendo ainda uma quinta, a lógica hiperdialética, que incorpora, engloba e supera as demais – compreende o modo pelo qual pensa o ser humano, conforme propõe o filósofo brasileiro Luiz Sérgio Coelho de Sampaio (1933-2003). A aplicação desse sistema neste livro, para compreender as principais teorias antropológicas e suas relações intrínsecas, deve-se ao trabalho conjunto do presente antropólogo com o mencionado filósofo. Vale a pena fazer uma breve introdução ao pensamento de Sampaio sobre seu sistema de lógicas para que o sentido de sua aplicação seja mais bem compreendido.

Em dois livros fundamentais, *Lógica ressuscitada* e *Lógica da diferença* (2000 e 2001, respectivamente), e em diversos trabalhos ainda inéditos, Sampaio propõe que o homem pensa e adquire conhecimento do mundo através de um processo de raciocínio que ele chamou de "sistema lógico hiperdialético", o qual compreende as seguintes premissas e operações:

- O mundo, especificamente, para nossos propósitos, o fenômeno humano (cultura, fatos sociais), existe, aqui e agora; é aquilo que se apresenta ao observador e é apreendido como um dado claro e real. A percepção direta do mundo se dá pela primeira lógica do sistema hiperdialético, a lógica da identidade. Essa lógica foi concebida, pela primeira vez, pelo filósofo grego Parmênides, ao dizer que "o todo é um". É a lógica do Um, do ser em si, da verdade simples, que se opõe à não verdade. Na Antropologia, é a lógica que define a percepção empírica e reconhece cada cultura como uma e explicável por seus próprios termos. Na religião, essa lógica corresponde ao Deus único dos hebreus, fora de quem só existiria a inverdade.

230 ANTROPOLOGIA

- O fenômeno humano existe, mas não é autoevidente, e sim inefável, não transparente. Apresenta-se como o diferente, o múltiplo ou o inconsciente. Exemplos: a cultura não existe, só existem culturas. A sociedade se explica não pelas relações empíricas entre as pessoas, mas por uma estrutura inconsciente e invisível que dirige o comportamento social, o consciente coletivo. Na Psicologia, diz-se que o homem é fundamentalmente movido por seus impulsos e desejos. O modo de pensar que permite essa compreensão do mundo foi chamado por Sampaio de lógica da diferença. Heráclito foi o primeiro filósofo a concebê-la ao entender a ambiguidade das coisas do evento humano e assim declarar que "o ser e o não ser são o mesmo". A lógica da diferença rege os fenômenos inconscientes, múltiplos, instintivos, os paradoxos e as inconsistências. Nela a verdade existe junto com a não verdade, com o paradoxo e o inconsistente. Na Antropologia, reconhecemos o funcionalismo estrutural da escola de Durkheim como sendo movido por essa lógica. Foi por ela que eles sacaram as noções de consciente coletivo, pessoa, os sentidos dos ritos, etc. Na religião, essa lógica corresponde ao politeísmo dos antigos gregos, em que os deuses interagem e se confundem com os homens, que não têm certeza se seus deuses são os únicos e os mais eficazes, tornando-se, com isso, mais tolerantes com os outros.

É importante notar que aquilo que se entende hoje por pensamento pós-moderno advém da predominância de temas e argumentos regidos pela lógica da diferença. Assim, a corrente antropológica e literária chamada de "estudos culturais", conforme um dos seus principais autores, Michael Fischer, concebe a cultura não como uma entidade em si, mas como uma entidade "relacional" (isto é, que se explica por outro), que não existe cultura propriamente, e sim culturas, e o que interessa ao antropólogo são as diferenças, pois similitudes seriam falsidades e imposições de cientistas com tendências autoritárias. Essa corrente deriva sua inspiração de autores que surgiram no bojo das críticas ao estruturalismo lévi-straussiano, entre eles os filósofos Michel Foucault, Jacques Derrida, Felix Guattari e François Lyotard. Mas também da corrente interpretativa ou hermenêutica, especialmente pela influência do antropólogo norte-americano Clifford Geertz, que também dilui o fenômeno humano às suas nuanças e detalhes, como se, ao fazer isso, estivesse compreendendo o todo. Assim, por uma estranha coincidência, antropólogos que vêm da tradição de Franz Boas, fixos em detalhar os costumes de cada cultura, juntam-se aos que vêm da tradição de Émile Durkheim, de buscar explicações em argumentos contrastivos e advindos do inconsciente humano. Eis o que vem acontecendo no conjunto de correntes da chamada pós-modernidade. O seu principal problema é que estão levando a Antropologia à impossibilidade do conhecimento e, por mais que expressem uma preocupação com as desigualdades entre os homens e entre as sociedades, levam-nos, logicamente, a uma posição ética de indiferença ao mundo, tal como os cínicos dos tempos de Sócrates.

- O fenômeno humano existe não como realidade una, nem como multiplicidade indefinida, mas como um conceito, como uma síntese dialética do Um com o Múltiplo. Essa é a ideia que o filósofo Sócrates (segundo Platão) propôs para dizer que existe o "cavalo", como um conceito abstrato, mesmo quando, na empiria, só se perceba a multiplicidade dos cavalos, com suas diferenças de cor, raça, tamanho, idades diferentes, etc. Também que se pode dizer que existe a pessoa, mesmo que ela seja vista com 27 anos, depois com 40, que tenha mudado de ambiente e de *status* social. Sob muitos aspectos ninguém com 40 anos é a mesmo que com 27 ou 7 anos, mas o intelecto percebe, faz-se necessário perceber, que um e outro são a mesma pessoa. Por sua vez, o fenômeno humano está sempre em movimento, através do tempo e de suas transformações. Isso se dá, a cada vez, por um processo de síntese dialética a partir de transformações de um determinado estado que cria contradições internas ou é afetado por elementos externos e resulta em outro estado, transformado. Essa ideia foi aplicada precisamente pelo filósofo Hegel ao definir o que entende por "história". Assim, a lógica dialética rege o conceito, a mudança, a história e define o fenômeno humano como estando em movimento. A verdade é algo uno não em si, mas como uma síntese do todo conhecido. Na Antropologia, essa lógica dá base para as argumentações da teoria da evolução sociocultural e para o reconhecimento de que a multiplicidade empírica pode ser reduzida para denominadores comuns de compreensão. A lógica dialética quer ser universal e abarcar todos os fenômenos em um só. Eis porque o filósofo Hegel disse que tudo acontecia como história e que a verdade é o todo resultado da história. Por isso, também, é que essa lógica inspirou Marx a pensar que o fenômeno humano estaria encaminhando para um final predestinado. Daí, também, é que alguns marxistas ortodoxos pensaram que essa lógica é que regeria a ciência, e assim tentaram enquadrar todos os fenômenos em seu bojo, inutilmente.

- O fenômeno humano, além de ter as propriedades mencionadas, de ser o que é, de ser consciente e de ser inconsciente, de ser diferente e de ser múltiplo, de ser síntese conceitual, não empírica, e de estar em movimento, é o que é também porque faz parte de um sistema com outros fenômenos (humanos e não humanos), com os quais está interlaçado em múltiplas linhas de relacionamento e influência mútua. Essa é a lógica que denominamos de sistêmica, também chamada lógica clássica ou lógica aristotélica, porque foi concebida pelo filósofo Aristóteles ao definir o ser como um complexo formado por propriedades ou categorias universais. A lógica sistêmica é a lógica própria da ciência, que permite definir o objeto, pesquisar suas propriedades e classificá-lo como um ser entre outros seres em um todo hierarquizado para cima e para os lados, inclusive, num eixo temporal.

Todas as teorias antropológicas, na medida em que são orientadas pelo pensar científico, sabem que o fenômeno humano (qualquer fenômeno) está ligado com outros fenômenos em um sistema de relações mútuas e de conexões de proximidade. Mesmo os antropólogos particularistas, os atuais culturalistas e os ultrarrelativistas reconhecem que o evento humano se define (ao menos parcialmente) dentro de um todo maior. Porém, foi o estruturalismo proposto por Lévi-Strauss que chamou a atenção para todas as propriedades do sistema, inclusive a de que o que explica o todo é um sistema, ou uma estrutura, mais poderosa que está além da realidade empírica, e que esta, no fundo, não passa de um epifenômeno da realidade originária mais profunda. Essa estrutura profunda só é compreensível para o homem porque, na verdade, ela se constitui como a própria estrutura do pensar humano.

O projeto científico-filosófico do estruturalismo lévi-straussiano é, sem dúvida, muitíssimo ambicioso ao propor demonstrar que a realidade e o pensar sobre a realidade seriam a mesma coisa, ou constituídos pelo mesmo processo. Com efeito, essa intenção, não sei se consciente ou não na mente de Lévi-Strauss, é a proposição máxima do filósofo Parmênides, quando ele declara que "ser e pensar são o mesmo". O estruturalismo visa tornar transparente e compreensível o fenômeno humano ao reduzi-lo à lógica de pensar do homem. Na religião, a lógica sistêmica não corresponde a nenhuma religião, a não ser o pensamento agnóstico que, ao pôr em dúvida a base da religião, se abre para outras possibilidades.

- Acontece, no entanto, que o pensar humano não se reduz ao pensar sistemático, nem o fenômeno humano aos constrangimentos das estruturas que o compõem. Há uma lógica superior, a chamada hiperdialética, que abarca as demais e as transcende, elevando o pensar humano para buscar a compreensão do que está acima dos constrangimentos, das estruturas, ou das necessidades. É uma lógica que escapa da lógica da sistematização da matemática e da classificação e aponta para um plano além, digamos, o plano da criatividade como formulação de resolução de problemas. Proporcionalmente, o fenômeno humano está além daquilo que parece ser seu sentido último. O fenômeno humano é feito também de liberdade de agir, da liberdade de pensar o impensável, de conceber o inconcebível e de dar novos sentidos para si. Essa é a proposição concebida pelo filósofo Luiz Sérgio Coelho de Sampaio.

Comparando o fenômeno humano com a linguagem, podemos dizer que a lógica sistêmica está para a gramática (que engloba as ordens das palavras e dos sons), assim como a lógica hiperdialética está para a semântica, que dá sentido ao todos e esse sentido é sempre inefável e cambiante.

Para a Antropologia, essa concepção surge como uma saída para a compreensão maior do fenômeno humano, além dos constrangimentos a que a teoria estruturalista nos tem levado. Por outro lado, a formulação de uma Antropologia hiperdialética nos leva a conceber o fenômeno humano com nova dignidade ao dar-lhe um sentido superior de liberdade de ação. Assim, o fenômeno humano deve ser concebido como possuindo uma capacidade de superação nunca antes concebida, não como voluntarismo, mas como expectativa de ação. Ao mesmo tempo, a Antropologia hiperdialética nos deve recordar que o homem tem uma direcionalidade que tanto filósofos quanto profetas propuseram, uma direcionalidade para o autoconhecimento e para o livre pensar. Mais prosaicamente, a Antropologia hiperdialética nos proporciona uma visão que passa por cima dos dilemas e indefinições contemporâneos, tais como aqueles discutidos pelo ultrarrelativismo, pelo culturalismo, pelo desconstrucionismo e por outras correntes de pensamento pós-modernistas, cada qual delas tentando desconsiderar não somente as contribuições das outras correntes, como também reduzindo ainda mais o fenômeno humano a constrangimentos de pensar e de agir.

A Antropologia hiperdialética quer se propor como um pensar verdadeiramente humanista, não no sentido de definir o todo pelo humano, mas ao conceber o fenômeno humano pela elevação máxima do ser humano à altura de suas possibilidades de conhecer e agir. Possibilidades não infinitas *per se*, mas infinitas enquanto persistirmos em sua busca. Como tornar essa proposição numa ação intelectual, isso caberá a cada um de nós toda vez que encararmos o desafio de entender o fenômeno humano e dar-lhe um sentido de criatividade e de liberdade.

Referências bibliográficas

BATESON, Gregory. *Metadiálogos*. Lisboa: Gradiva, 1986.
_____. *Natureza e espírito*: uma unidade necessária. Lisboa: D. Quixote, 1987.
BENEDICT, Ruth. *Padrões de cultura*. Lisboa: Livros do Brasil, 1983.
_____. *O crisântemo e a espada*: padrões da cultura japonesa. São Paulo: Perspectiva, 1988.
BENTHAM, Jeremy. (1748-1832). *Uma introdução aos princípios das morais e da legislação*. Oxford: Imprensa de Claredon, 1907.
BOAS, Franz. *A formação da antropologia americana – 1883-1911*: antologia. Rio de Janeiro: Contraponto, 2004.
_____. *Antropologia cultural*. 2. ed. Rio de Janeiro: Jorge Zahar, 2005.
BOMFIM, Manoel. *América Latina*: males de origem, o parasitismo social e evolução. Rio de Janeiro: Topbooks, 1982.
CASCUDO, Luís da Câmara. *Civilização e cultura*. Belo Horizonte: Itatiaia, 1983.
_____. *Dicionário do folclore brasileiro*. 10. ed. São Paulo: Global, 2001.
CASSIRER, Ernst. *Antropologia filosófica – ensaio sobre o homem*: introdução a uma filosofia da cultura humana. São Paulo: Mestre Jon, 1972.
CHILDE, Vere Gordon. *O que aconteceu na História*. Rio de Janeiro: Zahar, 1960.
_____. *A evolução cultural do homem*. 4. ed. Rio de Janeiro: Zahar, 1978.
CLASTRES, Pierre. *A sociedade contra o estado*: pesquisas de antropologia política. 3. ed. Rio de Janeiro: Francisco Alves, 1986.
_____. *Arqueologia da violência*: ensaio de antropologia política. São Paulo: Cosac & Naify, 2004.
_____. *Crônica dos índios Guayaki*: o que sabem os Aché, caçadores nômades do Paraguai. Rio de Janeiro: Editora 34, 1995.
COMTE, Auguste. *Curso de filosofia positiva*. São Paulo: Abril Cultural, 1983.
CONDORCET, [Marquês] (1743-1794) *Progresso do espírito humano*: antologia. [s.l.: s.n.], 1942.
DARWIN, Charles Robert. (1809-1882). *A origem das espécies*. Rio de Janeiro: Ediouro, 2004.
DURKHEIM, Émile. *Sociologia e filosofia*. 2. ed. Rio de Janeiro: Forense Universitária, 1970.
_____. *As formas elementares da vida religiosa*. 3. ed. São Paulo: Martins Fontes, 2003.
ELIADE, Mircea. *Mito e realidade*. São Paulo: Perspectiva, 2002.
ENGELS, Friedrich (1820-1895). *Origem da família, da propriedade privada e do Estado*. Rio de Janeiro: Bertrand Brasil, 1986.
EVANS-PRITCHARD, E. E. *Bruxaria, oráculos e magia entre os Azande*. Rio de Janeiro: Jorge Zahar, 2005.
_____. *Os Nuer*: uma descrição do modo de subsistência e das instituições política de um povo Nilota. 2. ed. São Paulo: Perspectiva, 2005.

236 ANTROPOLOGIA

FISCHER, Michael. Culture and cultural analysis as experimental systems. *Cultural Anthropology*, v. 22, n. 1, pp. 1-64, 2007.

FOUCAULT, Michel (1926-1984). *A arqueologia do saber.* 5. ed. Rio de Janeiro: Forense Universitária, 1997.

_____. *Microfísica do poder.* Rio de Janeiro: Graal, 2004, p. 295.

FREYRE, Gilberto. *Casa grande & senzala.* Rio de Janeiro: Maia & Schmidt, 1933.

FREUD, Sigmund. *Escritos sobre a psicologia do inconsciente.* Rio de Janeiro: Imago, 2004.

_____. *A civilização e os seus descontentamentos.* Mem Martins/Portugal: Europa-América, 2005.

_____. *Totem e tabu e outros estudos.* Rio de Janeiro: Imago, 2005.

GADAMER, Hans Georg. *Truth and Method.* 2. ed. rev. New York: Continuum, 1994.

GALVÃO, Eduardo. *Encontro de sociedades:* índios e brancos no Brasil. Rio de Janeiro: Paz e Terra, 1979.

GEERTZ, Clifford. A interpretação das culturas. Rio de Janeiro: LTC, 1989.

GENNEP, Arnold Van. *Os ritos de passagem.* Petrópolis: Vozes, 1978.

GLUCKMAN, Max Herman. Analysis of a social situation in modern Zululand. *Bantu Studies*, v. 14, 1940, pp. 1-30.

_____. *The ideas in Barotse jurisprudence.* New Haven: Yale University Press, 1965.

GOMES, Mércio Pereira. *Os índios e o Brasil.* Petrópolis: Vozes, 1991.

_____. *O índio na História.* O povo Tenetehara em busca da liberdade. Petrópolis: Vozes, 2002.

GODELIER, Maurice. *Horizontes da antropologia.* Lisboa: Edições 70, 1977.

HARRIS, Marvin. The cultural ecology of India's sacred Cattle. *Current Anthropology*, v. 7, 1966, pp. 51-60.

HEIDEGGER, Martin. *Introdução à metafísica.* 2. ed. Rio de Janeiro: Tempo Brasileiro, 1969.

_____. *Ser e tempo.* 12. ed. Petrópolis: Vozes, 2002.

KROEBER, Alfred. *Anthropology today:* an encyclopedic inventory. Chicago: University of Chicago, 1970.

_____. *A natureza da cultura.* Lisboa: Edições 70, 1993.

LARAIA, Roque de Barros. *Cultura:* um conceito antropológico. Rio de Janeiro: Zahar, 1986.

LÉVY-BRUHL, Lucien. *La mentalidad primitive.* Buenos Aires: Lautaro, 1945.

LÉVI-STRAUSS, Claude. *Mitologicas.* México: Fondo de Cultura Economica, 1968, 3v.

_____. *Antropologia estrutural.* Rio de Janeiro: Tempo Brasileiro, 1970.

_____. *As estruturas elementares do parentesco.* Petrópolis: Vozes, 1976.

MALINOWSKI, Bronislaw. *Uma teoria científica da cultura.* Rio de Janeiro: Zahar, 1975.

_____. *Argonautas do pacífico ocidental:* um relato do empreendimento e da aventura dos nativos nos arquipélagos da Nova Guine Melanésia. 2. ed. São Paulo: Abril Cultural, 1978.

_____. *Um diário no sentido estrito do termo.* Rio de Janeiro: Record, 1997.

MAUSS, Marcel. *Sociologia e antropologia.* São Paulo: EPU, 1974, v. 2.

_____. *Ensaio sobre a dádiva.* Lisboa: Edições 70, 1988.

MEAD, Margareth. Coming of age in Samoa. *New York:* Library of Congress, 1928.

_____. *Sexo e temperamento.* São Paulo: Perspectiva, 1969.

MEILLASSOUX, Claude. *Mulheres, celeiros e capitais.* Porto: Afrontamento, 1976.

MELATTI, Júlio Cézar; RADCLIFFE-BROWN, Alfred Reginald. *Antropologia.* São Paulo: Ática, 1978.

MONTEIRO, Simone; SANSONE, L. (orgs.). *Etnicidade na América latina:* um debate sobre raça, saúde e direitos reprodutivos. Rio de Janeiro: Fiocruz, 2004.

MORGAN, Lewis Henry. (1818-1881). *Ancient Society.* London: MacMillan & Cia., 1877.

_____. *A sociedade primitiva.* Lisboa: Presença, 1976, v. 1.

NOGUEIRA, Oracy. *Preconceito de marca:* as relações raciais em Itapetininga. São Paulo: Edusp, 1998.

OLIVEIRA, Roberto Cardoso de. *Razão e afetividade:* o pensamento de Lucien Lévy-Brühl. 2. ed. Brasília: UnB, 20021.

PINSKY, Jaime; PINSKY, Carla Bassanezi (orgs.). *História da cidadania.* 2. ed. São Paulo: Contexto, 2003.

PINSKY, Jaime. *Práticas da cidadania.* 2. ed. São Paulo: Contexto, 2004.

POLANYI, Karl. *A grande transformação:* as origens da nossa época. 9. ed. Rio de Janeiro: Elsevier/ Campus, 2000.

POUILLON, Jean; BARBUT, Marc; GODELIER, Maurice. *Problemas do estruturalismo.* Rio de Janeiro: Zahar, 1968.

RADCLIFFE-BROWN, Alfred Reginald. *Estrutura e função na sociedade primitiva.* Petrópolis: Vozes, 1973.

RATZEL, Friedrich. *Geografia dell'uomo:* antropogeografia. Torino: Fratelli Bocca, 1914.

RIBEIRO, Darcy. *Os índios e a civilização.* Petrópolis: Vozes, 1977.

Referências bibliográficas

_____; GOMES, Mércio Pereira. Ethnicity and civilization. *Revista Dialectical Anthropology*, Netherlands, v. 21, n. 3/4, set. 1996, pp. 217-38.

ROCHA, Everardo P. Guimarães. *O que é etnocentrismo*. São Paulo: Brasiliense, 1984.

RODRIGUES, José Carlos. *Ensaios em antropologia do poder*. Rio de Janeiro: Terra Nova, 1992.

ROUSSEAU, Jean-Jacques. *O contrato social e outros escritos*. São Paulo: Cultrix, 1975.

_____. *Discurso sobre a origem e fundamentos da desigualdade entre os homens*. Mira/Sintra: Publicações Europa/América, 1976.

SAHLINS, Marshall B. *Stone age economics*. Chicago: Aldine, 1972.

SAMPAIO, Luiz Sérgio Coelho de. *Lógica e economia*. Rio de Janeiro: Cultura-Nova, 1988.

_____. *Lógica ressuscitada*. Sete Ensaios. Rio de Janeiro: Eduerj, 2000.

_____. *A lógica da diferença*. Rio de Janeiro: Eduerj, 2001.

_____. *Filosofia da cultura*. Brasil: luxo ou originalidade. Rio de Janeiro: Ágora da Ilha, 2002.

SANSONE, Livio. *Negritude sem etnicidade*. Rio de Janeiro: Pallas, 2004.

SANTOS, José Luiz dos. *O que é cultura*. 12. ed. São Paulo: Brasiliense, 1993.

SMITH, Adam. *A riqueza das nações*: investigação sobre sua natureza e suas causas. São Paulo: Abril Cultural, 1983 [1777], 2v.

SOROKIN, Pitirim Aleksandrovich. *Sociedade, cultura e personalidade*: sua estrutura e sua dinâmica, sistema de sociologia geral. Porto Alegre: Globo, 1968, 2v.

SPENCER, Herbert. *The principles of ethics*. London: Williams and Northgate, 1892, 2v.

STEWARD, Julian. The economic and social basis of primitive bands. *Essays in Honor of Alfred Kroeber*. Editado por Robert Lowie. California: University of California Press, 1937.

TAX, Sol. *El capitalismo del centavo*: una economia indígena de Guatemala. Guatemala: José de Pineda Ibarra, 1964, 2v.

_____. *Panorama da antropologia*. Lisboa: Fundo de Cultura, 1966.

TEILHARD DE CHARDIN, Pierre. *O fenômeno humano*. 3. ed. Porto: Tavares Martins, 1970.

TERRAY, Emmanuel. *O marxismo diante das sociedades primitivas*: dois estudos. Rio de Janeiro: Graal, 1979.

TILLICH, Paul. *Teologia sistemática*. São Paulo: Paulinas, 1984, 3v.

_____. *A coragem de ser*. 5. ed. Rio de Janeiro: Paz e Terra, 1992.

TONNIES, Ferdinand. *Communauté et societé*: categories fondamentales de la sociologia pure. Paris: Retz, 1977.

TURNER, Victor Witter. *O processo ritual*: estrutura e antiestrutura. Petrópolis: Vozes, 1974, p. 248.

_____. *The forest of symbols*: aspects y Ndembu ritual. London: Cornell University Press, 1977.

TYLOR, Edward Burnett. (1832-1917). *Anthropology*: an introduction to the study of man and civilization. New York: D. Appleton, 1909.

_____. *Primitive culture*: researches into the development of mythology, philosophy, religion, art and custom. New York: Brentano, 1924.

_____. *The origins of culture*. New York: Harper & Brothers, 1958.

WEATHERFORD, Jack. *Indian givers*. How the Indians of the Americas transformed the world. New York: Crown Books, 1988.

WEBER, Max. *Ensaios de sociologia*. 5. ed. Rio de Janeiro: LTC, 1982, p. 530.

_____. *Metodologia das ciências sociais*. 2. ed. São Paulo: Cortez, 1995, 2v.

WITTFOGEL, Karl August. *Oriental despotism*: a comparative study of total power. Yale: Yale University Press, 1957.

WHITE, Leslie. *O conceito de sistemas culturais*: como compreender tribos e nações. Rio de Janeiro: Zahar, 1978.

O AUTOR

Mércio Pereira Gomes foi um dos primeiros antropólogos brasileiros a escrever sobre a sobrevivência dos povos indígenas no Brasil. É professor adjunto do Instituto de Filosofia e Ciências Humanas da Universidade Federal Fluminense (UFF) desde 1997. Fez seus estudos superiores nas universidades do Oregon, Tulane e Flórida, nos Estados Unidos. Foi professor da Universidade Federal do Rio Grande do Norte (UFRN) em 1977, da Universidade de Campinas (Unicamp) entre 1978 e 1991, da Universidade Estadual do Rio de Janeiro (UERJ) entre 1992 e 1994, e do Macalester College, Minnesota, EUA, entre 1996 e 1997. Ministrou cursos e palestras em diversas universidades brasileiras e estrangeiras, entre elas a Pontifícia Universidade Católica de São Paulo (PUC-SP), o London School of Economics e o Instituto Latino-americano de Berlim. É autor de diversos artigos e livros de referência sobre povos indígenas publicados no Brasil e no exterior. É membro da Associação Brasileira de Antropologia e da American Anthropological Association. Foi presidente da Fundação Nacional do Índio (Funai) entre 2003 e 2007, o período mais longo de um civil na história do órgão indigenista. Na oportunidade exerceu suas ideias antropológicas com a política indigenista brasileira e participou ativamente na elaboração da Declaração Universal dos Direitos dos Povos Indígenas, promulgada pela Organização das Nações Unidas (ONU) em setembro de 2007.